Kompetent in Wirtschaft

Markt und Staat

Ingo Langhans
Stefan Prochnow

Ernst Klett Verlag
Stuttgart · Leipzig

1. Auflage 1 5 4 3 2 1 | 2015 14 13 12 11

Programmbereich Klett-Auer

Autoren: Ingo Langhans, Reinbek; Stefan Prochnow, Hanau
Berater: Bruno Zandonella, Stuttgart

Redaktion: Verena Nopto
Herstellung: Ulrike Wursthorn, Dominik Staudacher

Umschlaggestaltung: weissbunt design und kontext, Berlin
Satz: krauß-verlagsservice, Augsburg
Druck: Mediahaus Biering GmbH, München

Printed in Germany
ISBN 978-3-12-006590-6

9 783120 065906

Inhalt

1 Die Rolle des Staates in der Wirtschaft

2 Wirtschaftspolitik am Beispiel der Beschäftigungspolitik

Die mit → gekennzeichneten Begriffe sind im Glossar beschrieben und erklärt.

Online-Links *bieten zusätzliche Materialien und Musterklausuren.*
Geben Sie einfach die jeweiligen Ziffern in das Suchfeld auf www.klett.de ein.

1. Die Rolle des Staates in der Wirtschaft

Abb. 4.1: Im Bundestagswahlkampf 1949 ging es um Wirtschaftsordnungen

In einem Land mit fortgeschrittener Arbeitsteilung sind die wirtschaftlichen Vorgänge sehr vielfältig. Sie müssen so aufeinander abgestimmt werden, dass die Versorgung von Millionen von Menschen sichergestellt ist und jedes eingesetzte Gut einen möglichst hohen Nutzen stiftet **(Lenkungsfunktion)**. Dabei muss jede Volkswirtschaft drei Grundfragen lösen:

- *Was, wie viel* und *wie* soll hergestellt werden? **(Koordinationsfunktion)** Im Vordergrund stehen dabei die Entscheidungen: Welche Sachgüter und Dienstleistungen werden produziert? In welchem Umfang werden sie erstellt? In welchem Verhältnis werden die Produktionsfaktoren (Arbeit, Natur, Kapital) eingesetzt? Welche technischen Verfahren sollen angewendet werden?
- *Wer* entscheidet? **(Entscheidungsfunktion)** Sind es die einzelnen Betriebe und Haushalte oder stellt die politische Führung einen Zentralplan auf? Welche Rolle spielen dabei die Eigentumsverhältnisse?
- *Für wen* soll produziert werden? **(Verteilungsfunktion)** Wie sollen die hergestellten Güter innerhalb der Gesellschaft verteilt werden? Wer soll den Nutzen aus dem Produktionsergebnis ziehen und wie wird das Einkommen verteilt?

M1 Grundfragen aller Wirtschaftsgesellschaften

Man stelle sich einmal das Problem der täglichen Versorgung einer Millionenstadt mit allen Gütern vor, deren ihre Bewohner zur Fristung, Verschönerung und Erheiterung des Lebens bedürfen: soundso viele Tonnen Mehl, Butter, Fleisch, soundso viel Millionen Zigaretten und Zigarren, soundso viel tausend andere Dinge müssen täglich beschafft werden, ohne dass an der einzelnen Ware Mangel oder Überfluss herrscht. Sie müssen stündlich, täglich, monatlich oder jährlich (je nach dem Charakter der Ware) in Menge und Qualität auf die Nachfrage der Millionenbevölkerung abgestimmt werden. Dieser ungeheuer ausgedehnte und komplizierte Prozess kann nur vonstatten gehen, wenn alles in jedem Augenblick so sehr aufeinander abgestimmt ist, dass größere Unordnung vermieden wird. Wäre das nicht der Fall, so wäre die Versorgung von Millionen mit einem Schlage gefährdet.

Wilhelm Röpke: Civitas Humana. Grundfragen der Gesellschafts- und Wirtschaftsreform, Eugen Rentsch Verlag, Zürich 1944, S. 5

Je nachdem, wie diese Grundfragen beantwortet werden sollen, sind zwei grundsätzlich verschiedene theoretische Modelle, hier **Wirtschaftssysteme** genannt, denkbar. In Anlehnung an die theoretischen Modelle wurden in der Realität konkrete **Wirtschaftsordnungen** verwirklicht.

Wirtschaftssysteme	
Freie Marktwirtschaft	**Zentralverwaltungswirtschaft**
Eine große Zahl verschiedener Wirtschaftspläne wird durch das Marktgeschehen und die Preise (Angebot und Nachfrage) aufeinander abgestimmt. ↓ **System dezentraler Planung**	Eine zentrale Instanz (Planungsbehörde) stellt einen Gesamtplan auf, trifft die grundsätzlichen wirtschaftlichen Entscheidungen und steuert so die Volkswirtschaft. ↓ **System zentraler Planung**

M2 Das Regel- und Institutionensystem des Staates

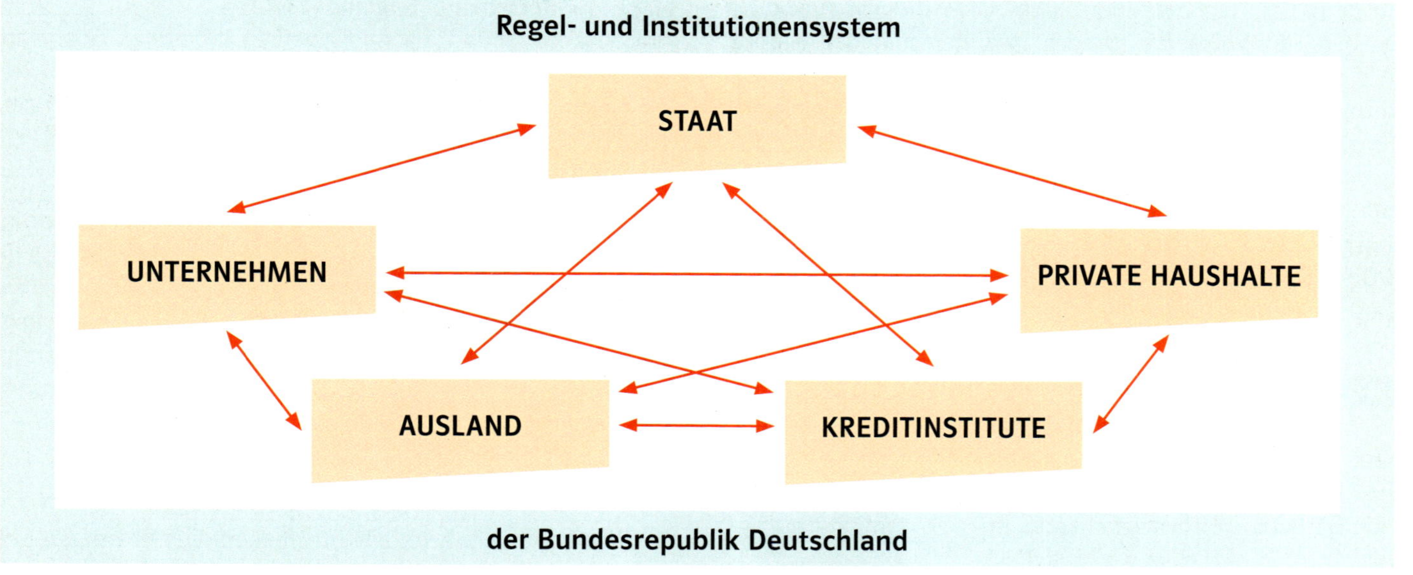

Abb. 5.1: Der erweiterte Wirtschaftskreislauf

Das Modell des Wirtschaftskreislaufes stellt in vereinfachter Form den Austausch von Güter- und Geldströmen in einer Volkswirtschaft mit wirtschaftlichem Außenhandel dar. Dabei stehen die fünf Wirtschaftssubjekte – gleichwohl welche Wirtschaftsordnung einen Staat bestimmt – in einer ständigen Wechselbeziehung zueinander. Alle Teilnehmer des Wirtschaftskreislaufs unterliegen den selbst auferlegten Regeln, Ordnungen und Institutionen, die sich eine Gesellschaft durch ihr politisch-soziales Regelwerk (Verfassung) und ihre Rechts- und Wirtschaftsordnung (Gesetze und Verordnungen) gibt.

Die Wirtschaftsordnung ist das Ergebnis der Gesamtheit aller Regeln, Normen und Institutionen, die den ökonomischen Handlungsrahmen aller Wirtschaftssubjekte darstellt und die möglichen Handlungs- und Entscheidungsspielräume verdeutlicht. Eine Gesellschaft oder ein Staat entscheidet, welche Ordnungsformen in einer Wirtschaftsordnung ausgeprägt sind:

Die **Planungs- und Lenkungsform** unterscheidet sich in zentral (Kollektivprinzip) und dezentral (Individualprinzip). Bei der zentralen Form geht man von einer zentralen staatlichen Planungs- und Lenkungsbehörde (Beispiel: Zentralverwaltungswirtschaft) aus, die die Grundfragen einer Wirtschaftsgesellschaft löst. Hingegen sind in der dezentralen Form private Planungsträger wie Unternehmen oder Verbraucher maßgeblich (Beispiel: Marktwirtschaft). Ausgehend von der Planung und Lenkung ergeben sich in der Regel alle weiteren Ordnungsformen.

Die **Eigentumsform** sieht in der Marktwirtschaft das Privateigentum vor. Die Selbstbestimmung über den Nutzen und die Veränderung von Eigentum des Einzelnen ist Grundvoraussetzung der **Preisbildung** durch Angebot und Nachfrage auf dem Markt, der bestenfalls durch Polypole gekennzeichnet sein soll. Staats- oder Gesellschaftseigentum ist ein Merkmal der Zentralverwaltungswirtschaft, um der Ungleichverteilung zu begegnen. Preisfestsetzungen sind hier die Regel. Da ein Wettbewerb zwischen Anbietern nicht vorkommt, ist die **Marktform** durch Monopole gekennzeichnet. Der Preis zeigt also nicht mehr den Knappheitsgrad an, sondern regelt vielmehr die gleichmäßige Umverteilung.

Die **Unternehmensformen** unterscheiden sich in modernen Markwirtschaften in Personengesellschaften (z. B. Offene Handelsgesellschaften) oder Kapitalgesellschaften (z. B. Gesellschaft mit beschränkter Haftung oder Aktiengesellschaften). Ziel ist in der Regel eine Gewinnmaximierung. Volkseigene Betriebe oder Landwirtschaftliche Produktionsgenossenschaften, wie es die Zentralverwaltungswirtschaft der DDR gekannt hat, sind am Bedarfsdeckungsprinzip ausgerichtet gewesen, das durch ein zu erfüllendes Plansoll vorgegeben war.

Die **Formen der Geld- und Finanzwirtschaft** bezeichnen alle Aktionen, wie sich eine Volkswirtschaft mit den notwendigen Zahlungsmitteln versorgt und auf welche Weise das Banken- und Währungssystem aufgebaut ist.

Ingo Langhans, eigener Text

Arbeitsaufträge

1. Erläutern Sie, welche Funktionen der Staat zu erfüllen hat, um die Versorgung seiner Bevölkerung sicherzustellen!
2. Verfassen Sie einen Zeitungsartikel von ca. 120 Wörtern, der
   a) die Freie Marktwirtschaft und
   b) die Zentralverwaltungswirtschaft
   angemessen erklärt!

1.1 Ideengeschichtliche Grundlagen der Sozialen Marktwirtschaft

1.1.1 Freie Marktwirtschaft

In dem 1776 erschienenen Buch „Über die Natur und Ursachen des Volkswohlstandes" wendet sich der Schotte Adam Smith gegen alle bis dahin üblichen Bevormundungen der Wirtschaft durch König und Staat. Er sieht den Staat als einen reinen Zweckverband an, der es den Bürgern ermöglichen soll, ihre eigenen Ziele zu verfolgen. Der Staat hat lediglich die Aufgabe, die Rechte der einzelnen Bürger und deren Privateigentum zu schützen, bestimmte **öffentliche Güter** bereitzustellen sowie die innere und äußere Sicherheit zu gewährleisten (**„Nachtwächterstaat"**).

M1 Adam Smiths Metapher von der „unsichtbaren Hand"

Abb. 6.1: Adam Smith (1723–1790)

Jeder Einzelne wird sich darum bemühen, sein Kapital so anzulegen, dass es den höchsten Wert erzielen kann. Im Allgemeinen wird er weder darauf aus sein, das öffentliche Wohl zu fördern, noch wird er wissen, inwieweit er es fördert. Er interessiert sich lediglich für seine eigene Sicherheit und seinen eigenen Gewinn. Und dabei wird er von einer unsichtbaren Hand geleitet, ein Ziel zu fördern, das keineswegs in seiner Absicht gelegen hatte. Indem er seinen eigenen Interessen dient, fördert er das Wohl der Allgemeinheit oft auf weit wirksamere Weise, als wenn es in seiner wahren Absicht gelegen hätte, es zu fördern. […] Nicht vom Wohlwollen des Fleischers, Brauers oder Bäckers erwarten wir unsere Mahlzeit, sondern von ihrer Bedacht-nahme auf ihr eigenes Interesse. Wir wenden uns nicht an ihre Humanität, sondern an ihren Egoismus und sprechen ihnen nie von unseren Bedürfnissen, sondern von ihren Vorteilen.

Adam Smith: Untersuchung über das Wesen und die Ursachen des Volkswohlstandes (1776), dt. Übersetzung Berlin 1905, Bd. II, S. 227

Die Verhältnisse in den frühen Industrieländern des 19. Jahrhunderts ähnelten den Gegebenheiten einer Freien Marktwirtschaft. Die freie Entfaltung des Leistungswillens des Einzelnen, verbunden mit staatlich nicht begrenzter Profiterzielung, führte in jener Zeit zu vielen bedeutenden **Erfindungen** und zur **industriellen Revolution** mit etlichen neuen Waren und einer Vervielfachung der Produktion. Doch die Segnungen dieser Errungenschaften kamen nicht allen Menschen gleichermaßen zugute, sondern in erster Linie den Eigentümern der Produktionsmittel, den **Kapitalisten**. Dem Reichtum der Kapitalisten stand das große Elend der Arbeiterschaft gegenüber. Es gab Ausbeutung, Arbeitslosigkeit ohne Fürsorge, Kinderarbeit, Hunger und Wohnungsnot. Von Zeit zu Zeit kam es zu Wirtschaftskrisen, deren Auswirkungen vor allem die Arbeiterschaft ohne jegliche soziale Absicherung trafen.

M2 Kinderarbeit in England (1844)

In den Kohlen- und Eisenbergwerken arbeiten Kinder von 4, 5, 7 Jahren; die meisten sind indes über 8 Jahre alt. Sie werden gebraucht, um das losgebrochene Material von der Bruchstelle nach dem Pferdeweg oder Hauptschacht zu transportieren. […]

Die gewöhnliche Arbeitszeit ist 11–12 Stunden, oft länger, in Schottland bis zu 14 Stunden, und sehr häufig wird doppelte Zeit gearbeitet, sodass sämtliche Arbeiter 24, ja nicht selten 36 Stunden hintereinander unter der Erde und in Tätigkeit sind. Feste Stunden für Mahlzeiten sind meist unbekannt, sodass die Leute essen, wenn sie Hunger und Zeit haben […]

nach einem Bericht der Königlich Englischen Kommission, 1844

Die Marktwirtschaft erzielt ihre positiven Wirkungen generell nur, wenn es einen funktionierenden **Wettbewerb** aufseiten der Anbieter und der Nachfrager gibt. Gibt es dagegen einen Anbieter, dessen Machtposition ihn in die Lage versetzt, sowohl die Konkurrenten auszuschalten als auch überhöhte Preise zu verlangen (→ **Monopol**), so werden die Verbraucher benachteiligt. Gleichzeitig geht damit auch eine der Stärken der Freien Marktwirtschaft verloren, nämlich der Umstand, dass der Wettbewerb die Anbieter zu Leistungsanstrengung, Erfindungsreichtum und Kundenfreundlichkeit zwingt.

Probleme entstehen auch, wenn es durch **externe Kosten** zu **Marktversagen** kommt. Das sind Kosten, die dem Verursacher nicht in Rechnung gestellt werden. Erkranken z.B. Menschen aufgrund der Luftverschmutzung, so werden nicht die Fabriken und Autofahrer als Verursacher zur Kasse gebeten, sondern die Gemeinschaft der Krankenversicherten. Insofern fehlt auch der wirtschaftliche Anreiz, die Luft rein zu halten.

Abb. 6.2: Kinderarbeit in einem englischen Bergwerk um 1840

M3 Welche Aufgaben hat der Staat in einer Freien Marktwirtschaft?

Gibt man daher alle Systeme der Begünstigung und Beschränkung [der Wirtschaft durch den Staat] auf, so stellt sich ganz von selbst das einsichtige und einfache System der natürlichen Freiheit her. Solange der Einzelne nicht die Gesetze verletzt, lässt man ihm völlige Freiheit, damit er das eigene Interesse auf seine Weise erfolgen kann und seinen Erwerbsfleiß und sein Kapital im Wettbewerb mit jedem anderen oder einem anderen Stand entwickeln oder einsetzen kann. Der Herrscher wird dadurch vollständig von seiner Pflicht entbunden, bei deren Ausübung er stets unzähligen Täuschungen ausgesetzt sein muss und deren Erfüllung keine menschliche Weisheit oder Kenntnis jeweils ausrichten könnte, nämlich der Pflicht oder Aufgabe, den Erwerb privater Leute zu überwachen und ihn in Wirtschaftszweige zu lenken, die für das Land am nützlichsten sind. Im System der natürlichen Freiheit hat der Souverän lediglich drei Aufgaben zu erfüllen, die sicherlich von höchster Wichtigkeit sind, aber einfach und dem normalen Verstand zugänglich:
Erstens die Pflicht, das Land gegen Gewalttätigkeit und Angriff anderer unabhängiger Staaten zu schützen, zweitens die Aufgabe, jedes Mitglied der Gesellschaft soweit wie irgend möglich vor Ungerechtigkeit oder Unterdrückung durch einen Mitbürger in Schutz zu nehmen oder ein zuverlässiges Justizwesen einzurichten und drittens die Pflicht, bestimmte öffentliche Anstalten und Einrichtungen zu gründen und zu unterhalten, die ein Einzelner oder eine kleine Gruppe aus eigenen Interessen nicht betreiben kann, weil der Gewinn die Kosten niemals decken könnte, obwohl er häufig höher sein mag als die Kosten für das gesamte Gemeinwesen.

Adam Smith: Untersuchung über das Wesen und die Ursachen des Volkswohlstandes (1776), dt. Übersetzung Berlin 1905, Bd. II, S. 582.

M4 Liberalismus und Soziale Ungleichheit

Abb. 7.1: Friedrich August von Hayek (1899–1992)

Friedrich August von Hayek war ein Vertreter des Liberalismus und der Freien Marktwirtschaft. 1974 erhielt er den Nobelpreis für Wirtschaftswissenschaften.
In dem folgenden Ausschnitt aus einem Interview mit der Zeitschrift „Wirtschaftswoche" stellt er seinen Standpunkt zu der Tatsache dar, dass es in einer Freien Marktwirtschaft Unterschiede zwischen Arm und Reich gibt.

HAYEK: […] Ungleichheit ist nicht bedauerlich, sondern höchst erfreulich. Sie ist einfach nötig. Leider Gottes ist das Sozialprodukt nur da, weil die Menschen nach ihrer Produktivität entlohnt und dorthin gelockt werden, wo sie am meisten leisten. Gerade die Unterschiede in der Entlohnung sind es, die den Einzelnen dazu bringen, das zu tun, was das Sozialprodukt erst entstehen lässt. Durch Umverteilung lähmen wir diesen Signalapparat. Und nicht nur das: Wir unterbinden auch die ständige Anpassung an sich laufend verändernde Umstände, durch die allein die Wirksamkeit unseres Produktionsapparates erhalten werden kann. Umstände, von denen der Einzelne nichts weiß, über die er nur durch den Marktmechanismus informiert werden kann.

WIRTSCHAFTSWOCHE: Umverteilung, national wie international, ist Ausfluss der heute allgemein akzeptierten Idee sozialer Gerechtigkeit. Halten Sie davon denn gar nichts?

HAYEK: Nein, nicht das Geringste. Was heißt denn hier Gerechtigkeit? Wer ist denn da gerecht oder ungerecht? Die Natur? Oder Gott? Jedenfalls nicht Menschen, da die Verteilung, die aus dem Marktprozess hervorgeht, nicht das beabsichtigte Ergebnis menschlichen Handelns ist. Daher ist der Begriff der sozialen Gerechtigkeit in einer marktwirtschaftlichen Ordnung mit freier Berufswahl völlig sinnlos. Soziale Gerechtigkeit kann es nur in Befehlswirtschaften geben, wo der Staat über die relativen Einkommen der einzelnen Bürger bestimmt. […]

WIRTSCHAFTSWOCHE: Was heißt denn für Sie Gerechtigkeit?

HAYEK: Es gibt für mich nur eine Gerechtigkeit, das ist die Gleichheit vor dem Gesetz. Jede Abweichung davon, selbst mit besten Absichten, öffnet der Willkür Tür und Tor, zerstört die Freiheit und damit den höchsten Wert, weil Voraussetzung für alle anderen Werte. […]

WIRTSCHAFTSWOCHE: Was soll mit denen geschehen, die sich nicht selbst helfen können? Den Alten und Kranken, den Erwerbsunfähigen?

HAYEK: Es gibt keinen Grund, warum der Staat in einer freien Gesellschaft wie der unseren, die es sich leisten kann, diese Menschen nicht vor Elend bewahrt, indem er ihnen ein minimales Einkommen gewährt.

WIRTSCHAFTSWOCHE: Was darf der Staat Ihrer Meinung nach noch?

HAYEK: Der Staat hat die äußere und innere Sicherheit zu gewährleisten, vor allem den Schutz des Privateigentums, auf dem unser Gesellschaftssystem beruht. Er darf auch sogenannte soziale Dienste anbieten, wie Renten- oder Gesundheitsversicherung. Er darf seine Bürger sogar dazu zwingen, sich zu versichern. Nur er darf kein Monopol auf diese Versicherung haben.

Wirtschaftswoche Nr. 3 vom 11.1.1996, S. 16–17

Arbeitsaufträge

1. Erklären Sie, was Adam Smith mit der „unsichtbaren Hand" meint, und nehmen Sie Stellung zu seiner Position!
2. Erörtern Sie die Rolle des Staates in der Freien Marktwirtschaft in Bezug auf
   a) die Unternehmen,
   b) die Verbraucher und
   c) das Ausland!
3. Stellen Sie die Leistungen und Probleme einer Freien Marktwirtschaft dar!
4. Diskutieren Sie die Haltung von Friedrich August von Hayek!

1.1.2 Zentralverwaltungswirtschaft

Abb. 8.1: Karl Marx (1818–1883)

Die Freie Marktwirtschaft brachte den Arbeitnehmern große Not und soziales Elend. Diese Missstände veranlassten Karl Marx und Friedrich Engels, eine neue Wirtschaftsordnung zu fordern. Sie verlangten die **Sozialisierung** (d.h. die Verstaatlichung) der Unternehmen und der Produktionsmittel sowie eine **zentrale Planung** und Steuerung der gesamten Wirtschaft durch den Staat. Da dann nicht mehr die Kapitalisten den Betrieb beherrschten, sondern die im Betrieb arbeitenden Menschen, sei – so die Theorie – eine Ausbeutung der Arbeiter nicht mehr möglich. Später beriefen sich sozialistische und kommunistische Staaten auf die Thesen von Marx und Engels, darunter die Deutsche Demokratische Republik (DDR). Eine zentrale Behörde verpflichtete die Betriebe des Landes zur Erfüllung bestimmter Planvorgaben, was, wie und in welcher Menge produziert werden sollte. Diese Behörde legte auch die Löhne und Preise fest. An die Stelle des Gewinnstrebens und des Wettbewerbs trat das Ziel der Plansollerfüllung.

M1 Am Anfang stand eine Utopie

Utopien enthalten fantasievolle Pläne, wie eine gerechtere Weltordnung aussehen könnte. Der Name geht auf den Engländer Thomas Morus (ca. 1478–1535) und dessen 1516 erschienenes Hauptwerk „Utopia" zurück.

Utopia ist eine Insel im fernen Weltmeer jenseits Amerikas in Gestalt einer Mondsichel mit 54 Städten. In Utopia herrscht absolute Gleichheit. Es gibt kein Privateigentum – weder an Produktionsmitteln noch an Gebrauchsgegenständen jedweder Art. Sogar ihre Wohnungen müssen die Utopier alle zehn Jahre wechseln, damit sie sich nicht zu sehr an eigenen Besitz gewöhnen, und dann um die neue Unterkunft losen. Die Mahlzeiten werden gemeinsam eingenommen. Jedermann ist zur Arbeit verpflichtet. Aufsichtsbeamte wachen darüber, dass niemand faulenzt. Das Geld ist in Utopia abgeschafft. Bis in letzte Einzelheiten wird das Leben der Utopier geregelt.

Zusammenfassung nach Thomas Morus: Utopia. Reclam-Verlag, Ditzingen 1986

M2 Die Praxis im realexistierenden Sozialismus

Aus Angst vor politischen Unruhen wagte es die DDR-Führung nicht, die subventionierten Preise für Mieten und Grundnahrungsmittel, Dienstleistungen und Verkehrsmittel anzuheben – was verheerende Folgen hatte: Weil die Billigmieten nur ein Drittel der Kosten deckten, waren in Privateigentum stehende Häuser dem Verfall preisgegeben. Und weil das subventionierte Brot billiger war als Weizen, wurden Hühner in der DDR oft mit Brot statt mit Getreide gefüttert. Der Staat verschuldete sich wegen der Subventionen immer mehr.

Für die Absurditäten der Kommandowirtschaft nennt Schürer heute das folgende Beispiel: „Lieferte ein Züchter ein Kaninchen an den Staat, erhielt er dafür 60 Mark. Kaufte er es danach geschlachtet und ausgenommen bei der Staatlichen Handelsorganisation HO zurück, kostete es trotz der aufwendigen Arbeit nur 15 Mark."

Als Hauptursache des Niedergangs erwies sich Artikel 9 der Verfassung: „Die Volkswirtschaft der Deutschen Demokratischen Republik ist sozialistische Planwirtschaft". Nicht der Markt, sondern der Plan bestimmte die Preise. Die Produktion wurde nicht von der Nachfrage gesteuert, sondern durch Willkür und Wunschdenken der Regierenden. Wenn Volkskammer-Präsident Horst Sindermanns Enkel echte Levis-Jeans verlangten, kam das Thema auf die Tagesordnung des Politbüros. Wenn Honecker mit einem 256-Kilobit-Mikrochip made in DDR renommieren wollte, musste der gebaut werden – koste es, was es wolle. „Die Selbstkosten für einen Chip", so Schürer, „betrugen 536 Mark. Der Verkaufspreis war in der DDR auf 16 Mark festgelegt."

Unter planungsbedingten Versorgungsengpässen – vom Dosenöffner bis zur Badekappe, vom Dübel bis zum Fertigmörtel – litten Privathaushalte wie Betriebe. Gedrückt wurde die Produktivität der DDR-Wirtschaft aber auch durch die Gleichmacherei bei den Löhnen und durch die Schwäche der Ost-Mark: Die Werktätigen verdienten während der Ära Honecker zwar mehr Geld als zuvor, konnten damit aber nur wenig anfangen.

Auf eine Wohnung mussten DDR-Familien 5 Jahre lang warten, auf ein Telefon 10 Jahre, auf einen Pkw „Wartburg" 15 Jahre. Genussmittel wie Schokolade oder Südfrüchte waren entweder überteuert oder gar nicht zu haben. Höherwertige Konsumgüter wie MZ-Motorräder oder „Praktika"-Spiegelreflexkameras gingen gleich in den Westen.

Jochen Bölsche / Norbert F. Pötzl: Wir hatten eine blühende Wirtschaft, in: DER SPIEGEL Nr. 46 vom 15. November 1999

Abb. 8.2: Versorgungsengpässe führten in der DDR häufig zu langen Wartezeiten wie 1980 vor diesem Supermarkt in Berlin

Bei der Umsetzung der Zentralverwaltungswirtschaft wurden **Stärken und Schwächen** dieser Wirtschaftsordnung deutlich.

- Im „realexistierenden Sozialismus“ der DDR gab es keine **Arbeitslosigkeit.** Allerdings waren viele Betriebe auf Geheiß der staatlichen Planbehörden mit Arbeitskräften überbesetzt, für die es eigentlich nichts zu tun gab. Effizienz und **Produktivität** litten darunter. Außerdem war die Freiheit der Berufswahl stark eingeschränkt.
- Bestimmte Güter und Dienstleistungen, die staatlich subventioniert wurden, waren für praktisch alle Bürger preisgünstig **verfügbar**. Dazu zählten in der DDR z. B. Grundnahrungsmittel und Mietwohnungen, aber auch Kinderkrippen. Bei zahlreichen anderen Produkten kam es jedoch zu **Versorgungsengpässen.** Außerdem nahm die staatliche Planung wenig Rücksicht auf den Geschmack der Verbraucher: Modetrends oder innovative Produkte kamen deshalb ebenso zu kurz wie Freundlichkeit und Service im Dienstleistungsbereich.
- Abgesehen von politisch privilegierten Gruppen gab es bei Einkommen und Vermögen nur eine geringe soziale **Ungleichheit.** Allerdings fehlte dadurch auch ein Anreiz für höhere Leistung. Die Kommunisten gingen davon aus, dass die „Werktätigen“ auch ohne größeren finanziellen **Anreiz** zum Wohle der Gemeinschaft Höchstleistungen erbringen würden. Als sich diese Erwartung nicht erfüllte, führte man auch in kommunistischen Staaten wie der DDR Geldprämien und Auszeichnungen als Anreiz zur Plansollerfüllung ein (vgl. Abb. 9.1). Doch der erwünschte Erfolg blieb aus, da die Menschen oft versuchten, einfach möglichst „weiche“, d. h. leicht zu erreichende Planziele auszuhandeln.

Abb. 9.1. DDR-Orden „Banner der Arbeit“

- Die **Preise** werden bei zentraler Planwirtschaft vom Staat nach politischen Gesichtspunkten festgesetzt und waren auch in der DDR oft hoch subventioniert (vgl. M 3). Dadurch sagen sie nichts über die Knappheit von Gütern aus. Zu niedrige Preise führen dann leicht zu einer **Verschwendung** knapper Güter bis hin zur Verfütterung von subventioniertem Brot statt Futtergetreide in der Viehhaltung.

M3 DDR-Subventionswirtschaft

Mehr als 100 Millionen Mark gab die DDR jährlich für „Zuwendungen für die Bevölkerung“ aus, wie der amtlichen Statistik zu entnehmen ist. Diese Subventionen (das sind Unterstützungszahlungen aus öffentlichen Mitteln) machten 40 % des gesamten Staatshaushaltes aus (1987). Größter Brocken waren dabei die Ausgaben zur Sicherung stabiler Preise. Ziel der DDR-Wirtschaftspolitik war es, die Preise für Waren des Grundbedarfs und die Tarife des Nahverkehrs, vor allem aber die Mieten auf niedrigem Niveau stabil zu halten. So kostete z. B. 1 Liter Vollmilch 66 Pfennig, 1 kg Roggenmischbrot 52 Pf, eine Straßenbahn- oder Busfahrt 20 Pf. Auch die Mieten waren ausgesprochen günstig: Eine Zwei-Raum-Wohnung mit Küche, Bad und Zentralheizung war schon für 75,– Mark im Monat zu haben – jahrelange Wartegeduld vorausgesetzt. Kostensteigerungen, etwa wegen steigender Rohstoffpreise, wurden mit höheren Subventionen aufgefangen. Andere Güter dagegen wurden gewollt sehr teuer verkauft: ein Pfund Kaffee 22,50 Mark, ein Farbfernseher 4 400 Mark. Sogenannte Luxusgüter wurden absichtlich teuer verkauft. Die Preise richteten sich nicht nach Angebot und Nachfrage und auch nicht unbedingt nach den Herstellungskosten, sondern nach dem Willen der Regierung.

dpa-Infografik: Text zur Infografik 8077

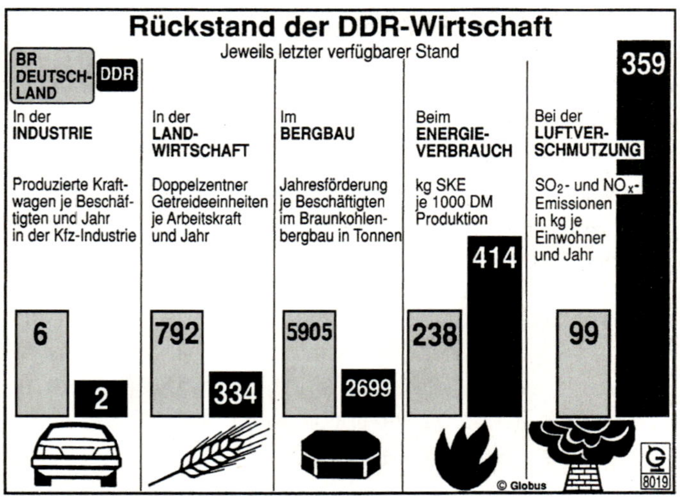

Abb. 9.2: Rückstand der DDR-Wirtschaft

Arbeitsaufträge

1. Im 19. Jahrhundert entstanden in den USA mehrere Gemeinden nach dem Vorbild Utopias M1. Nur wenige bestanden längere Zeit. Erklären Sie, welche systemimmanente Ursachen dem Scheitern zugrunde liegen!
2. Dokumentieren Sie mithilfe von Zeitungen und Internet die aktuelle wirtschaftliche Lage in einem Land mit zentraler Planwirtschaft wie Nordkorea, Kuba oder Vietnam!
3. Beschreiben Sie Abb. 9.2 und erklären Sie die Ursachen des Rückstands der DDR-Wirtschaft!

1.1.3 Ordoliberalismus

M1 Wirtschaftsordnung des „vollständigen Wettbewerbs"

Ob wenig oder mehr Staatstätigkeit - diese Frage geht am Wesentlichen vorbei. Es handelt sich nicht um ein quantitatives, sondern um ein qualitatives Problem. Der Staat soll weder den Wirtschaftsprozess zu steuern versuchen, noch die Wirtschaft sich selbst überlassen: Staatliche Planung der Formen - ja; staatliche Planung und Lenkung des Wirtschaftsprozesses - nein. Den Unterschied von Form und Prozess erkennen und danach handeln, das ist wesentlich. Nur so kann das Ziel erreicht werden, dass nicht eine kleine Minderheit, sondern alle Bürger über den Preismechanismus die Wirtschaft lenken können. Die einzige Wirtschaftsordnung, in der dies möglich ist, ist die des „vollständigen Wettbewerbs". Sie ist nur realisierbar, wenn allen Marktteilnehmern die Möglichkeit genommen wird, die Spielregeln des Marktes zu verändern. Der Staat muss deshalb durch einen entsprechenden Rechtsrahmen die Marktform - d.h. die Spielregeln, in denen gewirtschaftet wird - vorgeben.

aus dem Vorwort Walter Euckens zur 1. Ausgabe der Zeitschrift ORDO-Jahrbuch für die Ordnung von Wirtschaft und Gesellschaft, Verlag Lucius & Lucius, Stuttgart (seit 1996), 1948, o. S.

M2 Prinzipien des Ordoliberalismus nach Walter Eucken

Die ordnungspolitischen Ansätze Walter Euckens (1891–1950, Nationalökonom, Freiburger Schule) haben ihren Schwerpunkt im Bereich der Wettbewerbspolitik, genauer: in der Aufstellung einer funktionierenden Wettbewerbsordnung. Diese soll der Staat als Teil eines (wirtschafts-)politischen Ordnungsrahmens entwickeln und sichern. Ziel ist u.a. die Verhinderung individueller oder kollektiver wirtschaftlicher Macht, die Wettbewerb einschränkt oder verhindert. Eucken sah eine Reihe **konstituierender Elemente** als grundlegend für eine Wirtschaftsordnung an:

- Prinzipiell muss der Staat eine aktive Wirtschaftspolitik, ausgerichtet am Modell der **vollständigen Konkurrenz**, favorisieren, in deren Zentrum die Herstellung eines funktionierenden Preissystems steht.
- Durch Währungspolitik soll es zu einem stabilen Geldwert kommen, der Inflation oder Deflation verhindert.
- Das Prinzip des offenen Marktes soll sowohl national als auch international gelten, um eine vollständige Konkurrenz zu ermöglichen und Monopole zu verhindern.
- Grundvoraussetzung des freien Wettbewerbs ist das Privateigentum. Auch der Staat kann als „Eigentümer" auftreten.
- Es gilt Vertragsfreiheit, die allerdings bei der Bildung von Kartellen und Monopolen ihre Grenzen findet.
- Ökonomisches Handeln ist mit dem Prinzip der Haftung verbunden, um die Verantwortung für die möglichen Folgen wirtschaftlicher Tätigkeit in einer Gesellschaft zu verdeutlichen.
- Eine konstante Wirtschaftspolitik soll den Wirtschaftssubjekten langfristiges wirtschaftliches Handeln erleichtern. Eine wechselhafte Wirtschaftspolitik führt zu Unsicherheiten und wirtschaftlicher Zurückhaltung gerade bei Investitionen.

Obwohl Eucken im Sinne des klassischen Wirtschaftsliberalismus den Eingriff des Staates ablehnte, erkannte er den Zwang **regulierender Prinzipien** des Staates, um die Wettbewerbsordnung zu gewährleisten:

- Eine staatliche Monopolaufsicht ist einzurichten. Sie kontrolliert die Marktmacht einzelner Wirtschaftssubjekte, verhindert oder schränkt → **Monopole** ein und zerschlägt → **Kartelle**, die die Wettbewerbsordnung destabilisieren.
- Wettbewerb führt zu unterschiedlichen Einkommen. Eine gerechtere Umverteilung der Kaufkraft soll durch entsprechende Steuerprogression angeglichen werden.
- Unternehmen sind nach dem Verursacherprinzip bei Schädigung z.B. der Umwelt (negative externe Effekte) in die Pflicht zu nehmen, denn meist wird die Regulierung dieser Schäden über Steuern oder den Preis auf die Verbraucher abgewälzt. Es kommt daher zu Preisverzerrungen.
- Ungleichgewichte auf der Angebotsseite sind mit staatlichen Eingriffen aufzufangen.

Ordoliberalimus strebt die Marktkonformität an, d.h., die staatlichen Eingriffe in den Markt oder hier besser in die Wettbewerbsordnung sollen die Marktpreisbildung möglichst nicht stören und den Marktmechanismus nicht ersetzen, sondern das Marktgeschehen idealerweise beeinflussen.

Ingo Langhans, eigener Text

M3 Walter Eucken und die Soziale Marktwirtschaft

[...] Politiker wie Ludwig Erhard, Karl Schiller und Otto Graf Lambsdorff beanspruchten Eucken für ihre Wirtschaftspolitik als den „maßgebenden Verfechter der Marktwirtschaft" (Erhard). Otto Schlecht, Eucken-Schüler und Staatssekretär im Wirtschaftsministerium von 1973 bis 1991, hält Euckens Hauptwerke für die einflussreichsten ökonomischen Bücher der jüngeren Wirtschaftsgeschichte. Der Begriff „Ordnungspolitik" ist aus der Diskussion in Deutschland nicht mehr wegzudenken [...]. Angesichts solcher Einschätzungen ist es schon verblüffend, wie viele der praktischen Vorschläge Euckens heute vergessen sind. Fast unbekannt blieben die Gutachten, die er nach 1945 vorlegte. [...]

In einem Grundsatzpapier vom Januar 1946 erklärt Eucken die Methoden der Zentralverwaltungswirtschaft und der freien Wirtschaft für gescheitert. „Das ist das wichtige Ergebnis der neusten Wirtschaftsgeschichte. Beide Wirtschaftsformen berühren sich im Übrigen auch in ihrem Aufbau sehr nahe. Der IG-Farben-Konzern oder die großen Kohlensyndikate haben sich ohne Weiteres in die deutsche Zentral-Verwaltungswirtschaft des Krieges eingefügt, und zwischen amerikanischen Trusts und russischen zentralen Planstellen besteht nur ein kleiner Unterschied. Kapitalismus und Sozialismus bekämpfen sich in der Doktrin; de facto gehen sie ineinander über." Wie kommt Eucken zu dieser heute doch überraschenden Aussage? Wird die Marktwirtschaft sich selbst überlassen, so führt sie nach seiner Überzeugung zu immer größerer Machtkonzentration. Wirtschaftliche Interessengruppen kontrollieren immer mehr Märkte durch Kartelle, Fusionen, Dumpingpreise, Marktsperren und anderes.

Die Folge: Unternehmen können demokratische Regierungen durch bloße Wirtschaftsmacht legal erpressen. An die Stelle der Konsumentenentscheidung auf den Märkten tritt eine unkontrollierbare Verflechtung von ökonomischer und staatlicher Herrschaft. Die extremste Form, so Euckens Analyse, ist die Planwirtschaft.

Im Gegensatz dazu steht Euckens erster Grundsatz: „Die Politik des Staates sollte darauf gerichtet sein, wirtschaftliche Machtgruppen aufzulösen oder ihre Funktionen zu begrenzen." Das ist nur möglich durch die politische Grundentscheidung für eine bestimmte Form der Marktwirtschaft – den „vollständigen Wettbewerb". Für Eucken ist die Marktwirtschaft kein Naturprodukt; daher fordert er, dass „die Herstellung eines funktionsfähigen Preissystems vollständiger Konkurrenz zum wesentlichen Kriterium jeder wirtschaftspolitischen Maßnahme gemacht wird".

Ein radikales Ziel: Alle Marktteilnehmer tragen zur Preisbildung bei, aber keiner kann sie steuern […]. Der Staat soll nicht die Produktion lenken, sondern die Rahmenbedingungen setzen, die die Freiheit des Marktes erst ermöglichen. Eine derartige Wettbewerbsordnung, so schreibt er 1947 in einem Gutachten, sei notwendig für die Demokratie, „weil in ihr durch den Konsumenten, d.h. durch das Volk in alltäglicher Abstimmung der Wirtschaftsprozess – durch die Preisbildung hindurch – gelenkt wird". Dem steht nach Eucken die permanente Gefahr gegenüber, dass der demokratische Rechtsstaat sich in einen „Wirtschaftsstaat" verwandelt. […]

In Gutachten und Zeitungsbeiträgen trat er in der akuten Not nach Kriegsende für den freien Welthandel ein, während viele auf eine autarke und staatlich geplante Versorgung der Bevölkerung setzten. Internationaler Handel war für Eucken ökonomische Friedenssicherung, autarke Nahrungsmittelproduktion der Weg in noch größeres Elend. Folglich müsse das Land in der Industrieproduktion wieder exportfähig werden, um so Devisen für Nahrungsmittelimporte zu verdienen. Den Anhängern einer vom Weltmarkt abgeschotteten Planwirtschaft warf Eucken im April 1946 vor, die damals diskutierte Währungsreform benutzen zu wollen, um „die Wirtschaftsordnung, wie sie der Nationalsozialismus im Kriege geschaffen hat, wiederherzustellen".

Während heute der Gedanke populär ist, Monopole und massive Marktmacht seien auf nationaler Ebene im Dienste der internationalen Weltmarktfähigkeit hinzunehmen, argumentierte Eucken genau umgekehrt. „Weltmarktfähigkeit" im Sinne einer wettbewerbsgelenkten und gerechten Weltwirtschaft wird nach Eucken durch mächtige Konzerne verhindert. Für Deutschlands Wiedereinstieg in den Weltmarkt forderte er, dass alle deutschen Konzerne mit ihren weltweiten Auslandsbeteiligungen, sofern sie aus der Zeit nach dem Januar 1933 stammten, sofort aufgelöst würden. Darüber hinaus wollte Eucken, dass große Unternehmen nur bestehen blieben, wenn sie durch tatsächliche Leistung im Wettbewerb und nicht durch Kartelle, Großfusionen und Ähnliches gewachsen waren. Gegenüber der Euckenschen Forderung, dass nur Wachstum durch Leistungswettbewerb legitim ist, könnte heute kaum ein einziges der mächtigsten Unternehmen bestehen.

Eucken glaubte auch, dass sich Leistungswettbewerb nur durchsetzen könne, „wenn das Eindringen internationaler Konzerne vom Osten und vom Westen zum Stehen kommt und rückgängig gemacht wird". Diese Hauptforderung Euckens steht im völligen Gegensatz zu dem heute favorisierten Einstieg multinationaler Großunternehmen in Osteuropa.

Eucken unterstreicht: „Es genügt auch nicht, etwa Kartelle zu verbieten. Das Prinzip ist nicht in erster Linie negativ. Vielmehr ist eine positive Wirtschaftsverfassungspolitik notwendig." Das Scheitern der Antitrustpolitik in den Vereinigten Staaten führt er darauf zurück, dass im Wettbewerbsrecht Machtkonzentrationen bekämpft werden sollten, die durch die übrige Politik begünstigt wurden. Deshalb fordert Eucken eine grundlegende Revision sämtlicher für eine Wirtschaftsmacht relevanten Rechtsgebiete: vom Patentrecht über das Aktien- und Gesellschaftsrecht bis zu Haftungsfragen. Die Wirtschaftspolitik müsse „in allen Bereichen eine Benachteiligung der Klein- und Mittelbetriebe unterlassen und sie vielmehr fördern. Diese Maxime sollte für die Steuerpolitik, die Verteilung von Aufträgen, Zuteilung von Rohstoffen und alle übrigen Teile der Wirtschaftspolitik sofort Gültigkeit erlangen" (1947).

Selbst in einer Notzeit wie in den Jahren nach 1945 will Eucken gegen alle Machtstrukturen vorgehen. So schlägt er eine grundlegende Bankenreform vor, die privaten Banken die Möglichkeit nimmt, die Geldmenge zu beeinflussen. Das sollte verbunden werden mit einem neuen globalen Währungssystem, das Instabilität durch nationale Interessen minimiert: Die Geldmenge soll international durch ein automatisiertes Regelsystem, abhängig von bestimmten Weltmarktpreisen, reguliert werden.

Eucken lehnt die Bezeichnung „liberal" für seine Konzeption als „nicht treffend" ab. Marx folgend, wirft er der Politik des „Laisser-faire" vor, nur „formal" Freiheit zu sichern. Die Wirtschaftsordnung „soll so sein, dass der Mensch frei ist". […] In der FAZ hieß es über die Wirkung Euckens: „Die soziale Marktwirtschaft, die ihm vorschwebte, wurde in der Bundesrepublik Wirklichkeit." Das stimmt nicht: Wären die Konzepte, die Eucken nach 1945 vorgelegt hat, verwirklicht worden, eine andere Republik wäre entstanden. Noch heute könnten aber aus den Euckenschen Konzepten Werkzeuge für die Lösung der brennenden Gegenwartsprobleme entwickelt werden: in Form einer gerechten und ökologischen Weltwirtschaftsordnung.

Walter Oswalt: Die Ordnung der Freiheit, in: DIE ZEIT vom 6.11.1992

Arbeitsaufträge

1. Vergleichen Sie die Prinzipien des Ordoliberalismus mit den Merkmalen der Freien Marktwirtschaft!
2. Arbeiten Sie aus **M1** – **M3** heraus, welche Aufgaben der Staat nach Ansicht der Ordoliberalen wahrnehmen soll!
3. Kommentieren Sie die Aussage: „Ordoliberalismus bedeutet immer Soziale Marktwirtschaft, aber Soziale Marktwirtschaft ist nicht immer Ordoliberalismus."

1.2 Grundzüge der Sozialen Marktwirtschaft

Die Wirtschaftsordnung in der Bundesrepublik Deutschland wird als **Soziale Marktwirtschaft** bezeichnet. Ähnliche Wirtschaftsordnungen finden wir heute in den meisten Industrieländern der Erde, wobei das Pendel in einigen Ländern mehr zum Sozialen, in anderen mehr zum Marktwirtschaftlichen ausschlägt. Die Bezeichnung „Soziale Marktwirtschaft" geht auf Alfred Müller-Armack zurück, der zusammen mit Ludwig Erhard als geistiger Vater der Sozialen Marktwirtschaft gilt.

Das Konzept der Sozialen Marktwirtschaft beabsichtigt, durch eine **Kombination** von Marktwirtschaft und staatlichen Eingriffen die Vorzüge von Freier Marktwirtschaft und Zentraler Planwirtschaft zu verbinden, deren Nachteile aber zu vermeiden. Konkret bedeutet dies beispielsweise, dass ein Unternehmer weitgehende **Handlungsfreiheit** bei der Entscheidung genießt, was, wie und in welcher Menge er produziert. Sein Einkommen hängt maßgeblich von seinem unternehmerischen Erfolg ab. Aber es wird auch von ihm erwartet, dass er einen Teil seines Einkommens in Form von Steuern und Abgaben an andere abgibt. Daher ist die Steuerlast eines gut verdienenden Unternehmers oder Angestellten nicht nur absolut, sondern auch prozentual höher als bei Geringverdienern (siehe Abb. 12.1). Demgegenüber werden niedrigere Einkommensgruppen durch staatliche Gelder (Transferzahlungen) unterstützt.

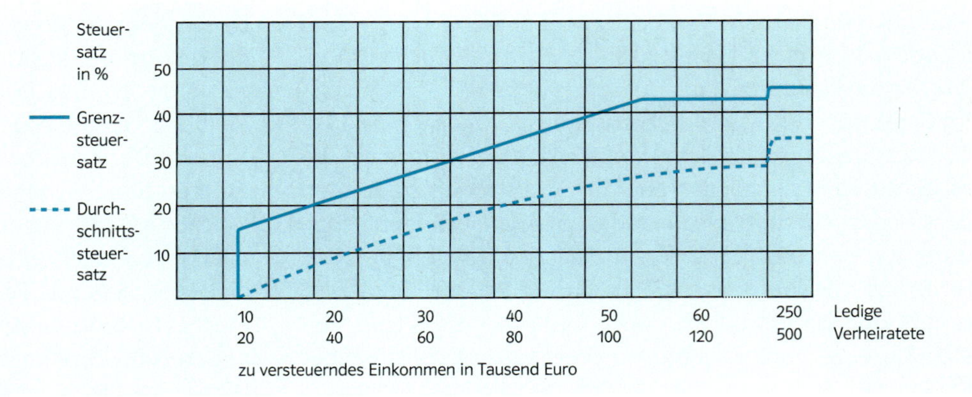

Abb. 12.1: Einkommensteuersätze in Deutschland, Stand März 2011

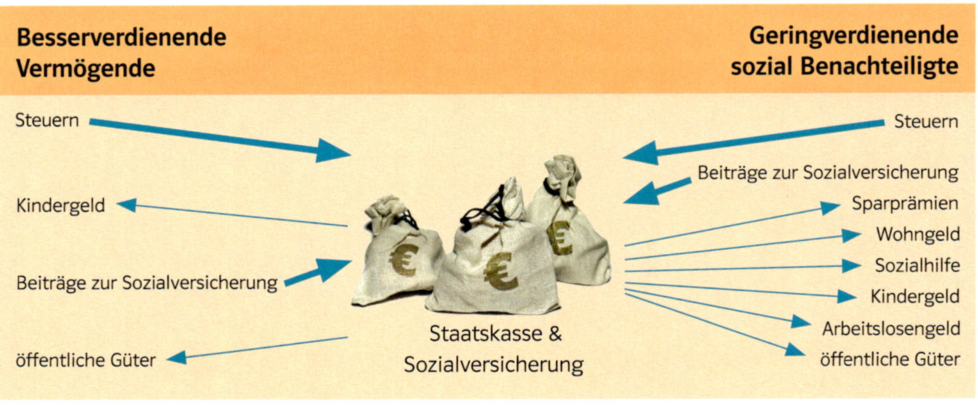

Abb. 12.2: Umverteilung von Einkommen und Vermögen

Dadurch wird eine gewisse **Umverteilung** der Einkommen und Vermögen erreicht. Die Steuergelder werden zum Teil für soziale Aufgaben ausgegeben, etwa für die Familienpolitik (Kindergeld, Elterngeld), Transferzahlungen (Wohngeld, Sozialhilfe, Arbeitslosengeld II, → **BAföG**) oder den sozialen Wohnungsbau (vgl. Abb. 12.2).

Weitere wichtige Elemente der Sozialen Marktwirtschaft sind die **Konjunktur- und Beschäftigungspolitik**. Dabei versucht die staatliche Wirtschaftspolitik, → **Konjunkturschwankungen** zu dämpfen und die **Arbeitslosigkeit** zu bekämpfen. Bekannte Instrumente der Beschäftigungspolitik sind z. B. die Förderung von Maßnahmen zur Berufsqualifizierung oder Arbeitsbeschaffungsmaßnahmen, aber auch die staatliche und für die Nutzer kostenlose Organisation der Berufsberatung und Arbeitsvermittlung durch die Bundesagentur für Arbeit.

M1 Der Begriff „Soziale Marktwirtschaft"

Der *Begriff* der Sozialen Marktwirtschaft kann als eine ordnungspolitische Idee definiert werden, deren Ziel es ist, auf der Basis der Wettbewerbswirtschaft die freie Initiative mit einem gerade durch die marktwirtschaftliche Leistung gesicherten sozialen Fortschritt zu verbinden […]
Sinn der Sozialen Marktwirtschaft ist es, das Prinzip der Freiheit auf dem Markte mit dem des sozialen Ausgleichs zu verbinden.

Alfred Müller-Armack: Soziale Marktwirtschaft, in: Handwörterbuch der Sozialwissenschaften, Gustav Fischer Verlag, Stuttgart 1956, S. 390

M2 Wohlstand für alle

Das ist der soziale Sinn der *Marktwirtschaft*, dass *jeder wirtschaftliche Erfolg*, wo immer er entsteht, dass jeder Vorteil aus der Rationalisierung, jede Verbesserung der Arbeitsleistung *dem Wohle des ganzen Volkes nutzbar gemacht wird* und einer besseren Befriedigung des Konsums dient. […]
Jedermann weiß […], dass ich meine Wirtschaftspolitik auf den *Grundsatz der Freiheit und Freizügigkeit gestellt habe*, weil eine wirklich organische und harmonische Ordnung nur in einem durch freien Leistungswettbewerb und freie Preisbildung gesteuerten freien Markt zu gewährleisten ist.

Ludwig Erhard: Wohlstand für Alle, Econ Verlag, Düsseldorf 1957, S. 174 f.

Abb. 13.1: Elemente der Sozialen Marktwirtschaft in der Bundesrepublik Deutschland

Mit der **Strukturpolitik** greift der Staat strukturschwachen Gebieten und Wirtschaftszweigen unter die Arme. Die östlichen Bundesländer erhalten beispielsweise als strukturschwache Gebiete Subventionen vom Bund und von der EU.

Teil unserer Wirtschaftsordnung ist außerdem die **Tarifautonomie,** die besagt, dass die Löhne weder vom Staat vorgegeben noch einzelnen Arbeitnehmern von den Arbeitgebern aufgezwungen werden dürfen, sondern in Tarifverträgen zwischen Gewerkschaften und Arbeitgeberverbänden ausgehandelt werden. Darüber hinaus werden den Arbeitnehmern gesetzliche **Mitbestimmungsrechte** im Unternehmen zugestanden. So dürfen in den Unternehmen **Betriebsräte** gegründet werden, die z. B. die Einhaltung der Tarifverträge überwachen.

Sehr zahlreich sind in Deutschland die Formen der **Sozialpolitik,** die dem Schutz oder der Unterstützung wirtschaftlich Schwächerer dienen. Sie reichen von Regelungen des Arbeitsschutzes (Jugendarbeitsschutz, Mutterschutz, Kündigungsschutz usw.) über die Sozialversicherung (Unfall-, Renten-, Kranken-, Arbeitslosen- und Pflegeversicherung) bis hin zur besonderen Förderung von Bildungs- und Gesundheitseinrichtungen.

Ein ganz zentrales Element der Sozialen Marktwirtschaft ist die Kontrolle des **Wettbewerbs.** Eine Marktwirtschaft bringt nur dann Vorteile, wenn der Wettbewerb funktioniert. Die Erfahrung hat gezeigt, dass einzelne Unternehmen so mächtig werden können, dass sie den Wettbewerb außer Kraft setzen. Hier muss der Staat Regeln zur Erhaltung des Wettbewerbs schaffen und die Konzentration wirtschaftlicher Macht kontrollieren.

Arbeitsaufträge

1. Beschreiben Sie die Rolle des Staates in der Sozialen Marktwirtschaft!
2. Erläutern Sie anhand von selbst gewählten Beispielen, wie der Staat (EU, Bundesregierung, Landesregierung und Gemeinde) die Wirtschaft beeinflusst!
3. Vergleichen Sie die Freie Marktwirtschaft, die Zentralverwaltungswirtschaft und die Soziale Marktwirtschaft tabellarisch hinsichtlich folgender Merkmale: Gestaltung der Eigentumsverhältnisse, Ziele des Wirtschaftens, Stellung der Arbeitnehmer, Freiheit der Arbeitsplatzwahl, Risiko des Arbeitsplatzverlustes, Güterverteilung, Güterversorgung!

1.3 Prinzipien der Sozialen Marktwirtschaft

M1 Prinzipien der Sozialen Marktwirtschaft

Abb. 14.1: Alfred Müller-Armack (1901–1978)

Alfred Müller-Armack war ein deutscher Nationalökonom und gilt als Mitbegründer der Sozialen Marktwirtschaft.

1. Die Soziale Marktwirtschaft basiert auf den Funktionen eines beweglichen und sich dynamisch entwickelnden Marktes.

2. Die Soziale Marktwirtschaft ist angetreten mit dem Anspruch, durch den marktwirtschaftlichen Prozess nicht nur die Gütererzeugung anzuheben, den Bereich persönlicher freier Gestaltungsmöglichkeiten für die Einzelnen zu erweitern, sondern auch soziale Fortschritte zu bringen.

3. Die Soziale Marktwirtschaft fordert keinen schwachen Staat, sondern sieht in einem starken demokratischen Staat die Voraussetzungen für das Funktionieren dieser Ordnung. Der Staat hat nicht nur der Sicherung der Privatrechtsordnung zu dienen, er [... hat] sich für die Erhaltung eines echten Wettbewerbs als einer politischen Funktion [...] einzusetzen. Die vom Staat zu sichernde Wettbewerbsordnung wehrt zugleich Machteinflüsse auf dem Markt ab.

4. Garant des sozialen Anspruchs der Marktwirtschaft ist nicht nur der Markt, dessen wirtschaftliche Leistungen sehr oft schon sozialen Fortschritt bedeuten. Der Staat hat vielmehr die unbestrittene Aufgabe, über den Staatshaushalt und die öffentlichen Versicherungen die aus dem Markt resultierenden Einkommensströme umzuleiten und soziale Leistungen, wie Kindergeld, Mietbeihilfen, Renten, Pensionen, Sozialsubventionen und so weiter, zu ermöglichen. Das alles gehört zum Wesen dieser Ordnung, und es wäre eine Farce, nur den unbeeinflussten Marktprozess zu sehen, ohne seine vielfältige Einbettung in unsere staatliche Ordnung zu beachten. Das bedeutet keineswegs ein Hinüberwechseln aus dem Markt in den staatlichen Bereich, sofern man sich dabei bewusst ist, dass die Mittel, die der Staat transformiert, von der wirtschaftlichen Leistung des Marktes abhängig bleiben und marktkonform sein müssen. Es muss die Grenze eingehalten werden, deren Überschreitung eine Störung der Marktvorgänge bewirkt.

5. Neben den engeren Aufgaben der Wettbewerbssicherung und den weiteren Aufgaben des sozialen Schutzes steht der Staat seit je und heute bewusster als früher vor Aufgaben der Gesellschaftspolitik, um die [...] Lebensumstände für alle zu verbessern. [...] Ich nenne Erweiterung der Vermögensbildung, Verbesserungen der Investitionen im Bereiche des Verkehrs, des Gesundheitswesens, Aufwendungen für Bildung und Forschung, Schutz gegen die wachsende Verschlechterung vieler Umweltbedingungen, Städtebauförderung.

6. Die Ordnung der Sozialen Marktwirtschaft schließt also alle Ziele, die wir auch für eine weitere Zukunft ins Auge zu fassen haben, ein. Sie bleibt insofern Marktwirtschaft, als sie darauf besteht, dass das durch freie Betätigung aller Gruppen gesicherte Privateigentum, eine gesicherte Rechtsordnung und stetes Wirtschaftswachstum auch [...] in der Zukunft die besten Grundlagen bieten, um die Fülle der vor uns stehenden Aufgaben im staatlichen und privaten Bereich zu fördern. [...] Die Soziale Marktwirtschaft ist ein Stil, der ein festes Formprinzip mit der Fülle der Gestaltungsmöglichkeiten im Einzelnen verbindet. [...] Alle Ordnungen der Zukunft, in welchen freien Ländern der Welt sie auch praktiziert werden mögen, werden irgendwie den Linien [...] der Sozialen Marktwirtschaft folgen müssen.

Alfred Müller-Armack: Unser Jahrhundert der Ordnungsexperimente, in: Genealogie der sozialen Marktwirtschaft. 2. Auflage Haupt Verlag AG, Bern und Stuttgart 1981, S. 150 f.

M2 Voraussetzung für das Funktionieren der Sozialen Marktwirtschaft

Märkte sorgen über den Preismechanismus für den Ausgleich von Angebot und Nachfrage: Sind besonders begehrte Güter knapp, steigt deren Preis. Das drängt die Nachfrage zurück und bietet zugleich Gewinnmöglichkeiten für zusätzliche Anbieter. Anbieter werden versuchen, die Produktion so kostengünstig wie möglich zu gestalten. So kommt es zu einer effizienten Verwendung der Produktionsmittel und zu günstigen Preisen für die Verbraucher. Dafür ist wichtig, dass Wettbewerb mit offenem Marktzugang herrscht und Marktmacht verhindert wird. Der Marktmechanismus erhöht dann die Konsummöglichkeiten, motiviert die Anbieter zu Innovationen und technischem Fortschritt und verteilt Einkommen und Gewinn nach individueller Leistung. Es ist eine wichtige Aufgabe des Staates, den Rahmen für einen funktionierenden Wettbewerb zu schaffen. Gleichzeitig muss er die Bereitschaft und die Fähigkeit der Menschen zu eigenverantwortlichem Handeln und mehr Selbstständigkeit fördern.

Der zweite Grundsatz der Sozialen Marktwirtschaft neben dem freien Markt ist der soziale Ausgleich. Dieser soll die Freiheit des Marktes möglichst nicht einschränken, aber eine soziale Absicherung für diejenigen bereitstellen, die aufgrund von Alter, Krankheit oder Arbeitslosigkeit keine Markteinkommen erzielen können. Dabei gilt es, die richtige Balance zu finden. Soziale Leistungen und das Handeln des Staates müssen durch Steuern und Abgaben finanziert werden. Diese belasten aber diejenigen, die mit ihren Einkommen den Wohlstand erzeugen. Ziel ist also eine solide soziale Absicherung, bei gleichzeitig größtmöglichem Wohlstand. Bereits Ludwig Erhard war sich darüber im Klaren, dass umso weniger sozialpolitische Hilfen notwendig sind, je erfolgreicher die Wirtschaftspolitik ist.

Bundesministerium für Wirtschaft und Technologie: Soziale Marktwirtschaft. http://www.bmwi.de/BMWi/Navigation/Wirtschaft/soziale-marktwirtschaft.html, aufgerufen am 20.11.2010

M3 Grundgesetz und Soziale Marktwirtschaft (Auswahl)

Art. 2.1 GG	Jeder hat das Recht auf die freie Entfaltung seiner Persönlichkeit, soweit er nicht die Rechte anderer verletzt und nicht gegen die verfassungsmäßige Ordnung oder das Sittengesetz verstößt.
Art. 9.1 GG	Alle Deutschen haben das Recht, Vereine und Gesellschaften zu bilden.
Art. 9.2 GG	Vereinigungen, deren Zwecke oder deren Tätigkeit den Strafgesetzen zuwiderlaufen oder die sich gegen die verfassungsmäßige Ordnung oder gegen den Gedanken der Völkerverständigung richten, sind verboten.
Art. 9.3 GG	Das Recht, zur Wahrung und Förderung der Arbeits- und Wirtschaftsbedingungen Vereinigungen zu bilden, ist für jedermann und für alle Berufe gewährleistet. Abreden, die dieses Recht einschränken oder zu behindern suchen, sind nichtig, hierauf gerichtete Maßnahmen sind rechtswidrig.
Art. 11.1 GG	Alle Deutschen genießen Freizügigkeit im ganzen Bundesgebiet.
Art. 12.1 GG	Alle Deutschen haben das Recht, Beruf, Arbeitsplatz und Ausbildungsstätte frei zu wählen. Die Berufsausübung kann durch Gesetz oder aufgrund eines Gesetzes geregelt werden.
Art. 12.2 GG	Niemand darf zu einer bestimmten Arbeit gezwungen werden […]
Art. 14.1 GG	Das Eigentum und das Erbrecht werden gewährleistet. Inhalt und Schranken werden durch die Gesetze bestimmt.
Art. 14.2 GG	Eigentum verpflichtet. Sein Gebrauch soll zugleich dem Wohle der Allgemeinheit dienen.
Art. 14.3 GG	Eine Enteignung ist nur zum Wohle der Allgemeinheit zulässig. Sie darf nur durch Gesetz oder aufgrund eines Gesetzes erfolgen, das Art und Ausmaß der Entschädigung regelt. Die Entschädigung ist unter gerechter Abwägung der Interessen der Allgemeinheit und der Beteiligten zu bestimmen.
Art. 15 GG	Grund und Boden, Naturschätze und Produktionsmittel können zum Zwecke der Vergesellschaftung durch ein Gesetz, das Art und Ausmaß der Entschädigung regelt, in Gemeineigentum oder in andere Formen der Gemeinwirtschaft überführt werden.
Art. 20.1 GG	Die Bundesrepublik Deutschland ist ein demokratischer und sozialer Bundesstaat.
Art. 20.3 GG	Die Gesetzgebung ist an die verfassungsmäßige Ordnung, die vollziehende Gewalt und die Rechtsprechung sind an Gesetz und Recht gebunden.
Art. 28.1 GG	Die verfassungsmäßige Ordnung in den Ländern muss den Grundsätzen des republikanischen, demokratischen und sozialen Rechtsstaates im Sinne dieses Grundgesetzes entsprechen.
Art. 109.2 GG	Bund und Länder tragen […] den Erfordernissen des gesamtwirtschaftlichen Gleichgewichts Rechnung.

Zusammenstellung Ingo Langhans

M4 Soziale Marktwirtschaft im Spiegel des Bundesverfassungsgerichts

Das Grundgesetz garantiert weder die wirtschaftspolitische Neutralität der Regierungs- und Gesetzgebungsgewalt noch eine mit marktkonformen Mitteln zu steuernde „Soziale Marktwirtschaft". Die „wirtschaftspolitische Neutralität" des Grundgesetzes besteht lediglich darin, dass sich der Verfassungsgeber nicht ausdrücklich für ein bestimmtes Wirtschaftssystem entschieden hat. Dies ermöglicht dem Gesetzgeber die ihm jeweils sachgemäß erscheinende Wirtschaftspolitik zu verfolgen, sofern er dabei das Grundgesetz beachtet.

Die gegenwärtige Wirtschafts- und Sozialordnung ist zwar eine nach dem Grundgesetz mögliche Ordnung, keineswegs aber die allein mögliche. Sie beruht auf einer vom Willen des Gesetzgebers getragenen wirtschafts- und sozialpolitischen Entscheidung, die durch eine andere Entscheidung ersetzt oder durchbrochen werden kann.

Urteil des Bundesverfassungsgerichts vom 20. Juli 1954

Arbeitsaufträge

1. Arbeiten Sie die Prinzipien der Sozialen Marktwirtschaft aus den Überlegungen Alfred Müller-Armacks heraus!
2. Erörtern Sie, inwiefern das Grundgesetz den Prinzipien Müller-Armacks gerecht wird! Verdeutlichen Sie dabei das Spannungsverhältnis zwischen wirtschaftlicher Freiheit und staatlicher Lenkung!
3. Diskutieren Sie die Frage, ob die (Soziale) Marktwirtschaft eine Demokratie, die Zentralverwaltungswirtschaft eine Diktatur zwingend voraussetzt!

Kompetent in Kürze: Staat und Wirtschaftsordnung

Aufgaben des Staates

Der **Staat** nimmt innerhalb der Wirtschaft eines Landes eine ganz besondere Stellung ein. Er ist nicht nur Wirtschaftssubjekt und einer der fünf **Wirtschaftskreislaufteilnehmer** einer **offenen Volkswirtschaft** (neben den privaten Haushalten, Unternehmen, Kreditinstituten und dem Ausland), sondern erfüllt auch die folgenden Funktionen:

- Der Staat setzt den wirtschaftlichen Ordnungsrahmen fest, um die Versorgung der eigenen Bevölkerung sicherzustellen und einen größtmöglichen Nutzen zu erzielen (**Lenkungsfunktion**).
- Der Staat hat zu koordinieren, *was*, *wie* und *wie viel* von einem Gut oder einer Dienstleistung herzustellen ist (**Koordinationsfunktion**).
- Der Staat bestimmt, wer die Entscheidungsfreiheit über die Herstellung von Gütern/Dienstleistungen und die Verwendung von Eigentum besitzt (**Entscheidungsfunktion**).
- Der Staat entscheidet, auf welche Weise und für wen Güter und Dienstleistungen hergestellt und wie sie verteilt werden (**Verteilungsfunktion**) sollen.

Idealtypische Wirtschaftssysteme

Um diese Fragen zu beantworten, haben sich zwei idealtypische **Wirtschaftssysteme** herausgebildet: Die **Freie Marktwirtschaft** und die **Zentralverwaltungswirtschaft**. An diesen beiden Idealtypen orientieren sich alle real auftretenden **Wirtschaftsordnungen**. Unabhängig davon, welche Wirtschaftsordnung in einem Staat vorherrscht, besitzen alle Formen vergleichbare Merkmale, die eine Zuordnung zu einem Wirtschaftssystem erleichtern (siehe Abb. 16.1).

Freie Marktwirtschaft

Die Soziale Marktwirtschaft ist die Wirtschaftsordnung der Bundesrepublik Deutschland. Ideengeschichtlich ist sie das Ergebnis einer jahrhundertelangen Entwicklung. Der Begründer der **Freien Marktwirtschaft**, der schottische Nationalökonom **Adam Smith** (1723–1790), erkannte mit der beginnenden Industriellen Revolution, die zur breiteren Arbeitsteilung und einer über den persönlichen Bedarf hinausgehenden Produktion führte, die Möglichkeit einer besseren Umverteilung für alle. Grundvoraussetzung war nach Smith jedoch die Zurückhaltung des Staates. Die Verfolgung des eigenen Wohlstandes, geregelt durch Angebot und Nachfrage, würde einen angemessen Preis für ein Gut hervorbringen. Damit sollte Schluss sein mit der Wirtschaftsordnung des **Merkantilismus**, die das freie Spiel der wirtschaftlichen Kräfte durch staatliche Vorgaben, Zölle, Importbeschränkungen und Ähnliches behinderte und im Falle Frankreichs sogar zum Staatsbankrott geführt hatte. Hatte der **Staat** nur noch wenige Funktionen (Rechtsordnung, außenpolitische Souveränität und Bereitstellung öffentlicher Güter), sollte nunmehr jeder selbst sein wirtschaftliches Schicksal in die Hand nehmen dürfen.

Merkmale	Freie Marktwirtschaft	Zentralverwaltungswirtschaft	Soziale Marktwirtschaft
Koordination/Planung	Dezentrale Planung mit marktwirtschaftlicher Koordination	Zentrale Planung und Anordnung	Dezentrale und staatliche Wirtschaftspolitik
Preisbildung	Freie Preisbildung auf dem Markt	Preisfestsetzung durch zentrale Planbehörde	Freie Preisbildung und staatliche Preisregulierung
Lohnfindung	Bildung der Lohnhöhe auf dem Arbeitsmarkt	Lohnfestsetzung durch zentrale Planbehörde	In der Regel durch Tarifpartner
Eigentum an den Produktionsmitteln	Privateigentum	Kollektiveigentum	Überwiegend Privateigentum
Ziel der Betriebe	Gewinnmaximierung	Erfüllung der Planvorgabe	Gewinnmaximierung und gesamtwirtschaftliche/-gesellschaftliche Ziele
Geistige Grundlage	Liberalismus	Sozialismus, Marxismus	Liberalismus und Sozialismus
Grundprinzip	Individualismus	Kollektivismus	Subsidiarität
Begründer	Adam Smith	Karl Marx, Friedrich Engels	Ludwig Erhard, Alfred Müller-Armack

Abb. 16.1: Vergleich von Wirtschaftssystemen und -ordnungen

Zentralverwaltungswirtschaft

Musste sich Adam Smith beispielsweise bereits dafür kritisieren lassen, dass in seinem Wirtschaftssystem diejenigen, die nicht oder nur eingeschränkt am wirtschaftlichen Prozess teilnehmen konnten, benachteiligt wurden (Ältere, Behinderte, Frauen, Kinder usw.), so führte der allgemeine Rückgang von Arbeitsplätzen durch die Industrialisierung zur Sozialen Frage: Wie sollte man im 19. Jahrhundert der zunehmenden Verelendung breiter Gesellschaftsschichten begegnen?

Die Antwort versuchten **Karl Marx** (1818–1883) und **Friedrich Engels** (1820–1895) zu geben. Der Kommunismus als Gesellschaftsform sollte in der Theorie nach einer Reihe von Klassenkämpfen die Ungleichverteilung der Produktionsmittel und damit die Not und das soziale Elend beenden. Gerade die Ungleichverteilung war für Marx und Engels Ursache aller Konflikte. Um diese zu beenden, sollte es durch die Revolution des Proletariats zu einer Vergesellschaftung (Verstaatlichung) des Privateigentums, vor allem der Produktionsmittel kommen. Das Wirtschaftssystem sollte eine Zentralverwaltungswirtschaft sein.

Das Ziel der **Zentralverwaltungswirtschaft** ist im Gegensatz zur Marktwirtschaft nicht die **Gewinnmaximierung** der privatwirtschaftlichen Unternehmen, sondern die **Bedarfsdeckung** der Bevölkerung. Sie folgt nicht den Prinzipien Angebot und Nachfrage auf dem Markt, sondern eine zentrale Planungsinstanz koordiniert die Bedürfnisse der Bevölkerung und versucht durch Planvorgaben in der Produktion eine Bedarfsdeckung herzustellen. Preise, Eigentum und Wettbewerb haben ihre marktwirtschaftliche Funktion verloren und unterliegen staatlicher Entscheidung.

Ordoliberalismus

Der **Ordoliberalismus** der Freiburger Schule, der durch **Walter Eucken** (1891–1950) in der Zwischenkriegszeit von 1918 bis 1939 mitentwickelt wurde, versuchte einen Mittelweg zu gehen und gilt als Wegbereiter der Sozialen Marktwirtschaft.

Ordoliberalismus stärkt die Rolle des Staates in einer Marktwirtschaft. Die Herstellung eines wirtschaftspolitischen Ordnungsrahmens mit einer funktionierenden **Wettbewerbsordnung** stellt hierbei den Schwerpunkt dar. Wesentliche Merkmale sind vollständige Konkurrenz, Wettbewerb, Preissystem als Knappheitsmesser, Privateigentum, Vertragsfreiheit und Kartell-/Monopolaufsicht, Umverteilung durch Steuerprogression, staatliche Kontrolle und Eingriffe bei wirtschaftspolitischer Notwendigkeit.

Soziale Marktwirtschaft

„Wohlstand für alle" (Ludwig Erhard, 1897–1977) und „Sinn der Sozialen Marktwirtschaft ist es, das Prinzip der Freiheit auf dem Markte mit dem des sozialen Ausgleichs zu verbinden" (Alfred Müller-Armack, 1901–1978) – diese Ziele haben für die beiden Gründerväter der **Sozialen Marktwirtschaft** in der Bundesrepublik Deutschland im Vordergrund gestanden. Erreichen will man dies bis heute durch die **Kombination der Marktwirtschaft mit staatlichem Eingriff**.

Die Soziale Marktwirtschaft sieht die Selbstlenkung der Wirtschaft durch Angebot und Nachfrage vor. Das setzt Gewerbefreiheit, Vertragsfreiheit, freie Preisbildung und Privateigentum voraus. Durch diese Handlungsfreiheit generiert der Unternehmer, Angestellte oder Arbeiter **Einkommen**, das besteuert wird. Allgemein bedeutet ein höheres Einkommen mehr **Steuern**. Diese Steuern werden wiederum durch den Staat verwendet, um **Transferleistungen** an niedrigere Einkommensgruppen vorzunehmen: Es findet eine **Umverteilung** der Einkommen und Vermögen statt. Handlungsfelder staatlichen Eingriffes sind die Sozial-, Wettbewerbs-, Struktur- und Konjunkturpolitik, Einkommensumverteilung sowie öffentliche Unternehmen. Ziel ist der **Schutz der wirtschaftlich Schwächeren**.

Die Soziale Marktwirtschaft ist eine marktwirtschaftliche Ordnung, deren Leistungsfähigkeit in dem auf Eigeninteresse beruhenden Wettbewerb auf den Märkten begründet ist. Funktioniert dieser Wettbewerb nicht mehr oder führt er zu unerwünschten Ergebnissen, so ist der Staat zum wirtschafts- und sozialpolitischen Handeln aufgerufen. Daraus ergeben sich nach Müller-Armack vier Grundprinzipien:

1. **Wettbewerbsprinzip:** Um Wettbewerbsbeschränkungen zu verhindern, muss der Staat Regeln zur Erhaltung des Wettbewerbs schaffen und die Konzentration wirtschaftlicher Macht durch Monopole, Oligopole oder Kartelle kontrollieren (Wettbewerbsordnung).
2. **Sozialprinzip:** Einerseits sorgt der Wettbewerb am Markt selbst schon für eine weitgehend gerechte Güterverteilung, andererseits müssen Leistungsschwache durch die sozialen Hilfen des Staates unterstützt werden (Arbeits- und Sozialordnung).
3. **Konjunkturpolitische Prinzipien:** Konjunkturschwankungen, insbesondere Inflation und Über- und Unterbeschäftigung, sollten durch Zentralbank und Bundesregierung abgemildert werden.
4. **Prinzip der Marktkonformität:** Alle Maßnahmen des Staates sind so zu treffen, dass die Marktprozesse, insbesondere die Preisbildung auf den Märkten, möglichst wenig beeinträchtigt werden.

Online-Link
Übersicht: Vor- und Nachteile der Wirtschaftssysteme
006590-0017

1.4 Ziele der Wirtschaftspolitik: das „magische Viereck“

In der Sozialen Marktwirtschaft greift der Staat in begrenztem Maße in die Wirtschaft ein. Im **Stabilitäts- und Wachstumsgesetz** von 1967 sind vier Ziele festgelegt, an denen sich die Wirtschaftspolitik in Deutschland orientieren soll (Abb. 18.1 und M1). Für diese vier Ziele hat sich die Bezeichnung „magisches Viereck“ eingebürgert.
Die wirtschaftspolitischen Ziele sind kein Selbstzweck, sondern dienen letztlich der Verwirklichung übergeordneter gesellschaftlicher Ziele wie Freiheit, Gerechtigkeit und Sicherheit (vgl. Abb. 18.2). Die wirtschaftspolitischen Ziele sind somit ein Mittel, um die gesellschaftlichen Ziele zu erreichen.

Doch warum hat sich der Ausdruck „magisches Viereck“ eingebürgert? Da sich einige Ziele des Vierecks gegenseitig behindern, müsste man „magische Kräfte“ besitzen, um alle gleichzeitig zu erreichen. Beispiel: Das Ziel des hohen Beschäftigungsstandes gefährdet das Ziel der Preisniveaustabilität, denn wenn die Arbeitslosenquoten sehr gering sind, werden in vielen Branchen Mitarbeiter knapp – Folge: Die Unternehmen müssen einerseits die Löhne anheben, um Mitarbeiter anzulocken oder im Betrieb zu halten, andererseits heben sie aber auch die Preise an. Vollbeschäftigung behindert also die Preisniveaustabilität. Unter Wissenschaftlern und Politikern umstritten ist, ob es in Zeiten schwächeren Wirtschaftswachstums sinnvoll ist, durch staatliche Konjunkturankurbelung eine höhere Beschäftigung zu erreichen (vgl. Kapitel 2.4), wenn damit gleichzeitig höhere Inflationsraten verbunden sind.

M1 Gesetz zur Förderung der Stabilität und des Wachstums der Wirtschaft vom 8. Juni 1967

§1 Erfordernisse der Wirtschaftspolitik
„Bund und Länder haben bei ihren wirtschafts- und finanzpolitischen Maßnahmen die Erfordernisse des gesamtwirtschaftlichen Gleichgewichts zu beachten. Die Maßnahmen sind so zu treffen, dass sie im Rahmen der marktwirtschaftlichen Ordnung gleichzeitig zur Stabilität des Preisniveaus, zu einem hohen Beschäftigungsstand und außenwirtschaftlichem Gleichgewicht bei stetigem und angemessenem Wirtschaftswachstum beitragen.“

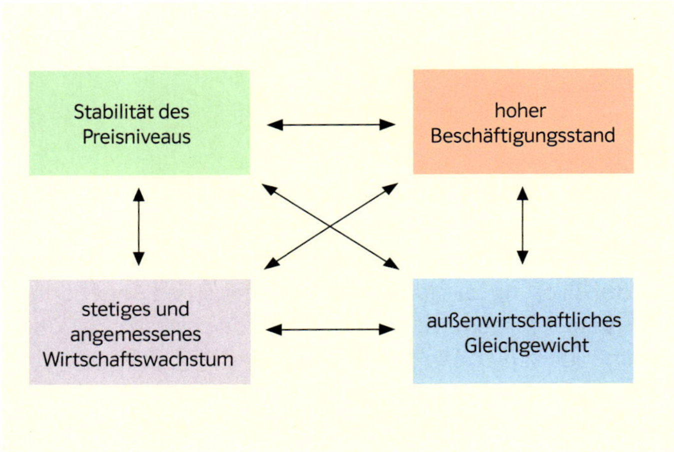

Abb. 18.1: Wirtschaftspolitische Ziele nach dem Stabilitäts- und Wachstumsgesetz („magisches Viereck“)

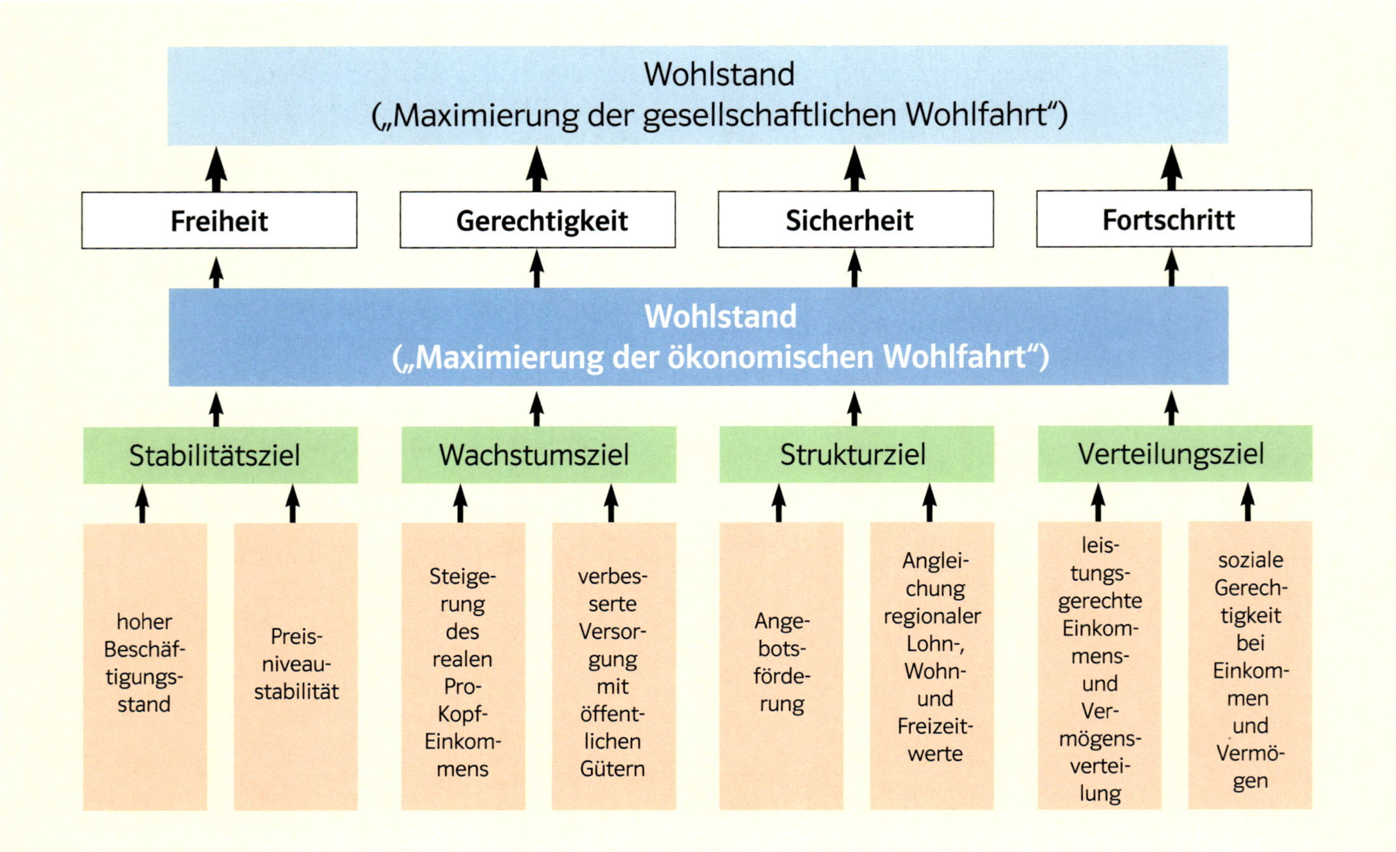

Abb. 18.2: Verknüpfung wirtschaftspolitischer und gesellschaftlicher Ziele in der Sozialen Marktwirtschaft

Preisniveaustabilität gilt als erreicht, wenn der jährliche Preisniveauanstieg (→ **Inflation**) knapp unter 2 % liegt. Ein stärkerer Anstieg des Preisniveaus von Waren und Dienstleistungen hätte gravierende Nachteile für die Bevölkerung, da sie sich mit ihrem Einkommen bei steigenden Preisen weniger leisten kann. Eine weitere Folge der Inflation liegt darin, dass das Guthaben von Sparern an Wert verliert. Ebenso wenig ist ein Sinken des Preisniveaus (Deflation) erstrebenswert. Sinkende Preise bedeuten sinkende Einnahmen für die Unternehmen und führen somit zu Lohnsenkungen und Entlassungen.

Messgröße für einen **hohen Beschäftigungsstand** ist die Arbeitslosenquote. Sie bezeichnet den Anteil der Arbeitslosen an der Gesamtzahl der → **Erwerbspersonen.** Von Vollbeschäftigung spricht man bei Arbeitslosenquoten zwischen 1 bis 3 %. Hinter einer hohen Arbeitslosenquote verbergen sich nicht nur zahlreiche persönliche Schicksale, sondern auch gesamtwirtschaftliche Probleme: Die Steuereinnahmen sinken, während die Staatsausgaben für Arbeitslosengelder usw. steigen; die Sozialversicherungsbeiträge müssen steigen, weil Arbeitslose weniger in die Renten-, Kranken- und Pflegeversicherung einzahlen; die Nachfrage nach Waren und Dienstleistungen geht zurück, weitere Entlassungen können die Folge sein. Besonders bei Langzeitarbeitslosen „veraltet“ auch das berufliche Wissen, die Volkswirtschaft wird in vielerlei Hinsicht „ärmer“. (Das wirtschaftpolitische Ziel „hoher Beschäftigungsstand“ wird in Kap. 2 ausführlich erläutert.)

Das **Wirtschaftswachstum** wird anhand der Veränderung des → **realen Bruttoinlandsprodukts** gemessen. Ein Wirtschaftswachstum von 2–4 % wird vielfach als notwendig angesehen, damit trotz fortschreitender → **Rationalisierung** und steigender Arbeitsproduktivität keine Arbeitslosigkeit entsteht. Außerdem bedeute das Wirtschaftswachstum steigenden Wohlstand und erleichtere eine Umverteilung in der Gesellschaft, ohne jemandem etwas wegnehmen zu müssen.

Ein **außenwirtschaftliches Gleichgewicht** besteht, vereinfacht gesagt, wenn die Importe (Einfuhren) in etwa dem Wert der Exporte (Ausfuhren) entsprechen. Werden auf längere Sicht mehr Güter importiert als exportiert, besteht die Gefahr, dass ein Land zahlungsunfähig wird, da große Geldmengen aus dem Land abgeflossen sind. Ein positiver **Außenbeitrag**, also ein Exportüberschuss, erscheint zunächst erstrebenswert, zumal auf diese Weise das Wirtschaftswachstum angekurbelt werden kann und viele Arbeitskräfte im exportstarken Land beschäftigt werden. Andererseits ist aber auch ein langfristiger Exportüberschuss problematisch, weil dabei große Geldmengen ins Land fließen, während viele Waren ins Ausland gehen. Damit steht einer wachsenden Geldmenge eine geringere Gütermenge gegenüber und Inflation droht.

Neben den vier Zielen aus dem Stabilitätsgesetz werden in jüngerer Zeit zwei weitere als wirtschaftspolitische Zielsetzungen angesehen: eine **gerechte Einkommens- und Vermögensverteilung** sowie der **Schutz der Umwelt**. Aus dem „magischen Viereck“ wurde dadurch das „magische Sechseck“.

Jahr	Inflationsrate[1] in %	Arbeitslosenquote[2] in %	reales BIP[3]	Außenbeitrag[4]
1994	2,7	10,6	2,7	2,1
1995	1,7	10,4	1,9	2,4
1996	1,5	11,5	1,0	2,7
1997	1,9	12,7	1,8	3,1
1998	0,9	12,3	2,0	3,3
1999	0,6	11,7	2,0	3,2
2000	1,4	10,7	3,2	2,9
2001	2,0	10,4	1,2	4,5
2002	1,4	10,8	0,1	4,6
2003	1,1	11,6	-0,2	4,0
2004	1,6	11,7	1,1	5,0
2005	2,0	13,0	0,8	5,2
2006	1,7	12,0	2,9	5,1
2007	2,2	10,1	2,5	6,9
2008	2,6	7,8	1,3	-0,3
2009	0,4	8,2	-5,0	-3,4

Abb. 19.1: Die wirtschaftliche Situation in Deutschland (Quelle: Statistisches Bundesamt)

[1] Verbraucherpreisindex
[2] in Bezug auf die abhängig beschäftigten zivilen Erwerbspersonen
[3] Veränderung des realen BIP
[4] Exportüberschuss in % des BIP

Arbeitsaufträge

1. Prüfen Sie, in welchen Jahren die einzelnen Ziele des Stabilitäts- und Wachstumsgesetzes als erfüllt gelten konnten!
2. Aktualisieren Sie die nebenstehende Statistik (mögliche Quellen: Statistisches Bundesamt, Bundesbank)!
3. Erklären Sie die Bedeutung der Ziele des magischen Vierecks!
4. Erläutern Sie, ob die folgenden Zielpaare sich gegenseitig unterstützen oder behindern:
   - Vollbeschäftigung und Preisniveaustabilität
   - außenwirtschaftliches Gleichgewicht und Preisniveaustabilität
   - Vollbeschäftigung und Wirtschaftswachstum
   - außenwirtschaftliches Gleichgewicht und Wirtschaftswachstum.
5. Kann die Wirtschaft Ihrer Meinung nach angesichts endlicher Rohstoffvorräte und der derzeitigen Umweltverschmutzung immer weiter wachsen?

1.4.1 Stetiges und angemessenes Wirtschaftswachstum

Was wächst, wenn die Wirtschaft wächst?

Das Wirtschaftswachstum bedeutet eine Zunahme der Güterproduktion und des Dienstleistungsangebotes für die Bevölkerung. Maßstab des Wirtschaftswachstums ist der jährliche Zuwachs des → **Bruttoinlandsprodukts** (BIP, vgl. M 1) im Vergleich zum Vorjahr. Zieht man vom nominalen BIP-Zuwachs die Preissteigerung ab, erhält man das reale BIP-Wachstum.

M1 Bruttoinlandsprodukt (BIP)

Das BIP ist der Wert aller Güter (Sachgüter und Dienstleistungen), die innerhalb eines Jahres in einem Land erzeugt werden. Dazu gehören auch Güter, die von Ausländern und ausländischen Unternehmen erstellt werden, die im Inland ansässig sind.

M2 Was ist so toll am Wirtschaftswachstum?

Wirtschaftliches Wachstum ermöglicht steigenden materiellen Wohlstand. Für dieses Argument spricht, dass auch heute noch Teile der Bevölkerung in den Industriestaaten mit materiellen Gütern relativ schlecht ausgestattet sind, bezogen auf ihre Bedürfnisse und Wünsche, die sich an den Bessergestellten orientieren.

Wachstum ermöglicht es den Beziehern niedriger Einkommen, mehr Einkommen zu erzielen, ohne dass die Besserverdienenden absolut weniger erhalten und ihnen etwas von dem Erreichten weggenommen wird. Es ist mithin nicht erforderlich, in Besitzstände einzugreifen. Daher verringert wirtschaftliches Wachstum die Gefahr von Verteilungskonflikten, mit denen zu rechnen wäre, wenn die Schlechtergestellten in der Gesellschaft durch Umverteilung materiell besser versorgt werden sollen.

Wachstum kann zu erhöhter Beschäftigung führen, also Arbeitsplätze schaffen oder erhalten. Dies gelingt allerdings nur, wenn sich die Produktion rascher ausdehnt, als die Arbeitsproduktivität je Erwerbstätigem steigt. Bei langsamerem Wachstum der Produktion kann eine positive Entwicklung der Beschäftigung nur dann erreicht werden, wenn die Arbeitszeit je Beschäftigten verringert wird. […]

Wachstum erleichtert den Strukturwandel, weil es bei Wachstum mehr expandierende Branchen und Regionen gibt, die neue Arbeitsplätze für die in den schrumpfenden Branchen freigesetzten Arbeitskräfte anbieten.

M 1 und M 2: Jürgen Kromphardt: Wachstum und Konjunktur, 3. Auflage Vandenhoeck & Ruprecht, Göttingen 1993, S. 2 f.

M3 Kann die Wirtschaft immer weiter wachsen?

Mehr Wachstum bedeutet mehr Ressourcenverbrauch und mehr Umweltverschmutzung auf Kosten künftiger Generationen. Die Grenzen des Wachstums sind erreicht. […] Wer auf Wachstum setzt, um der Arbeitslosigkeit Herr zu werden und den Sozialstaat zu sichern, baut auf Sand – und riskiert den irreversiblen ökologischen Kollaps unseres Planeten.

Ralf Fücks in: DIE ZEIT vom 30. Mai 1997, S. 20

Konjunktur

Die Geschichte der Marktwirtschaft hat gezeigt, dass das Wirtschaftswachstum nicht gleichmäßig verläuft. Damit einher gehen Phasen der Unter- und Überbeschäftigung, hoher und niedriger Auslastung der Produktionskapazitäten, hoher und niedriger Inflation usw. Diese Schwankungen werden als Schwankungen der → **Konjunktur** bezeichnet. In der Sozialen Marktwirtschaft versucht der Staat diese Schwankungen zu vermeiden, um ein stetiges Wirtschaftswachstum zu erreichen.

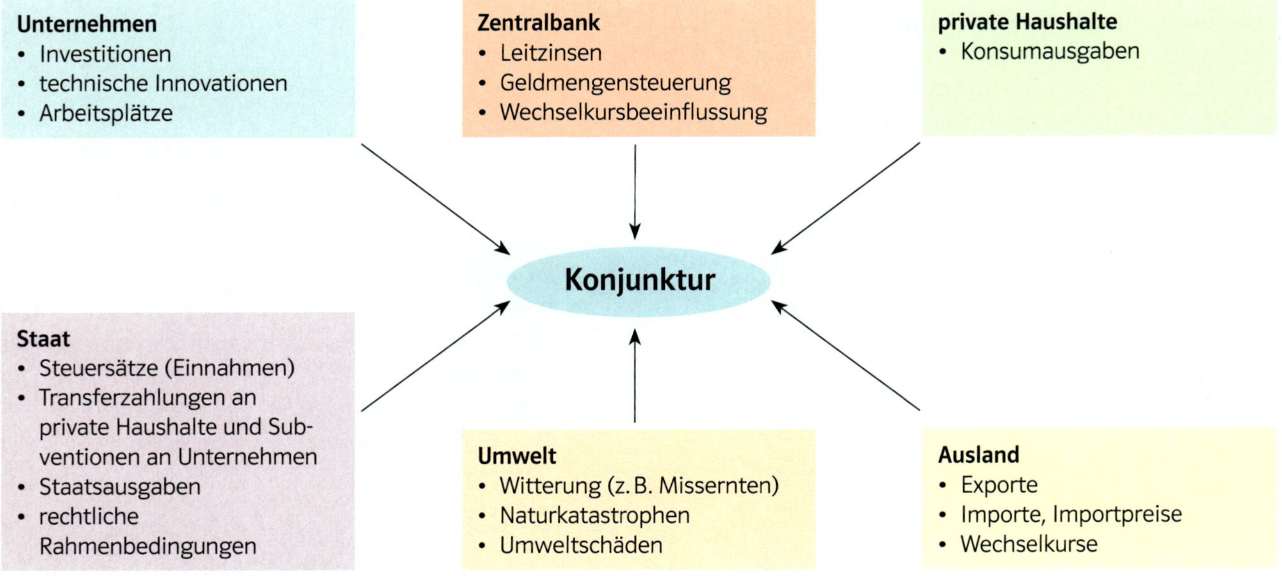

Abb. 20.1: Einflussfaktoren auf die Konjunktur

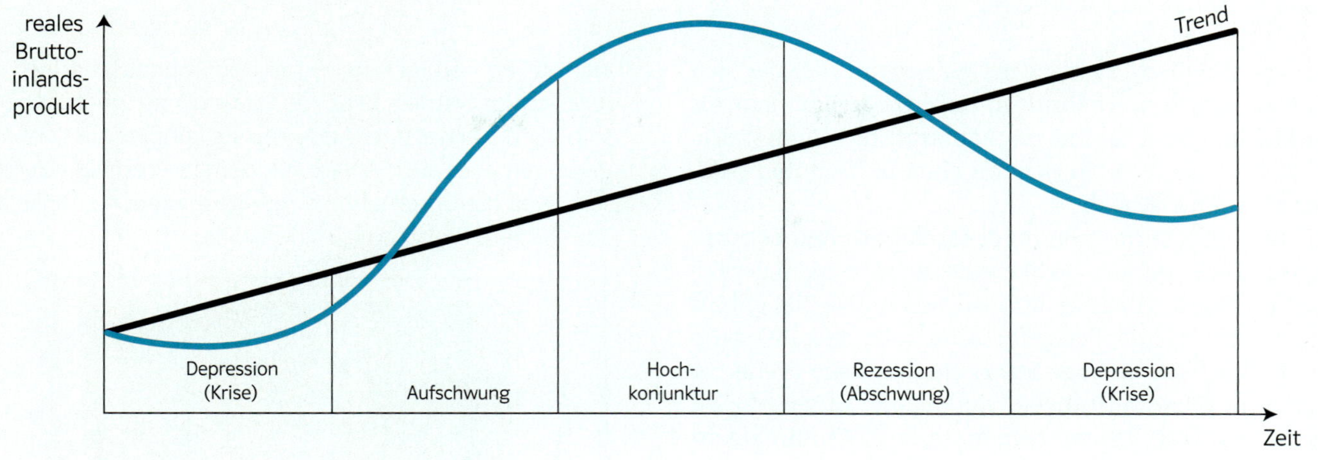

Abb. 21.1: Die Phasen eines idealtypischen Konjunkturzyklus

M4 Warum schwankt die Konjunktur?

Schon in der Bibel ist von wirtschaftlichen Schwankungen die Rede. Auch die Klassiker der Volkswirtschaftslehre im 17. und 18. Jahrhundert kannten das Phänomen konjunktureller Schwankungen. Sie erklärten diese mit einzelnen Ereignissen (**exogene Schocks**) wie Missernten, Kriegen oder dem Platzen von Spekulationsblasen. William Stanley Jevons (1835–1882) machte die zyklisch auftretenden Schwankungen der Anzahl von **Sonnenflecken** für unterschiedlich hohe Erntemengen verantwortlich. Im Falle von Missernten würden die Preise für Agrargüter steigen und dadurch die Nachfrage nach Industriewaren sinken. Es stellte sich jedoch heraus, dass die Sonnenfleckenaktivität und die konjunkturelle Entwicklung nicht parallel verlaufen, sodass die Theorie als überholt gilt.

John Maynard **Keynes** ging davon aus, dass **Nachfragelücken** (Unterkonsumtion) bzw. ein Angebotsüberhang infolge von **Überinvestitionen** die Ursache für Konjunkturschwankungen sind. Ein Beispiel für solche Über- oder Fehlinvestitionen findet man in den USA und Westeuropa in den Jahren 1999/2000, als im Vertrauen auf künftige Erfolge in die New Economy (IT-Branche, insbesondere Internetunternehmen) erhebliche Investitionen in IT-Ausrüstungen und -Unternehmen getätigt wurden, die sich bald als zu optimistisch herausstellten, was eine der Ursachen für die Rezession ab 2001 war. Da Keynesianer Marktungleichgewichte und Strukturkrisen als Auslöser derartiger Rezessionen ansehen, sehen sie die Möglichkeit, dass die Wirtschaftspolitik konjunkturelle Schwankungen abmildern kann, indem sie z. B. in der Rezession die fehlende private durch staatliche Nachfrage ersetzt (antizyklische, **nachfrageorientierte** Konjunkturpolitik). [vgl. Kap. 2.4.1]

Neoklassiker wie Milton Friedman schließlich fassen Konjunkturschwankungen hingegen als die Folge staatlicher Eingriffe in die Wirtschaft auf. Besonders in der Zeit vor wichtigen Wahlen neigen Politiker dazu, mit wirtschaftspolitischen Wahlkampfgeschenken für sich zu werben, was jedoch Konjunkturschwankungen oft eher verstärkt oder sogar erst auslöst. Daher empfehlen sie die konjunkturpolitische Zurückhaltung des Staates.

Keine Theorie kann für sich allein komplett überzeugen, da sie die Konjunkturzyklen, wie man sie in der Realität beobachtet, nicht vollständig erklären können. Oft ergibt sich als Auslöser für konjunkturelle Schwankungen ein exogener Schock (z. B. nach den Anschlägen des 11. September 2001), der in der Volkswirtschaft durch den „Herdentrieb“ des Menschen und Verkettungen in der Wirtschaft endogen weitergegeben und verstärkt wird. Somit wirken Schocks, die eigentlich nur einzelne Branchen oder Länder betreffen, auf die gesamte Volks- oder gar Weltwirtschaft.

Letztlich sind Konjunkturschwankungen ein **massenpsychologisches Phänomen**. Dazu ein Beispiel: Wenn alle Deutschen glauben, morgen beginnt der Aufschwung, und in dieser Hochstimmung groß einkaufen würden – dann käme der Aufschwung tatsächlich. Und umgekehrt …

Philipp Paulus: Konjunktur und Konjunkturprognosen, Bundeszentrale für politische Bildung, Bonn 2007, S. 17 f.

Arbeitsaufträge

1. Untersuchen Sie anhand der Zahlen in Abb. 19.1, inwieweit Konjunkturzyklen in Deutschland zu beobachten sind und falls ja, wie lange ein Konjunkturzyklus in der Realität dauert!
2. Erklären Sie, wie sich die folgenden Konjunkturindikatoren in den vier Konjunkturphasen jeweils entwickeln: Produktion/Kapazitätsauslastung, Nachfrage, Preise, Beschäftigung, Sparquote, Aktienkurse. Halten Sie Ihre Einschätzungen in einer Tabelle fest und benutzen Sie dabei die Symbole ⬆ (hoch), ⬇ (niedrig), ⬈ (steigend), ⬊ fallend)!
3. Stellen Sie nach eigenen Recherchen einen Konjunkturindex vor (z. B. ifo-Geschäftsklimaindex, Einkaufsmanagerindex, ZEW-Index, FAZ-Konjunkturbericht oder den Handelsblatt-Konjunkturfrühindikator)!
4. Überprüfen Sie anhand geeigneter Konjunkturindikatoren, in welcher Konjunkturphase sich die deutsche Volkswirtschaft aktuell befindet!
5. Erläutern Sie die Bedeutung von Konjunkturprognosen für Verbraucher, Unternehmer, Geldanleger und Politik!

1.4.2 Preisniveaustabilität

Einen anhaltenden Prozess der Geldentwertung, der sich in allgemeinen Preiserhöhungen zeigt, bezeichnet man als → **Inflation**. Dabei nimmt die Kaufkraft des Geldes, d.h. die Gütermenge, die man sich mit einer bestimmten Geldsumme kaufen kann, ab.
Als „Hüterin des Euros“ kommt der **Europäischen Zentralbank** (EZB) in Frankfurt am Main die Aufgabe zu, in der Eurozone für Preisniveaustabilität zu sorgen. Das Ziel gilt als erreicht, wenn die jährlich gemessene Inflationsrate knapp unter 2% liegt. Da in einer Marktwirtschaft die Preise für Waren und Dienstleistungen von jedem Unternehmen selbstständig festgelegt werden, muss die EZB indirekt wirkende Maßnahmen ergreifen, wenn sie das Preisniveau beeinflussen will. Dafür stehen ihr verschiedene Instrumente der → **Geldpolitik** zur Verfügung.
Gemessen wird die Veränderung des Preisniveaus anhand eines gemeinsamen europäischen **Warenkorbs**, der statistisch den typischen Verbrauch eines Durchschnittshaushalts enthält. Je nach Anteil der Waren und Dienstleistungen bei den Ausgaben des europäischen Durchschnittshaushalts werden diese unterschiedlich gewichtet. Anhand der Veränderung der Preise im „Warenkorb“ können die Verbraucherpreise mehrerer Jahre verglichen werden. Alle fünf Jahre wird der Warenkorb an eventuelle Veränderungen der Konsumgewohnheiten der Haushalte angepasst.

Formen der Inflation	
offene Inflation	Bei einer offenen Inflation sind die Preissteigerungen für jeden erkennbar.
verdeckte Inflation	Der Staat hält das Preisniveau zwangsweise konstant (z. B. durch Festpreise). Allerdings ist das Güterangebot zu gering und muss rationiert werden.
schleichende Inflation	geringer Anstieg des Preisniveaus
trabende Inflation	Inflation in Höhe von 3-5%
galoppierende Inflation	mehr als 6% Inflation
Hyperinflation	mehr als 50% Inflation

M1 **Inflation – das süße Gift der Volkswirtschaft**

Deutschland hat in den fünf Jahren nach dem Ersten Weltkrieg eine Zeit der extremen Hyperinflation durchgemacht. Die Inflation erreichte im November 1923 ihren Höhepunkt, als ein kg Roggenbrot unvorstellbare 201 Milliarden Reichsmark kostete. Wenngleich diese Inflation von ihren Ausmaßen her mit den heutigen Inflationsraten in der Eurozone nicht vergleichbar ist, so lassen sich an dem historischen Beispiel sehr drastisch die Folgen aufzeigen, die tendenziell jede stärkere Inflation mit sich bringt.

1. Die Bezieher fester **Einkommen** sind benachteiligt. Wer ein festes Einkommen erhält, büßt durch die Inflation an Kaufkraft ein. Im Vorteil ist, wer seine Preise selbst kalkulieren und festlegen und sich damit rasch an die Kosten- und Preisentwicklung anpassen kann. Die Lohneinkommen werden dagegen bei Tarifverhandlungen in der Regel für ein oder zwei Jahre im Voraus festgelegt. Selbst wenn erwartete Preissteigerungen bei den Lohnabschlüssen berücksichtigt werden, kann die tatsächliche Inflation höher sein als die erwartete. Andererseits können die Lohnsteigerungen aber auch Anlass für weitere Preissteigerungen sein, weil die Unternehmen ihre gestiegenen Lohnkosten über höhere Preise ausgleichen wollen.

Abb. 22.1: Banknote aus der Inflationszeit, 2.000.000 RM (Reichsmark)

2. Die Bevölkerung verliert das **Vertrauen** in das Geld. Bei stark steigenden Preisen versucht jeder, sein Geld möglichst rasch in Güter umzutauschen – denn schließlich wird alles teurer. 1923 standen die Käufer bereits am Morgen an, um sich für ihr Papiergeld Brot zu kaufen, da der Brotpreis bis zum Abend um ein Vielfaches stieg. Damit erfüllte das Geld seine Aufgabe als Wertaufbewahrungsmittel nicht mehr. Da jeder versuchte, Waren zu horten und möglichst kein Geld anzunehmen, wurde das Geld als Tauschmittel und Wertübertragungsmittel von der Bevölkerung nicht mehr anerkannt. Solche Entwicklungen führen zur Etablierung von heimlichen „Ersatzwährungen“ wie Zigaretten oder ausländischem Geld.
3. Die **Sparguthaben** verlieren an Wert. Durch die Inflation vermindert sich der Wertzuwachs durch die Zinsen, die Sparer für ihre Spareinlagen erhalten. Im Extremfall verliert das Sparguthaben an Wert, wenn die Inflationsrate höher ist als der Zinssatz. Wer vor der Hyperinflationszeit mühsam einige Tausend Reichsmark für z.B. einen späteren Hauskauf gespart hatte, konnte mit seinem Guthaben im November 1923 noch nicht einmal mehr ein Ei „finanzieren“. Besser war die Situation nur für Sparer, die ihr Geld in Sachwerten (z.B. Immobilien, Gold) angelegt hatten. Generell sinkt durch eine übermäßige Inflation die Sparneigung der Bevölkerung. Eher wird das Geld ausgegeben, als weiterhin Geld gespart. Dieses Verhalten kann die Konjunktur vorübergehend ankurbeln, verstärkt aber mittelfristig die Inflation sogar noch, weil die starke Nachfrage die Unternehmen zu weiteren Preissteigerungen ermuntert. Es besteht dann eine Tendenz zur Selbstbeschleunigung der Inflation.
4. Schuldner können ihre **Schulden** leichter tilgen. Mögliche Gewinner einer Inflation sind Schuldner. Hatte ein Bäcker beispielsweise vor der Inflationszeit einen mit einem festen Zins versehenen Kredit über 10.000 Reichsmark für ein Auto aufgenommen, so konnte er ihn 1923 durch den Verkauf eines einzigen Brotes zurückzahlen. Der Staat als großer Schuldner profitiert insofern von der Inflation, allerdings leidet auch er unter steigenden Kosten, sinkender Steuermoral und wachsender Schattenwirtschaft.

Stefan Prochnow, eigener Text

M2 **Ursachen der Inflation – Inflationstheorien**

Bei den Inflationstheorien kann man je nach Auslöser geldmengen-, nachfrage- und angebotsinduzierte Inflation unterscheiden. Die **Quantitätstheorie** geht davon aus, dass Inflationsgefahr besteht, wenn die (nachfragewirksame) Geldmenge stärker steigt als die in einer Volkswirtschaft verfügbare Gütermenge. Demnach kann ein Aufblähen der Geldmenge bei konstantem oder rückläufigem Güterangebot zu Inflation führen. Die Gefahr besteht insbesondere dann, wenn die Zentralbank, die die Menge des umlaufenden Geldes steuert, vom Staat abhängig ist. Die Regierung kann bestrebt sein, staatliche Ausgabenprogramme (im Deutschen Reich während des Ersten Weltkriegs zur Finanzierung der Kriegskosten) über die Notenpresse zu finanzieren. Auch können politische Kreise an zu niedrigen → **Leitzinsen** interessiert sein; niedrige Zinsen führen tendenziell dazu, dass mehr Kredite aufgenommen werden. Dies beflügelt zwar möglicherweise die Konjunktur (und damit die Wählergunst), weil mit den Krediten Investitionen getätigt und Konsumgüter gekauft werden, birgt aber erhebliche Inflationsgefahr.

Ein Ungleichgewicht zwischen Geld- und Gütermenge kann auch entstehen, wenn ein Land einen starken Exportüberschuss und dadurch einen Leistungsbilanzüberschuss aufweist: Viele Waren verlassen das Land und die inländische Geldmenge erhöht sich durch die Zahlungen aus dem Ausland. Ein weiterer Auslöser für die **importierte Geldmengeninflation** kann darin liegen, dass durch hohe Zinsen im Inland das Geld ausländischer Anleger angelockt wird, ohne dass in gleichem Maße mehr Waren produziert werden.

Generell gilt: Ist die Nachfrage größer als das Angebot, steigen die Preise. Daran setzt die Theorie der **nachfrageinduzierten Inflation** an. Ursache dafür können staatliche Investitionsprogramme sein (zumindest, wenn die Kapazitätsauslastung der Volkswirtschaft hoch ist), starke Investitionen der Unternehmen, ein höherer Konsum der privaten Haushalte (z. B. infolge von Lohnerhöhungen) oder eine große Nachfrage aus dem Ausland. Werden die Inflationsursachen auf der Angebotsseite gesehen, spricht man von **angebotsinduzierter Inflation.** Hierbei können die Anbieter gezwungen sein, aufgrund von steigenden Kosten die Preise anzuheben (Kostendruckinflation). Gründe für steigenden Kostendruck können Lohnerhöhungen, steigende Kreditzinsen und höhere Steuern sein. Im Zusammenhang mit Lohnerhöhungen wird das Problem der Lohn-Preis- bzw. Preis-Lohn-Spirale diskutiert. Die Gewerkschaften berufen sich bei ihren Lohnforderungen auf den Inflationsausgleich, die steigenden Löhne nötigen die Anbieter möglicherweise aber zu weiteren Preiserhöhungen, die für die Gewerkschaften wiederum Anlass sind, erneute Lohnsteigerungen zu fordern. Von **importierter Kostendruckinflation** spricht man, wenn die steigenden Kosten aus dem Ausland herrühren, z. B. infolge steigender Preise für Rohstoffe. Eine angebotsinduzierte Inflation ist auch denkbar, wenn Unternehmen bei entsprechender **Marktmacht** ihre Preise erhöhen, um mehr Gewinn zu machen **(Gewinndruckinflation).** Voraussetzung dafür ist, dass die Unternehmen die höheren Preise auch am Markt durchsetzen können, was in der Regel nur bei eingeschränktem Wettbewerb möglich ist (Monopol oder marktbeherrschende Stellung oder Kartelle o. Ä.).

Stefan Prochnow, eigener Text

Abb. 23.1: „... da müssen Sie aber noch einige Scheinchen drauflegen ..." (Karikatur Erik Liebermann, Steingaden)

Abb. 23.2: „Grausam, wie der Hase den armen Fuchs hetzt!" (Karikatur Horst Haitzinger, München/CCC)

Arbeitsaufträge

1. Beschreiben Sie die Folgen von Inflation **M1** und Deflation! Erklären Sie, warum auch ein Absinken des Preisniveaus für eine Volkswirtschaft Nachteile haben kann!
2. Nehmen Sie Stellung zu der These: „Kurzfristig mag es Profiteure einer Inflation geben, langfristig gibt es nur Verlierer!"
3. Leiten Sie aus den in **M2** beschriebenen Inflationstheorien Schlussfolgerungen ab: Wer muss was tun, um Inflation und Deflation zu vermeiden?
4. Erörtern Sie, inwiefern es bei den einzelnen Maßnahmen zur Inflationsbekämpfung (Aufgabe 3) zu Problemen bei der Umsetzung oder zu unerwünschten Nebenwirkungen kommen kann!
5. Beschreiben und interpretieren Sie die Karikaturen Abb. 23.1 und 23.2! Auf welche möglichen Inflationsursachen nehmen sie Bezug? Was wollen die Karikaturisten jeweils zum Ausdruck bringen? Nehmen Sie Stellung zu den Aussageabsichten der Karikaturisten!

1.4.3 Außenwirtschaftliches Gleichgewicht

Für Deutschland ist der Austausch von Waren und Dienstleistungen mit dem Ausland (Export und Import) von großer Bedeutung. Das ergibt sich schon daraus, dass Deutschland als rohstoffarmes Land darauf angewiesen ist, die meisten Rohstoffe zu importieren. Aber Deutschland ist auch einer der größten Exporteure der Welt. Die konjunkturelle Entwicklung und viele Arbeitsplätze hängen somit maßgeblich von der Außenwirtschaft ab.

Das Ziel des „außenwirtschaftlichen Gleichgewichts" gilt als erreicht, wenn der → **Außenbeitrag** leicht positiv ist. Eine andere Forderung besteht darin, dass die **Leistungsbilanz** ausgeglichen oder leicht positiv sein soll.

Rohstoff	Hauptsächliche Verwendung	Importanteil in %
Asbest	Bremsen	100
Chrom	Edelstahl, Armaturen	100
Kobalt	Computer	100
Mangan	Stahlveredelung	100
Phosphat	Düngemittel	100
Wolfram	Elektroindustrie	100
Zinn	Blech	100
Kupfer	Kabel, Elektroindustrie	99
Eisenerz	Stahl	98
Erdöl	Energie, Chemie, Kraftstoffe	96
Blei	Batterien	92
Erdgas	Energie, Heizung	63

Abb. 24.1: Importabhängigkeit Deutschlands bei ausgewählten Rohstoffen (Statistisches Bundesamt)

M1 Die Zahlungsbilanz

In der Zahlungsbilanz werden alle wirtschaftlichen Transaktionen aufgezeichnet, die im Zeitraum eines Jahres zwischen dem Inland und dem Ausland stattfinden. Sie bietet damit eine wichtige Datengrundlage besonders für die Geld- und Währungspolitik, darüber hinaus aber für die gesamte Wirtschaftspolitik eines Landes. […]

Die **Zahlungsbilanz** gliedert sich einerseits in die Leistungsbilanz und die Bilanz der Vermögensübertragungen, andererseits in die Bilanz des Kapitalverkehrs und die sogenannte Devisenbilanz. Als Kernstück der Zahlungsbilanz wird gemeinhin die **Leistungsbilanz** angesehen. In ihr schlagen sich alle Transfers nieder, die Einfluss auf Einkommen und Verbrauch des jeweiligen Landes haben. So umfasst die **Handelsbilanz**, als Teil der Leistungsbilanz, alle Bezüge und Lieferungen im zwischenstaatlichen Warenverkehr. Die **Dienstleistungsbilanz** verzeichnet unter anderem die Leistungen im Auslandsreiseverkehr und im Transport- und Versicherungswesen. In der **Bilanz der laufenden Übertragungen** schlagen sich die unentgeltlichen Leistungen nieder, die ohne Anspruch auf Gegenleistung erfolgen: Zahlungen an internationale Organisationen, Rentenzahlungen ins Ausland usw. Und in der **Bilanz der Erwerbs- und Vermögenseinkommen** werden Kapitalerträge (Zinsen, Dividenden usw.) sowie Löhne und Gehälter erfasst, die über die Landesgrenzen zu- oder abfließen. Daneben steht die Bilanz der „einmaligen" Vermögensübertragungen, in der z. B. Erbschaften oder Schuldenerlasse ihren Niederschlag finden.

Mit den Leistungstransaktionen geht eine Zu- oder Abnahme der Forderungen bzw. Verbindlichkeiten eines Landes gegenüber dem Ausland einher. Die **Bilanz des Kapitalverkehrs** schlüsselt auf, welche Finanzpositionen sich dabei verändern. Sie verzeichnet die grenzüberschreitenden Kapitalbewegungen – untergliedert in Direktinvestitionen, Wertpapieranlagen und den Kreditverkehr. An der **Devisenbilanz** ist schließlich abzulesen, wie die Währungsreserven der Zentralbank zu- oder abgenommen haben. Auf Dauer kann ein Land Zahlungen ans Ausland nur leisten und Güter und Dienste nur einführen, soweit ihm dafür ausländische Währungseinheiten (Devisen) zur Verfügung stehen. Um den Saldo auszugleichen, muss die Zentralbank gegebenenfalls ihre Währungsreserven einsetzen.

Text zu Zahlenbild 218 001, Bergmoser + Höller Verlag, Aachen

Abb. 24.2: Der Aufbau der Zahlungsbilanz

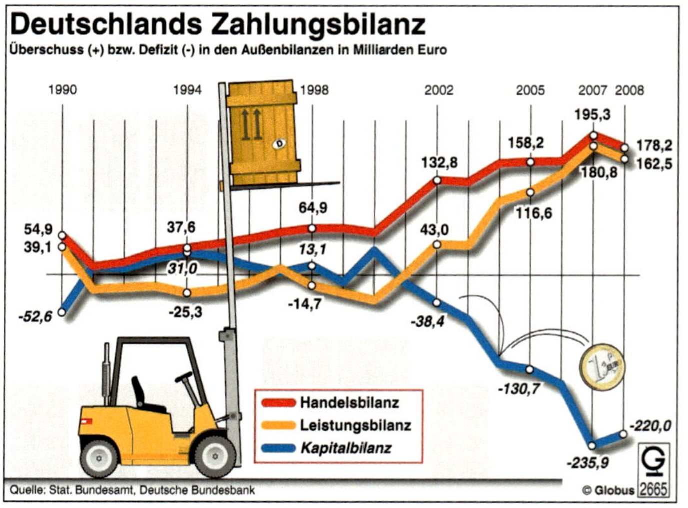

Abb. 24.3: Deutschlands Zahlungsbilanz

M2 Der Irrtum der Merkantilisten

Abraham Lincoln, Präsident der USA von 1861 bis 1865, wird folgender Ausspruch zugeschrieben. „Ich weiß nicht viel über Zölle. Was ich jedoch weiß: Wenn ich einen englischen Mantel kaufe, bekomme ich den Mantel und England das Geld. Kaufe ich jedoch einen amerikanischen Mantel, bekomme ich auch den Mantel, aber Amerika bekommt das Geld.“

Diese Denkweise zeigt einen uralten Irrtum auf, der typisch für den sogenannten Merkantilismus des 17. und 18. Jahrhunderts war. Vertreter dieser Richtung betrachteten jene Länder als glücklich, die mehr Güter verkaufen konnten, als sie einkauften, weil eine solche „wünschenswerte“ Handelsbilanz bedeutete, dass Gold als Bezahlung des Exportüberschusses ins Land floss.

Die merkantilistische Argumentation verwechselt Mittel und Zweck. Die Anhäufung von Gold oder sonstigen Zahlungsmitteln allein verbessert den Lebensstandard eines Landes nicht. Geld ist kein Selbstzweck, sondern soll verwendet werden, um von anderen Ländern kaufen zu können. Aus diesem Grund verwerfen heute die meisten Ökonomen den Gedanken, die Erhebung von Zöllen zur Erzielung eines Außenhandelsüberschusses könne dem wirtschaftlichen Wohlergehen eines Landes nützen.

Paul A. Samuelson/William D. Nordhaus: Volkswirtschaftslehre, 15. Auflage Verlag Carl Ueberreuter, Frankfurt am Main/Wien 1998, S. 794

Abb. 25.1: The Story of Foreign Trade and Exchange (Federal Reserve Bank of New York, New York, 1998)

Arbeitsaufträge

1. Ordnen Sie den Teilbilanzen der Zahlungsbilanz folgende Transaktionen zu!
   a) Verkauf von Kraftfahrzeugen ins Ausland
   b) Versicherung der Schiffe einer deutschen Reederei bei einer englischen Versicherung
   c) Ausgaben deutscher Touristen in Kanada
   d) Einkommen von in Deutschland wohnenden Pendlern, die in der Schweiz arbeiten
   e) Entwicklungshilfekredit an ein afrikanisches Land
   f) Tilgung eines Entwicklungshilfekredits durch ein afrikanisches Land
   g) Zinseinkünfte von Deutschen für im Ausland angelegtes Kapital
2. Beschreiben Sie die Entwicklung der deutschen Zahlungsbilanz (Abb. 24.3)! Erläutern Sie mögliche Auswirkungen auf die deutsche Volkswirtschaft!
3. Übersetzen Sie den Comic (Abb. 25.1) und erklären Sie die Aussagen Adam Smiths!

1.4.4 Vollbeschäftigung

„Vollbeschäftigung ist, wenn jeder Arbeit hat." Diese Aussage ist allgemein und beschreibt kaum die Komplexität dieses wirtschaftspolitischen Ziels. Experten sehen eine Vollbeschäftigung auch bei einer Arbeitslosenquote von ein bis drei Prozent. Was bedeutet aber nun Vollbeschäftigung? Wie wird sie gemessen? Wie erreicht der Staat Vollbeschäftigung? Gibt es Patentrezepte oder sind es Willkürentscheidungen, um den Flächenbrand der Arbeitslosigkeit (kurzfristig) zu verhindern? Das Kapitel 2 befasst sich detailliert und umfassend mit der Beschäftigungspolitik.

M1 Was müssen wir heute unter Vollbeschäftigung verstehen?

Vollbeschäftigung: Wir erleben die Renaissance eines großen Worts, das lange Zeit aus unserem Sprachgebrauch verschwunden war. Der Begriff löst Erinnerungen an gute, alte Zeiten aus. Er steht für ein Leben ohne Existenzangst und ein Land im Wirtschaftsboom. Die Älteren unter uns dürften sich an eine Epoche erinnern, in der Gastarbeiter in das Land geholt wurden, um das Wirtschaftswunder zu bewältigen. 1970 gab es eine Situation, die nicht mehr als Vollbeschäftigung, sondern schon als Überbeschäftigung beschrieben werden kann und die, trotz allem Optimismus, so nie mehr auftreten wird. Dennoch scheint Vollbeschäftigung zum Greifen nahe. In der öffentlichen Diskussion reden Politiker, Wissenschaftler, Statistiker nicht mehr über das *Ob*, sondern über das *Wann*.

Auch ich halte Vollbeschäftigung für möglich. Die Frage ist nur, wie ehrlich gehen wir mit diesem Thema um.

Die Definition von Vollbeschäftigung hat sich über die Jahrzehnte verändert. Vollbeschäftigung wird meist an einem bestimmten Prozentsatz an Arbeitslosen gemessen. Aber ist Arbeitslosigkeit allein ein Indikator für Vollbeschäftigung? In einer Marktwirtschaft werden wir nie eine Quote von null erreichen. Selbst bei optimalen Gegebenheiten bleibt immer eine Sucharbeitslosigkeit. Von Vollbeschäftigung ist Deutschland mit einer Arbeitslosenquote von mehr als sieben Prozent und knapp drei Millionen Arbeitslosen gegenwärtig ein Stück weit entfernt. Noch ein wenig entfernter, wenn wir die Zahl derer einbeziehen, die sich derzeit zum Beispiel in Weiterbildung oder vorruhestandsähnlichen Übergangsregelungen befinden.

Wie viele Menschen in einer Region sind überhaupt von Arbeitslosigkeit betroffen? Wie häufig wird jemand arbeitslos, und wie lange dauert es, bis er eine neue Stelle gefunden hat und zu welchen Konditionen? Aus diesen Komponenten ergibt sich die tatsächliche Dimension von Arbeitslosigkeit. Deshalb müsste die Frage nach Vollbeschäftigung eigentlich lauten: Hat in Deutschland jeder Arbeitsuchende eine realistische Chance, in vertretbarer Zeit eine existenzsichernde Arbeit zu finden?

Diesen Zustand haben wir bundesweit noch nicht erreicht. Partiell betrachtet gibt es sie schon heute, die Vollbeschäftigung. In bestimmten Regionen liegt die Arbeitslosenquote bei unter drei Prozent. In einigen Branchen sprechen wir bereits von einem Fachkräftemangel. Demgegenüber stehen aber auch Regionen mit Quoten um 15 Prozent und einer stabilen Sockelarbeitslosigkeit. Wird sich der Arbeitsmarkt spalten in Richtung hohe Arbeitslosigkeit bei gleichzeitig hohem Bedarf an Fachkräften? Zweifellos haben wir noch quantitative und qualitative Ressourcen am Arbeitsmarkt. Es sind erhebliche Qualifikationsreserven vorhanden. Etwa bei 80 Prozent aller Geringverdiener, die über eine formale Qualifikation verfügen, oder bei einem relevanten Teil von Migranten, die unterwertig arbeiten, weil ihre mitgebrachten Abschlüsse nicht anerkannt sind.

Reicht uns das rein formale Ziel Vollbeschäftigung? Arbeit für alle oder existenzsichernde Arbeit für alle? Aktuell haben wir in Deutschland 1,3 Millionen Menschen in Voll- oder Teilzeitbeschäftigung, die auf ergänzende Sozialleistungen angewiesen sind. Fest steht: Wir werden auf dem Weg zur Vollbeschäftigung nicht zu den Verhältnissen der 60er- und frühen 70er-Jahre zurückkehren. Der Arbeitsmarkt hat sich verändert. Er ist flexibler geworden. Zeitarbeit gewinnt an Bedeutung, der Niedriglohnsektor wächst, Teilzeitarbeitsplätze entstehen, gelegentlich zulasten von Vollzeitstellen.

Vollbeschäftigung ist keine Utopie.

Flexibilität ist wichtig und richtig! Ohne sie würden wir die Diskussion um Vollbeschäftigung heute nicht führen. Aber diese Flexibilität zeigt auch, dass Arbeit nicht mehr gleichbedeutend mit Existenzsicherung ist. Vollbeschäftigung setzt auch eine hohe Mobilität der Arbeitnehmer voraus.

Ist Vollbeschäftigung in allen Regionen und für alle Personen machbar? Eindeutig nein; denn in unserer Wirtschaftsordnung ist eine gleichmäßige regionale Verteilung der Nachfrage nach Arbeitskräften nicht vorstellbar. Und es gibt erwerbsfähige Menschen, die aufgrund ihrer eingeschränkten Leistungsfähigkeit auch subventioniert dauerhaft keine Arbeit finden. Um diesen Menschen eine realistische Chance auf Teilhabe zu geben, wird häufig in der Weiterbildung der Königsweg gesehen. Hier müssen wir zur Kenntnis nehmen, dass ein Teil der Langzeitarbeitslosen über klassische Bildungsangebote nicht mehr erreichbar ist. Wenn wir auch diesen Menschen glaubwürdig eine Chance auf Arbeit einräumen wollen, brauchen wir Angebote in einem „geschützten" Raum, immer mit der Option, in den regulären Markt zu wechseln.

Vollbeschäftigung ist keine Utopie. Wir werden sie, zumindest gemessen an der Arbeitslosenquote, irgendwann erreichen. Mit allem, was dazu gehört. Inklusive Bürgerarbeit, Ein-Euro-Jobs, Aufstockern, entdeckten und unentdeckten Talenten.

Hans Alt: Vollbeschäftigung ist keine Utopie, in: Frankfurter Rundschau vom 16.11.2010

M2 Eckwerte des Arbeitsmarktes Dezember 2010

Eckwerte des Arbeitsmarktes

Berichtsmonat: Dezember 2010

Deutschland

Merkmal	2010				Veränderung gegenüber Vorjahresmonat (Arbeitslosenquote Vorjahreswerte)			
	Dezember	November	Oktober	September	Dezember		November	Oktober
					absolut	in %	in %	in %
	1	2	3	4	5	6	7	8
Erwerbstätigkeit								
Erwerbstätige (Monatsdurchschnitt; Inland) [1]	…	41.090.000	41.096.000	40.918.000	…	…	1,1	1,0
Soz.-Verspfl. Beschäftigte (Bestand, geschätzt)	…	…	28.283.600	28.274.000	…	…	…	1,8
Arbeitslosigkeit registriert nach § 16 SGB III								
- Bestand	3.015.715	2.931.170	2.945.491	3.031.354	-259.811	-7,9	-8,8	-8,8
dar.: 53,7% Männer	1.619.453	1.541.374	1.542.250	1.590.078	-176.495	-9,8	-11,5	-11,4
46,3% Frauen	1.396.262	1.389.796	1.403.241	1.441.276	-83.316	-5,6	-5,7	-5,7
8,8% 15 bis unter 25 Jahre	265.942	262.404	277.773	318.486	-55.857	-17,4	-18,7	-18,0
1,5% dar.: 15 bis unter 20 Jahre	44.893	45.324	49.834	58.395	-10.338	-18,7	-19,8	-18,6
30,6% 50 bis unter 65 Jahre	921.891	890.634	879.625	887.083	19.939	2,2	1,0	0,5
17,8% dar.: 55 bis unter 65 Jahre	536.443	519.405	513.012	515.856	36.421	7,3	6,2	6,0
15,7% Ausländer	474.363	468.200	470.676	480.467	-33.066	-6,5	-7,2	-7,2
84,1% Deutsche	2.537.379	2.458.872	2.470.578	2.546.525	-225.306	-8,2	-9,1	-9,0
5,9% schwerbehinderte Menschen*)	176.595	173.563	172.422	173.711	10.106	6,1	5,6	5,1
Arbeitslosenquoten bezogen auf								
- alle zivilen Erwerbspersonen insgesamt	7,2	7,0	7,0	7,2	7,8	-	7,6	7,7
Männer	7,2	6,9	6,9	7,1	8,0	-	7,8	7,8
Frauen	7,1	7,0	7,1	7,3	7,5	-	7,5	7,6
15 bis unter 25 Jahre	5,6	5,5	5,9	6,7	6,7	-	6,7	7,0
15 bis unter 20 Jahre	3,2	3,2	3,5	4,1	3,7	-	3,8	4,1
50 bis unter 65 Jahre	8,2	8,0	7,9	7,9	8,4	-	8,2	8,1
55 bis unter 65 Jahre	8,8	8,5	8,4	8,4	8,6	-	8,4	8,3
Ausländer	14,8	14,6	14,7	15,0	16,1	-	16,0	16,0
Deutsche	6,5	6,3	6,4	6,5	7,1	-	7,0	7,0
- abhängige zivile Erwerbspersonen insgesamt	8,0	7,8	7,8	8,1	8,7	-	8,6	8,6
Unterbeschäftigung [2]								
Arbeitslosigkeit im weiteren Sinne	3.291.803	3.218.973	3.221.074	3.301.364	-311.475	-8,6	-9,0	-8,8
Unterbeschäftigung im engeren Sinne	3.859.231	3.825.170	3.826.963	3.890.972	-389.985	-9,2	-9,2	-9,0
Unterbeschäftigung ohne Kurzarbeit	4.097.283	4.067.150	4.070.665	4.136.633	-394.713	-8,8	-8,7	-8,4
Unterbeschäftigungsquote (ohne Kurzarbeit)	9,6	9,6	9,6	9,7	x	x	x	x
Leistungsempfänger [3]								
- Arbeitslosengeld	873.582	827.801	832.629	865.858	-254.968	-22,6	-23,7	-22,0
- erwerbsfähige Hilfebedürftige (Alg II)	4.731.339	4.728.439	4.775.686	4.805.409	-175.577	-3,6	-3,2	-2,4
- nicht erwerbsfähige Hilfebedürftige (Sozialgeld)	1.776.961	1.777.667	1.786.936	1.799.431	-51.792	-2,8	-2,4	-2,0
Gemeldete Arbeitsstellen [4]								
- Zugang im Monat	160.854	171.788	177.008	180.773	41.840	35,2	27,8	20,8
dar.: sozialversicherungspflichtige Stellen	146.632	155.470	161.065	164.841	40.788	38,5	30,0	23,7
- Zugang seit Jahresbeginn	2.017.216	1.856.362	1.684.574	1.507.566	398.964	24,7	23,8	23,4
dar.: sozialversicherungspflichtige Stellen	1.826.862	1.680.230	1.524.760	1.363.695	373.370	25,7	24,7	24,2
- Bestand [5]	379.808	394.149	400.555	397.640	98.646	35,1	35,6	34,6
dar.: sozialversicherungspflichtige Stellen	348.331	360.642	367.032	364.386	95.965	38,0	38,2	37,4
sofort zu besetzen	330.306	353.751	351.322	354.282	93.497	39,5	42,2	36,3
Teilnehmer an ausgewähltgen Maßnahmen aktiver Arbeitsmarktpolitik [3]								
- Bestand insgesamt	1.464.582	1.528.950	1.518.490	1.480.440	-260.663	-15,1	-13,6	-12,9
dar.: Qualifizierung	222.288	226.449	218.040	204.163	-24.120	-9,8	-11,6	-13,9
Förderung d. Berufsausbildung	369.034	366.632	358.405	331.172	-35.839	-8,9	-7,6	-3,0
Beschäftigungsbegleitende Leistungen	339.940	351.435	358.106	365.549	-31.109	-8,4	-7,2	-5,8
Beschäftigung schaffende Maßnahmen	290.432	324.319	330.766	329.050	-40.724	-12,3	-6,6	-6,0

Saisonbereinigte Entwicklung	Veränderung gegenüber Vormonat							
	Dez 10	Nov 10	Okt 10	Sep 10	Aug 10	Jul 10	Jun 10	Mai 10
Erwerbstätige (Inland) [1]	…	28.000	28.000	36.000	37.000	35.000	45.000	62.000
Sozialversicherungspflichtig Beschäftigte	…	…	18.000	26.000	48.000	41.000	44.000	57.000
Arbeitslose	3.000	8.000	-2.000	-35.000	-15.000	-19.000	-19.000	-38.000
Unterbeschäftigung (ohne Kurzarbeit)	-16.000	-11.000	-15.000	-47.000	-28.000	-39.000	-38.000	-59.000
gemeldete Arbeitsstellen [4]	10.000	10.000	11.000	5.000	6.000	12.000	6.000	13.000
- sozialversicherungspflichtige Stellen	10.000	8.000	10.000	8.000	5.000	12.000	6.000	15.000
Arbeitslosenquote bezogen auf alle zivilen EP	7,5	7,5	7,5	7,5	7,6	7,6	7,7	7,7
ILO Erwerbslosenquote [1]	…	6,7	6,7	6,7	6,7	6,8	6,8	6,9

Datenbestand: Dezember 2010

1) Quelle: Statistisches Bundesamt
2) Detaillierte Daten zur Unterbeschäftigung siehe Tabellen 1.2; weitergehende Informationen im Methodenbericht „Umfassende Arbeitsmarktstatistik“ im Internet unter http://statistik.arbeitsagentur.de/Navigation/Statistik/Grundlagen/Methodenberichte/Methodenberichte-Nav.html
3) Endgültige Werte stehen erst nach einer Wartezeit fest. Am aktuellen Rand können die Daten aufgrund von Erfahrungswerten überwiegend hochgerechnet werden.
4) Weitergehende Informationen im Methodenbericht „Umstellung der Statistik der gemeldeten Arbeitsstellen“ im Internet unter http://statistik.arbeitsagentur.de/Navigation/Statistik/Grundlagen/Methodenberichte/Methodenberichte-Nav.html
5) Den Arbeitsagenturen waren im 3. Quartal 2010 laut Umfrage bei Betrieben 57% (48% 1. Arbeitsmarkt) des gesamten Stellenangebotes gemeldet.
*) Ab Januar 2010 werden die bei den Agenturen für Arbeit und ARGEn erfassten Personen, denen eine Gleichstellung zugesichert wurde, nicht mehr zu den Schwerbehinderten gezählt. Vorjahresvergleiche sind somit nur eingeschränkt möglich.

1.4.5 Gerechte Einkommens- und Vermögensverteilung

In einer Marktwirtschaft hängt die Einkommensverteilung von den auf Märkten (Arbeitsmarkt, Kapitalmarkt, Immobilienmarkt usw.) erzielten Einnahmen ab. In einer Sozialen Marktwirtschaft unterliegen diese **Primäreinkommen** jedoch einer Umverteilung durch unterschiedliche Besteuerung: Höhere Einkommen zahlen prozentual höhere Steuersätze als die unteren Einkommensgruppen. Außerdem profitieren die unteren Einkommensschichten oft besonders von staatlichen Transferzahlungen wie Kindergeld, Wohngeld und weiteren Sozialleistungen, sodass die tatsächlich verfügbaren Einkommen **(Sekundäreinkommen)** gleichgewichtiger sind als die Unterschiede zwischen den Primäreinkommen.

Damit kombiniert die Soziale Marktwirtschaft zwei Verteilungsprinzipien miteinander: das **Leistungs-** und das **Bedarfsprinzip.** Ein drittes denkbares Verteilungsprinzip wäre das **Gleichheitsprinzip.**

Umstritten bleibt, wie viel Ungleichheit akzeptabel oder gar notwendig ist, um einerseits genügend Leistungsanreize zu bieten, andererseits aber auch die Stabilität einer Gesellschaft zu erhalten und das Gerechtigkeitsempfinden der Menschen zu befriedigen.

M1 Messung der Verteilungsgerechtigkeit I: Lohn- und Gewinnquote

In verteilungspolitischen Fragen, besonders bei den jährlichen Tarifverhandlungen zwischen Gewerkschaften und Arbeitgebern, kommt der Lohnquote eine große Bedeutung zu. Sie misst den Anteil der Einkommen aus unselbstständiger Tätigkeit am gesamten Volkseinkommen. Die Gewinnquote ergibt sich dagegen aus den Einkommen aus Unternehmertätigkeit und Vermögen. In der öffentlichen Diskussion spielt die Entwicklung der Lohnquote eine wichtige Rolle, weil eine sinkende Lohnquote als Beleg für eine zunehmende Verteilungsungerechtigkeit herangezogen wird. Zu beachten ist dabei allerdings, dass auch Lohnempfänger erhebliche Vermögenseinkünfte beziehen und der Gewinnquote auch die Arbeitseinkommen kleinerer selbstständiger Unternehmer zugerechnet werden.

Thomas Fricke: Die Lohnquote – ein Maßstab für Verteilungsgerechtigkeit?, in: Financial Times Deutschland vom 17. August 2007, S. 4

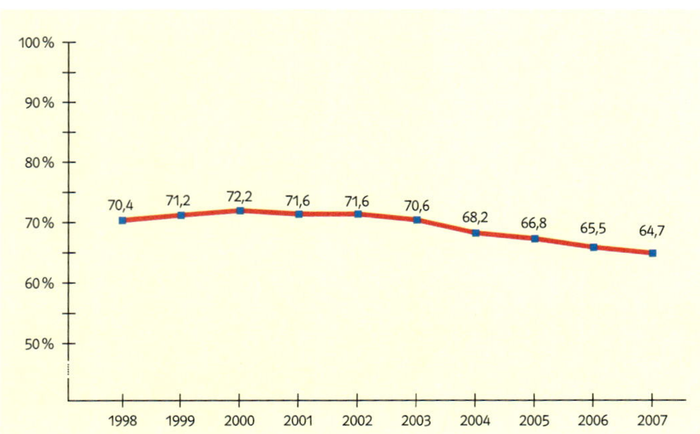

Abb. 28.1: Entwicklung der Lohnquote in Deutschland (Quelle: Statistisches Bundesamt, Stand Februar 2008)

M2 Messung der Verteilungsgerechtigkeit II: Quintilsvergleich

Bei der zweiten gebräuchlichen Messmethode, dem **Vergleich von Bevölkerungs- und Einkommensgruppen**, werden die Einkommensempfänger (oder Vermögensinhaber) nach der Höhe ihres Einkommens bzw. Vermögens geordnet. Zur Vereinfachung bildet man dann Gruppen, z. B. fünf Gruppen mit jeweils der gleichen Anzahl von Einkommensempfängern. Bei fünf Gruppen spricht man von **Quintilen** (bei vier Gruppen von Quartilen, bei zehn Gruppen von Dezilen usw.). Die ärmsten 20 % der Bevölkerung bilden das erste Quintil, die reichsten 20 % das fünfte Quintil. Nun betrachtet man, wie viel Prozent des gesamten Volkseinkommens (bzw. Vermögens) die einzelnen Quintile auf sich vereinigen. Bei absoluter Gleichverteilung verfügt jedes Quintil über jeweils 20 % des Volkseinkommens; je weiter die Anteile von 20 % abweichen, desto größer ist die Ungleichheit.

Stefan Prochnow, eigener Text

	1. Fünftel	2. Fünftel	3. Fünftel	4. Fünftel	5. Fünftel
1962	9,4	13,4	16,7	21,4	39,1
1978	10,5	14,3	17,7	22,2	35,3
1988	9,9	14,4	17,9	22,4	35,4
1997	9,8	14,4	18,0	22,6	35,4
2004	9,5	14,1	17,8	22,6	36,1

Abb. 28.2: Anteil der Einkommensempfänger am Gesamteinkommen in Westdeutschland in Quintilen (Armuts- und Reichtumsbericht der Bundesregierung 2005)

M3 Messung der Verteilungsgerechtigkeit III: Lorenzkurve und Gini-Koeffizient

Grafisch kann man diese Daten [die Einkommensverteilung, der Verf.] mit der sogenannten **Lorenzkurve** [Abb. 29.1] abbilden. Dazu werden die Bürger eines Landes bzw. der betrachteten Region von „arm" nach „reich" gemäß ihres Einkommens oder Vermögens **geordnet.** Dann werden ihre Einkommens- bzw. Vermögenssummen von „arm" nach „reich" **kumuliert**, d. h. zusammengezählt, und die kumulierten Werte (in Prozentwerte umgerechnet!) in ein Diagramm eingezeichnet. Letztlich ergibt sich ein **Kurvenverlauf,** an dem man das Ausmaß der Ungleichverteilung in einem Land ablesen kann. Zum Vergleich wird in das Diagramm eine **Diagonale** eingezeichnet, die für den hypothetischen Fall einer völligen Gleichverteilung der Einkommen bzw. Vermögen gelten würde. Je weiter die Lorenzkurve also von dieser Diagonale entfernt verläuft, desto ungleicher sind die Einkom men bzw. Vermögen in dem betrachteten Land verteilt. […]

Man kann nun die Fläche zwischen der hypothetischen Gleichverteilungskurve (also der Diagonalen) und der tatsächlichen Lorenzkurve ins Verhältnis zur gesamten Fläche unterhalb der Gleichverteilungskurve setzen. Die so ermittelte Relation bezeichnet man als **„Gini-Koeffizient".** Dieser ist ein wichtiges Maß für die Einkommens- oder Vermögensungleichheit bzw.

allgemein für die Ungleichheit von Verteilungen. In der Volkswirtschaft wird er beispielsweise auch zur Berechnung von Konzentrationsgraden in der Wirtschaft verwendet. Er ermöglicht auch die Beobachtung von Entwicklungen über längere Zeiträume und internationale Vergleiche.

Stefan Prochnow, eigener Text (nach Peter Bofinger: Grundzüge der Volkswirtschaftslehre, Pearson Studium, München 2003, S. 186 f.)

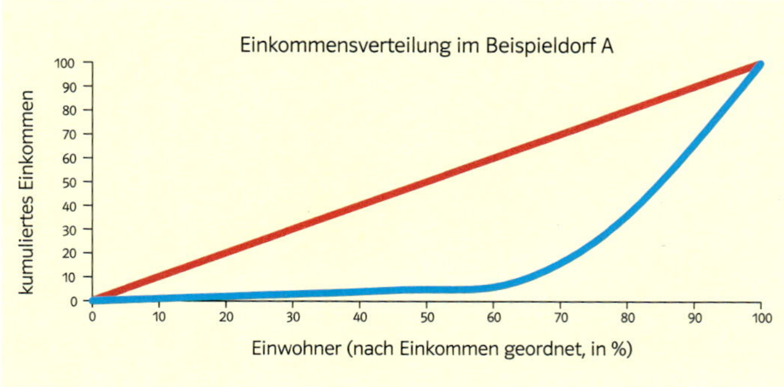

Abb. 29.1: Fiktives Beispiel für eine Lorenzkurve

M4 Die Erbschaftsteuer abschaffen!

Thomas Straubhaar ist Professor für Volkswirtschaftslehre an der Universität Hamburg und Leiter des Hamburgischen Weltwirtschaftsinstituts (HWWI).

Wer spart, Vermögen aufbaut, um es den Kindeskindern zu vererben, macht exakt das, was alle Nachhaltigkeitspropheten verlangen: Sie konsumieren nicht, sie sparen und sorgen so dafür, dass Saatgut für kommende Generationen bereitsteht. Als Dank dafür, dass sie im Laufe des Lebens nicht alles verzehrt haben, was ihnen zur Verfügung stand, werden sie am Ende mit einer Todessteuer entmündigt. Ob das wohl den Anreiz zu nachhaltigem Verhalten fördert? [...]

Wer eine nachhaltige Politik will, muss den Konsum und nicht Erbschaften besteuern. So wird die Gegenwart verteuert, der Verzehr gedämpft und die Vermögensbildung attraktiver. Die Einnahmen aus der Konsumsteuer sind eine wesentlich bessere Grundlage, um wirtschaftlich Schwache finanziell unterstützen zu können, als eine Erbschaftsteuer. Und eine Konsumsteuer hat zudem den Vorteil, dass sie „gerecht" ist und jene, die viel erben und möglicherweise als Folge davon viel ausgeben, stärker belastet, als jene, die nichts erben und deshalb weniger Kaufkraft haben. Die Erbschaftsteuer sollte nicht reformiert, sondern schlicht und ersatzlos abgeschafft werden.

Thomas Straubhaar: Die Erbschaftsteuer abschaffen, in: DER SPIEGEL vom 9. Februar 2007, S. 117

M5 Wir brauchen die Erbschaftsteuer!

Romanus Otto ist stellvertretender Chefredakteur der Zeitung „Welt am Sonntag".

Die Gegner der Erbschaftsteuer benutzen häufig ein Totschlag-Argument: Das Geld, das der Erblasser seinen Nachkommen vermacht, sei doch bereits versteuert worden – als er es im Laufe seines Lebens als Einkommen dem Finanzamt meldete! Das ist zwar richtig, gilt aber auch für viele andere Fälle. Eine Aktie oder einen Fonds kauft man auch mit Geld aus dem eigenen Nettoeinkommen, und die Rendite wird ebenfalls wieder versteuert. Kauft jemand ein Haus, wird Grunderwerbsteuer fällig. Gehe ich mit meinem versteuerten Einkommen einkaufen, zahle ich Mehrwertsteuer.

Insofern kann nur eine grundsätzliche Frage klären, ob die Erbschaftsteuer gerecht ist: die der Chancengleichheit in einer Gesellschaft, in der jede Generation aufs Neue um wirtschaftlichen Erfolg kämpft. Ein Student, der ein großes Erbe antritt, sollte nicht besser ausgerüstet ins Erwerbsleben treten als seine Kommilitonen.

Natürlich ist es richtig, dass er das Geld, das seine Eltern für ihn zurückgelegt haben, zum allergrößten Teil behält. Doch ebenso richtig ist es, dass sein Erbe genau wie ein Lottogewinn als Einkommen gewertet werden muss. In dem Augenblick, in dem er das Erbe erhält, entsteht für ihn ein wirtschaftlicher Mehrwert. Eine Steuer auf diese „Einkommen" lässt die Gesellschaft am Entstehen dieses wirtschaftlichen Werts teilhaben – das ist das Prinzip, nach dem fast jede Steuer funktioniert. Nicht zuletzt reiche Eltern sorgen sich außerdem, dass ihre Sprösslinge zu wenig Ehrgeiz in das eigene Fortkommen investieren. Wozu mühsam jahrelang pauken, wenn Papi ein Dutzend vermieteter Immobilien besitzt? Vor allem dieser Gedanke hat in der Geschichte der USA dazu beigetragen, dass dort der Höchststeuersatz für Erben auf 40 Prozent gehoben wurde.

Romanus Otto: Wir brauchen die Erbschaftsteuer, in: DIE WELT vom 28. April 2007, S. 5

M6 Wie soll das Fangergebnis aufgeteilt werden?

Nehmen wir an: Der Eigentümer eines Fischkutters ist zu alt geworden, um noch selbst auf See hinauszufahren. Er schließt sich deshalb mit einem Kapitän und drei Seeleuten zusammen, um gemeinsamen Fischfang zu betreiben.

Der Schiffseigner ist verheiratet und hat nur für seine nicht berufstätige Frau zu sorgen. Der Kapitän und die drei Seeleute können nur ihre Arbeit zur Verfügung stellen. Der Kapitän ist mit einer Ärztin verheiratet und hat zwei schulpflichtige Kinder. Er führt das Schiff und leitet den Fang. Von den Seeleuten ist der eine 25 Jahre alt und nicht verheiratet. Die beiden anderen Seeleute sind verheiratet: der jüngere (35 Jahre) mit einer Grundschullehrerin, der ältere (41 Jahre) mit einer Hausfrau. Der Jüngere hat zwei, der Ältere drei schulpflichtige Kinder. Die Seeleute leisten alle gleichwertige Arbeit.

Stefan Prochnow, eigener Text

Arbeitsaufträge

1. Unterbreiten Sie in Gruppenarbeit einen Vorschlag, wie Sie ein Fangergebnis von 5 000 kg auf die Beteiligten in M6 aufteilen würden! Begründen Sie Ihren Aufteilungsvorschlag!
2. Erklären Sie den Unterschied zwischen primärer und sekundärer Einkommensverteilung!
3. Erläutern Sie die verschiedenen Methoden zur Messung der Einkommensverteilung! Ist die Einkommensverteilung in Deutschland ungleichmäßiger geworden (Abb. 28.1 und 28.2)?
4. Bewerten Sie die Erbschaftsteuer!

1.4.6 Umweltschutz

Zunehmend muss der Staat auch im Bereich des Umweltschutzes Ordnungsfunktionen übernehmen, um Schäden für unsere natürliche Umwelt zu verringern und zu verhindern, die sich durch die Wirtschaft in einer hoch technisierten Welt ergeben. Als Leitbild der Umweltpolitik hat sich das Ziel einer nachhaltigen wirtschaftlichen Entwicklung etabliert. Nachhaltig bedeutet, dass die wirtschaftlichen Aktivitäten so gestaltet sein sollen, dass die Natur und ihre Ressourcen auch für künftige Generationen erhalten bleiben. Dies ist auch im globalen Maßstab ein wichtiges Ziel, denn wenn die heutigen Entwicklungs- und Schwellenländer ihren Konsum und ihren Ressourcenverbrauch auf das ungesunde Maß der Industrieländer anheben sollten, hätte dies den unmittelbaren ökologischen Kollaps unseres Planeten zur Folge.

M1 Marktversagen bei öffentlichen Gütern

Voraussetzungen für die Leistungsfähigkeit der Freien Marktwirtschaft sind funktionierende Märkte und Wettbewerb. Nur wenn die Märkte funktionieren, können die auf ihnen gebildeten Preise ihre Aufgaben erfüllen. Es gibt aber eine Reihe von Tatbeständen, bei denen der Markt nicht optimal funktioniert; dazu zählen „öffentliche Güter".

Ein Gut hat den Charakter eines öffentlichen Gutes, wenn es ohne Rivalität von allen Nachfragern konsumiert werden kann und wenn ein Ausschluss vom Konsum nicht möglich ist. Damit stehen die öffentlichen Güter im Gegensatz zu den privaten Gütern, bei denen Nicht-Zahler von der Nutzung ausgeschlossen werden können und der Konsum durch einen Konsumenten den Konsum durch einen anderen Konsumenten ausschließt.

Nicht-Rivalität im Konsum liegt dann vor, wenn ein Gut von vielen Personen gleichzeitig konsumiert werden kann, ohne dass der Konsum einer Person den Konsum anderer Personen beschränkt. Als Beispiele lassen sich Güter wie Straßenbeleuchtung und Fernsehprogramme anführen, aber auch abstraktere Güter wie „Sicherheit" oder eine „saubere Umwelt".

Nicht-Ausschließbarkeit liegt vor, wenn Konsumenten nicht von der Nutzung eines Gutes ausgeschlossen werden können – auch dann nicht, wenn sie keinen Beitrag zur Finanzierung der Produktion leisten (sogenannte Trittbrettfahrer). Theoretisch könnte man das Problem der Trittbrettfahrer zwar mit entsprechenden Kontrollmechanismen bei nahezu allen öffentlichen Gütern lösen, doch scheitert dies in der Praxis vielfach an den Kosten.

Wenn Nicht-Ausschließbarkeit gegeben ist, können Preisforderungen nicht durchgesetzt werden. Kein nach dem ökonomischen Prinzip handelnder Konsument würde für ein Gut zahlen, von dessen Nutzung er ohnehin nicht ausgeschlossen werden kann. Folglich kann man mit der Produktion solcher Güter keine Einnahmen erwirtschaften und somit wäre auch kein privater Unternehmer bereit, ein solches Gut herzustellen – auch wenn der Bedarf an diesen Gütern durchaus gegeben ist. Letztlich wird das Gut gar nicht oder in zu geringen Mengen produziert, weil niemand dafür zahlen will. Das klassische Beispiel ist der Umweltschutz. Alle sind an einer sauberen Umwelt interessiert, doch nur wenige sind bereit, etwa für umweltfreundlichere Produkte deutlich mehr zu bezahlen. Somit werden zu wenige umweltfreundliche Artikel produziert und dadurch wird die Umwelt geschädigt. Für die „Umweltsünder" besteht auch kaum ein Anreiz, mehr zu bezahlen, denn wenn genügend andere sich umweltfreundlich verhalten, profitiert auch der Umweltsünder von der saubereren Umwelt (Nicht-Ausschließbarkeit vom Konsum!) – und das sogar, ohne dafür bezahlt zu haben.

Stefan Prochnow, eigener Text

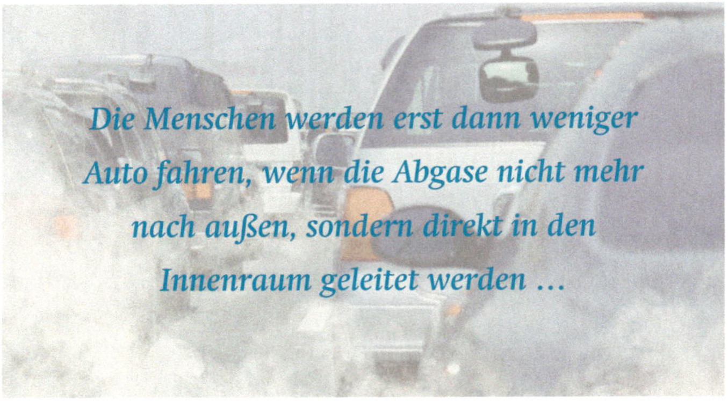

Abb. 30.1: Aussage zum Thema Umweltschutz

M2 Marktversagen durch externe Effekte

Externe Effekte sind Wirkungen, die das wirtschaftliche Handeln eines Haushalts oder eines Unternehmens auf unbeteiligte Dritte hat. Diese Effekte werden in der Kostenrechnung des Verursachers nicht berücksichtigt; solche „externen Kosten" werden dann oft von den unschuldigen Dritten oder der gesamten Gesellschaft getragen.

Ein typisches Beispiel ist ein Unternehmen, das seine Abwässer und Abgase an die Umwelt abgibt, ohne für die dadurch entstehenden Schäden (z.B. Gesundheitsschäden, Behandlungskosten von umweltbedingten Atemwegserkrankungen) zu zahlen. Da niemand Privateigentum an den öffentlichen Gütern Luft und Wasser besitzt, werden den Verursachern die entstandenen Schäden nicht in Rechnung gestellt. Folglich sind die Produkte des umweltschädigenden Unternehmens zu billig, da ein Teil der „Kosten" der Produktion gar nicht vom Unternehmen bezahlt werden muss. Übertragen auf den privaten Bereich sind beispielsweise das Autofahren und das Flugzeugfliegen immer noch zu billig, da die entsprechenden Umweltschäden und die daraus entstehenden Kosten nicht direkt den Autofahrern oder Vielfliegern in Rechnung gestellt werden. Ziel der Umweltpolitik kann es daher sein, die „externen Kosten zu internalisieren", d.h., dafür zu sorgen, dass diejenigen für die Umweltschäden bezahlen, die sie verursachen. Dann wäre auch der Anreiz größer, umweltfreundlich hergestellte Produkte zu bevorzugen, da diese dadurch im Vergleich zu umweltschädigend hergestellten Produkten billiger werden würden.

nach Hans Jürgen Schlösser: Aufgaben und Grenzen von Markt und Staat, in: Informationen zur politischen Bildung, Heft 294, Bonn 2007, S. 15–17

umweltpolitische Prinzipien: Vorsorgeprinzip — Verursacherprinzip — Kooperationsprinzip — Gemeinlastprinzip

umweltpolitische Instrumente:

Planungsrecht
- Raumplanung
- Planfeststellung
- Umweltverträglichkeitsprüfung

Ordnungsrecht
- Gebote, Verbote
- Grenzwerte
- Umweltauflagen
- Anzeigepflichten

ökonomische Instrumente
- Steuern
- Subventionen
- Verschmutzungsrechte

Umwelterziehung
- Information, Aufklärung
- Selbstverpflichtung
- Umweltbewusstsein und -verhalten

Abb. 31.1: Umweltpolitische Prinzipien und Instrumente

M3 Instrumente der Umweltpolitik I: Ordnungsrecht

Zum Ordnungsrecht zählen staatliche Auflagen, also Verbote oder Grenzwerte. Kraftfahrzeuge müssen sich beispielsweise regelmäßig der Abgasuntersuchung stellen, bei der die Einhaltung bestimmter Grenzwerte überprüft wird. Insgesamt gibt es über 7 000 gesetzliche Ge- und Verbote im deutschen Umweltrecht. Auflagen haben den Vorteil, dass sie politisch relativ gut durchsetzbar sind, gerade auch weil sie umweltpolitische Aktivität demonstrieren. Nachteilig ist jedoch, dass die Auflagen für alle Schadstoffemittenten die gleichen Grenzwerte vorschreiben, egal wie hoch die individuellen Kosten für die Schadstoffreduktion sind. Hinsichtlich der dynamischen Anreizwirkung fehlen diesem Instrument Anreize für weitere Umweltverbesserungen. Die Rolle des Motors des technischen Fortschritts wird dem Staat zugeschrieben, denn er muss Innovationen durch verschärfte Grenzwerte initiieren. Dadurch neigen Unternehmen tendenziell dazu, technische Entwicklungen zu verzögern, da zu erwarten ist, dass die staatlichen Auflagen umso höher ausfallen, je fortgeschrittener der Stand der Technik ist. Auflagen sind aber ein wirksames Instrument, wenn es darum geht, unmittelbare Gefahren in krisenhaften Umweltsituationen und bei hochgiftigen Schadstoffen abzuwehren, sofern die Einhaltung der Auflagen kontrolliert wird.

M4 Instrumente der Umweltpolitik II: Steuern

Mithilfe von Umweltsteuern und Abgaben wird die Nutzung der Umwelt mit Preisen versehen. Ziel ist es, die externen Kosten der Umweltverschmutzung zu internalisieren, d.h. den Verursachern in Rechnung zu stellen. Dadurch entsteht den Verursachern ein Anreiz, die nun kostenpflichtige Umweltbelastung zu verringern. Beispiel für eine sogenannte Pigou-Steuer ist die Ökosteuer auf Benzin- und Dieselkraftstoffe in Deutschland.

Pigou-Steuern gewährleisten einen kostengünstigen Schutz der Umwelt. Jeder einzelne Konsument und jedes Unternehmen kann genau zwischen zu zahlender Abgabe und den Vermeidungskosten unterscheiden. Auch gehen von Pigou-Steuern ökonomische Anreize für die Einführung von Innovationen aus, die die Kosten senken – unabhängig von Grenzwerten. Jeder Schadstoffausstoß, der durch technische Innovationen vermieden werden kann, verringert die Kosten für den Haushalt oder den Betrieb, der die Innovation nutzt. Pigou-Steuern begrenzen die Durchführung der umweltbelastenden Handlungen jedoch nur indirekt. So kann es passieren, dass die Menschen in gleichem Umfang mit dem Auto fahren, wie vor der Einführung einer Ökosteuer auf Benzin und Diesel – sie zahlen nur mehr dafür als vorher. Der beabsichtigte Umweltschutzeffekt bleibt dann aus.

M5 Instrumente der Umweltpolitik III: Verschmutzungsrechte (Emissionslizenzen, Umweltzertifikate)

Die Idee der Verschmutzungsrechte liegt wie bei der Pigou-Steuer darin, für die Umweltnutzung einen Preis zu verlangen. Allerdings wird die Preisfindung bei den Emissionslizenzen nicht dem Staat überlassen, sondern dem Markt. Der Staat legt für bestimmte Schadstoffe Grenzwerte fest. Entsprechend stellt der Staat eine danach zu bestimmende Menge von gestückelten Emissionslizenzen zur Verfügung. Ein Unternehmen, das an Verschmutzungsrechten interessiert ist, muss Emissionslizenzen kaufen. Deren Preis bildet sich am Markt aufgrund der Nachfrage aller an Verschmutzungsrechten interessierten Unternehmen. Darüber hinaus kann der Staat den Bestand von Lizenzen im Lauf der Jahre verringern und dadurch zusätzliche Anreize für umweltschützende Innovationen schaffen.

Emissionslizenzen gelten als ökonomisch effizient, weil zunächst diejenigen Unternehmen Umweltschutzmaßnahmen durchführen werden, die mit wenig Geld vergleichsweise viele Lizenzen sparen können. Positiv ist auch die ökologische Treffsicherheit zu bewerten, da die Emissionshöchstmengen ja vom Staat vorgegeben sind und nicht überschritten werden dürfen.

M3 – M5: Stefan Prochnow, eigener Text

Arbeitsaufträge

1. Erklären Sie die Begriffe „öffentliche Güter“ und „externe Effekte“!
2. Beschreiben und interpretieren Sie die Aussage in Abb. 30.1!
3. Vergleichen und bewerten Sie die verschiedenen umweltpolitischen Instrumente (M3 - M5) hinsichtlich der Kriterien
   a) der ökologischen Treffsicherheit (Inwieweit ist gewährleistet, dass das Instrument auch tatsächlich die gewünschte Umweltschutzwirkung erzielt?),
   b) der wirtschaftlichen Effizienz (Inwieweit ist das Instrument dazu geeignet, dass mit dem ausgegebenen Geld die maximal mögliche Umweltschutzwirkung erzielt wird?) und
   c) der dynamischen Anreizwirkung (Inwieweit bietet das Instrument Anreize für die Unternehmen und Haushalte, ihre Umweltschutzbemühungen zu verstärken und z.B. in Innovationen zu investieren?)!

1.5 Soziale Marktwirtschaft lebt vom Wettbewerb

Die Vorteile der Marktwirtschaft kommen nur zum Tragen, wenn sowohl Anbieter als auch Nachfrager im Wettbewerb untereinander stehen. Die **Anbieter** sollen um die Gunst der Verbraucher werben und sie im Wettbewerb mit anderen Unternehmen durch Qualität, Service, billigere Preise oder innovative Produkte zu sich locken. Die **Verbraucher** profitieren vom Wettbewerb der Anbieter: Sie haben eine breite Auswahl an verschiedenartigen Waren und Dienstleistungen zu unterschiedlichen Preisen und Qualitäten, aus der sie die für sie individuell besten Produkte auswählen können. Der Wettbewerb soll unter den Anbietern zu einem Ausleseprozess führen, bei dem die schlechteren Anbieter auf der Strecke bleiben. Allerdings darf es nie dazu kommen, dass nur ein Anbieter sich durchsetzt oder eine zu große Marktmacht erringt, denn dann ist der Wettbewerb eingeschränkt. Und wenn es nur einen Nachfrager gibt, könnte dieser die Anbieter zu Niedrigpreisen „erpressen".

Schließlich gibt es auch die Möglichkeit, dass ein Unternehmen gezielt einen Konkurrenten im Wettbewerb auszuschalten versucht, um dann ein → **Monopol** oder eine marktbeherrschende Stellung einzunehmen. In einer freien Marktwirtschaft wäre es denkbar, dass ein Unternehmen ein anderes in den Ruin treibt, indem es die Preise – auch bei eigenen vorübergehenden Verlusten – gezielt unterbietet (Dumping-Preise). Ist das andere Unternehmen Konkurs gegangen, kann das zum Monopolisten gewordene Unternehmen durch höhere Preise die vorher eingeplanten Verluste wieder wettmachen.

Zum unlauteren Wettbewerb zählt auch, wenn sich Unternehmen absprechen, um den Wettbewerb zu behindern (→ **Kartelle**). Sie einigen sich z. B. auf überhöhte Preise oder teilen sich die Märkte regional auf, sodass sie keine Konkurrenz mehr fürchten müssen.

Eine staatliche Behörde, das Kartellamt, versucht, Wettbewerbsbeschränkungen zu verhindern und marktbeherrschende Unternehmen zu überwachen, sodass sie ihre Stellung nicht zum Nachteil der Kunden ausnutzen (**Missbrauchsaufsicht**). Da durch Zusammenschlüsse von Unternehmen leicht solche marktbeherrschenden Konzerne entstehen können, müssen diese **Fusionen** von den Kartellbehörden genehmigt werden. Nicht immer ist es dabei jedoch einfach, eine marktbeherrschende Stellung zu definieren – denn wo sind im Zeitalter der Globalisierung die Grenzen eines Marktes? Ein in Deutschland mächtiger Konzern ist auf dem Weltmarkt vielleicht nur ein schwacher Mitbewerber, der mühevoll um Marktanteile ringt. In die Kritik gerät aber auch der Staat selbst, wenn er durch → **Subventionen** für einzelne, meist größere Unternehmen oder einzelne Wirtschaftszweige den Wettbewerb verzerrt – auch wenn der Mitbewerber aus dem Ausland kommt.

M1 Der Wettbewerb – eine Medaille mit zwei Seiten

Vor knapp einem Jahr hatte in Berlin Alexander Walzer auf dem Weg zu einer der beiden Verkaufsstellen der elterlichen Bäckerei sein Schockerlebnis. Er sah, dass wenige Häuser nebenan die Eröffnung einer Filiale der Otto-Thürmann-Kette vorbereitet wurde. „Das ist ein Angriff aufs Handwerk", sagt der 23-Jährige heute und erinnert sich: „Ich habe mir überlegt, was die und was wir wohl für einen Umsatz machen werden." Ein Fünftel der täglichen Einnahmen der Familienbäckerei an diesem Standort fließt seitdem der Konkurrenz zu.

Die Thürmann-Kette […] hat große Pläne. In gut einem Jahr soll die Zahl der Verkaufsstellen fast verdoppelt sein. […] Im September rückte Thürmann zehn Meter an das andere Geschäft Walzers heran. „Das war Absicht", findet Sohn Alexander, und sein Vater, der die Bäckerei vor 20 Jahren gegründet hat, schimpft: „So etwas ist Wegelagerei."

Das Geschäft läuft schlecht seitdem. Drei von 25 Angestellten haben die Walzers entlassen müssen. Wenn nicht der Sohn sich entschieden hätte, das Geschäft zu übernehmen, sagt der 48 Jahre alte Frank Walzer, würde er aufgeben. Der Jahresumsatz ist um fast eine Viertelmillion zurückgegangen.

Michael Reinsch: Die Berliner Bäcker im Kampf um die Groschen, in: Frankfurter Allgemeine Zeitung vom 23. Januar 1999, S. 15

M2 Preistreiberei bei Druckerpatronen?

Drucker gibt es heute schon für 99 Euro. Doch die Preise für die Tintenpatronen haben es meist in sich: Drei Original-Patronen sind oft schon teurer als der ganze Drucker. Bei Zweitanbietern und Nachfülldienstleistern kosten die Patronen bis zu 80 % weniger. Doch Nutzer dieser Schnäppchen erleben oft eine böse Überraschung: Mit harschen Warnungen vor Garantieverlust und angsteinflößenden Fehlermeldungen auf dem Bildschirm schrecken Druckerhersteller von der Verwendung fremder oder nachgefüllter Patronen ab. Die Fremdhersteller klagen ihrerseits darüber, dass sie von den Druckerproduzenten im Wettbewerb behindert werden, indem diese jegliche Kleinigkeit in ihren Patronen patentrechtlich schützen lassen und sich somit ihr Ersatzteilmonopol sichern. Bis zu 150 Patente lagern auf einer einzigen Patrone. Die Originalhersteller wiederum argumentieren, dass sie für die Produkte anderer Anbieter keine Funktionsgarantie übernehmen können.

Stefan Prochnow, eigener Text

M3 Ursachen für Fusionen

Größenvorteile (economies of scale): Bei wachsender Unternehmensgröße und zunehmender Produktionsmenge sinken in vielen Fällen die Stückkosten. Maschinenkapazitäten und Räumlichkeiten können besser genutzt werden, bei Lieferanten lassen sich oft günstigere Konditionen (z. B. Mengenrabatt) aushandeln.

Diversifizierungsvorteile (economies of scope): Es kann von Vorteil sein, wenn die Produktpalette eines Unternehmens durch eine Fusion erweitert wird. Es können dadurch weitere Märkte in anderen Ländern erschlossen werden oder die Abhängigkeit von einzelnen Produkten, deren Stellung im

Produktlebenszyklus oder der Konjunktur kann verringert werden. Auch kann es Marketingvorteile geben, wenn z. B. ein Pressekonzern einen Fernsehsender übernimmt und in den eigenen Medien dann wechselseitig Werbung geschaltet werden kann.

Rationalisierungsvorteile ergeben sich aus Synergieeffekten nach Fusionen. Leistungen des Managements oder der Verwaltung können nach Fusionen oft zusammengelegt werden, wodurch Kosten eingespart werden.

Finanzierungsvorteile bestehen für größere Firmen, weil diese in der Regel sowohl leichter als auch billiger Kredite bekommen als kleine Firmen.

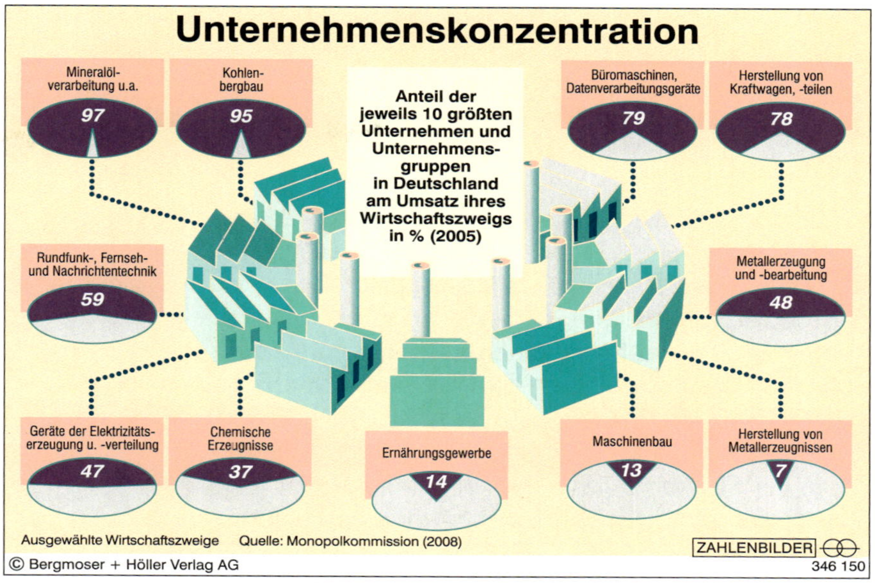

Abb. 33.1: Ausmaß der Unternehmenskonzentration in Deutschland

Auch die **Rahmenbedingungen des staatlichen Handelns** begünstigen häufig die größeren Firmen. In Bedrängnis geratene Großunternehmen werden durch Subventionen gestützt, die die Wettbewerbsposition ihrer kleineren Konkurrenten verschlechtern.

Ulrich Baßeler/Jürgen Heinrich/Burkhard Utecht: Grundlagen und Probleme der Volkswirtschaft, 17. Auflage Schäffer-Poeschel Verlag, Stuttgart 2002, S. 192–194

Bundeskartellamt, EU-Kommissar für Wettbewerb

Kartellkontrolle	Fusionskontrolle	Missbrauchsaufsicht
Vereinbarungen zwischen Unternehmen, die den Wettbewerb beschränken können, müssen dem Kartellamt gemeldet und können untersagt werden.	Große Unternehmenszusammenschlüsse bedürfen der Genehmigung des Kartellamts. Der Bundeswirtschaftsminister kann Ausnahmen erlauben.	Das Kartellamt prüft, ob bestehende marktbeherrschende Unternehmen ihre Marktstellung missbrauchen (Preise, Lieferkonditionen usw.).

M4 Auswirkungen der Unternehmenskonzentration

Von den Befürwortern der Konzentration werden positive Wirkungen auf den **technischen Fortschritt** hervorgehoben. Nach dieser Argumentation haben nur Großunternehmen die finanziellen Möglichkeiten, Forschungen in dem heute notwendigen Umfang durchzuführen und die entsprechenden Produkte auf dem Markt durchzusetzen. Dagegen wird eingewendet, dass viele epochemachende Erfindungen in kleinen oder mittleren Betrieben gemacht worden sind. Ferner wird bemerkt, dass Großunternehmen aus Gewinnsucht häufig Erfindungen „einfrieren".
Ähnlich schwer sind die Auswirkungen auf die **Beschäftigungslage** abzuschätzen. In der Regel folgen auf Großfusionen Wellen des Personalabbaus, um Synergieeffekte zu realisieren. Andererseits ermöglichen Fusionen oft erst das Überleben einer Betriebsstätte und sichern insofern Arbeitsplätze im Inland. […]
Für die **Verbraucher** kann eine Fusion Vorteile haben, wenn z. B. das Unternehmen die Kosteneinsparungen nach einer Fusion als Preissenkungen an die Kunden weitergibt – und nicht nur die eigene Gewinnmarge vergrößert. Der **Wettbewerb** verschärft sich sogar, wenn z. B. auf einem Markt, auf dem bisher ein großer und 17 kleine Anbieter vorhanden waren, diese 17 sich zu drei großen Anbietern zusammenschließen, die dann als gleich starke Wettbewerber auftreten. Problematisch ist eine Fusion dann, wenn einem Unternehmen durch einen Zusammenschluss weitere Macht zuwächst, die ihm einen dauerhaften Wettbewerbsvorsprung sichert und damit vor allem den **Marktzutritt** von möglicherweise neuen Anbietern erschwert.
Abschließend soll der Machtaspekt der Konzentration beleuchtet werden. […] Wirtschaftliche **Macht** beinhaltet zumindest theoretisch auch die Möglichkeit, eigene Interessen auf Kosten anderer Gruppen oder der Gesellschaft durchzusetzen. Es steht außer Zweifel, dass diese Gefahr besteht und die politisch Verantwortlichen einen Einfluss auf die gesetzgebenden und ausführenden Organe des Staates verhindern müssen.

nach Ulrich Baßeler/Jürgen Heinrich/Walter A.S. Koch: Grundlagen und Probleme der Volkswirtschaft, didaktische reihe ökonomie, 14. Auflage Wirtschaftsverlag Bachem, Köln 1995, S. 216 f.

Arbeitsaufträge

1. Erläutern Sie die Funktionen des Wettbewerbs in einer Marktwirtschaft!
2. Beschreiben Sie, welche Möglichkeiten die Bäckerei Walzer M1 hätte, um auf die Konkurrenz der Großbäckerei zu reagieren!
3. Erörtern Sie, ob der Staat in einer Situation wie im Fall des Berliner Bäckers M1 zum Schutz des kleinen Unternehmens eingreifen sollte!
4. Diskutieren Sie, ob es sich bei den Druckerpatronen M2 um den Missbrauch versteckter Monopole handelt! Wie reagieren Sie als Verbraucher auf diese Situation?
5. Vergleichen Sie die in M3 und M4 beschriebenen Ursachen und Auswirkungen von Fusionen!

Kompetent in Kürze: Wirtschaftspolitische Ziele der Sozialen Marktwirtschaft

Gesellschaftliche Ziele

In jeder Gesellschaft gehören Konflikte und Interessengegensätze zu den unvermeidbaren Begleiterscheinungen des sozialen Zusammenlebens. Diese Interessenkonflikte können den sozialen Frieden stören und sollen möglichst entschärft werden, damit keine offenen Konflikte ausbrechen. Auf demokratischem Wege können diese Konflikte durch Kompromisse gelöst werden, die sich an obersten gesellschaftspolitischen Zielen orientieren müssen. Wichtige gesellschaftliche Ziele, die in der Sozialen Marktwirtschaft verfolgt werden, sind Freiheit, Gerechtigkeit, soziale Sicherheit und Wohlstand in einer lebenswerten Umwelt (siehe Abb. 34.1).

Das „magische Viereck"

Das **Gesetz zur Förderung der Stabilität und des Wachstums der Wirtschaft** von 1967 ergänzt bis heute die zwar nicht explizit im Grundgesetz genannte, jedoch indirekt verankerte Soziale Marktwirtschaft. Neben den übergeordneten gesellschaftlichen Zielen sind die ökonomischen Ziele formuliert worden: Preisniveaustabilität, angemessenes Wirtschaftswachstum, außenwirtschaftliches Gleichgewicht und Vollbeschäftigung. Dieses „Viereck" wird als magisch bezeichnet, da Zielkonflikte zwischen den einzelnen Teilzielen bestehen, z. B. Vollbeschäftigung und Preisniveaustabilität. Das gleichzeitige Erreichen aller Ziele bedürfe daher „magischer Kräfte".

Preisniveaustabilität

Verschiedene Formen der **Inflation** zeigen den Grad der **Geldentwertung** an. Geldentwertung spiegelt sich im Preis für ein Gut wider. Das Preisniveau für den Euro-Raum, also auch die Bundesrepublik Deutschland, stabil zu halten, ist Aufgabe der **Europäischen Zentralbank**. Ein Anstieg des Preisniveaus (Inflation) führt zu Kaufkraftverlust, Vertrauensverlust in das Universaltauschmittel Geld, Wertverlust der Sparguthaben und einer Verstärkung der Preis-Lohn- bzw. Lohn-Preis-Spirale. Allerdings können Schuldner ihre Schulden leichter tilgen. Ursachen können geldmengen-, nachfrage- oder angebotsinduzierte Auslöser sein. Preisniveaustabilität gilt bei knapp unter 2 % Inflationsrate als erreicht.

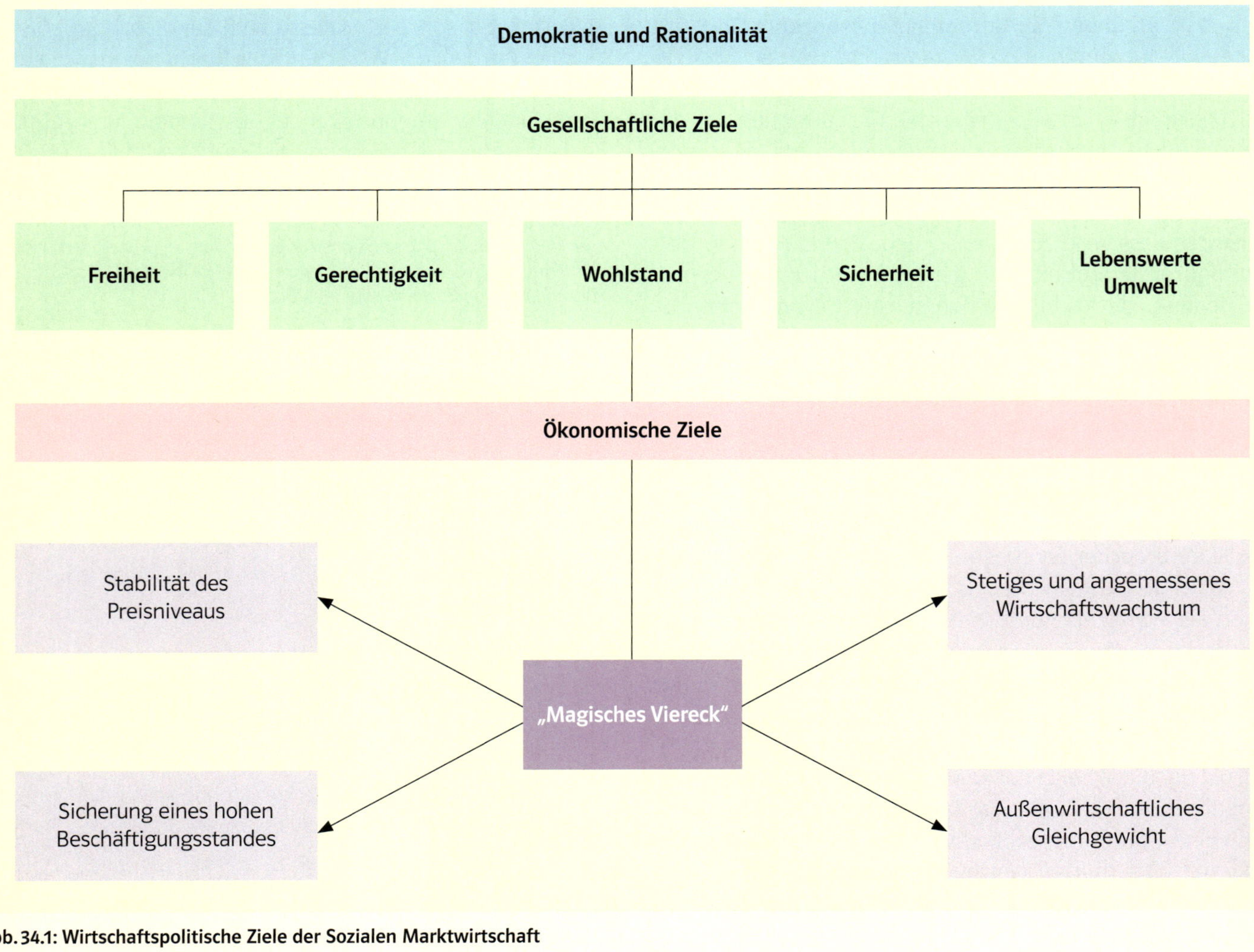

Abb. 34.1: Wirtschaftspolitische Ziele der Sozialen Marktwirtschaft

Angemessenes Wirtschaftswachstum

Gemessen wird die Wirtschaftsleistung im **Bruttoinlandprodukt**. Der Vergleich zu den vorangegangenen Werten zeigt das Steigen oder Fallen der Wirtschaftsleistung an. Diese Schwankungen heißen **Konjunktur**. Diese versucht der Staat zu verhindern, um das Vertrauen in die Wirtschaft zu erhalten. Einfluss auf den konjunkturellen Verlauf haben vor allem die Teilnehmer des Wirtschaftskreislaufes. Zwar ist der Trend des realen Bruttoinlandsproduktes steigend, jedoch unterteilt sich der **Konjunkturzyklus** in verschiedene Phasen: Depression (Krise), Aufschwung, Hochkonjunktur, Rezession (Abschwung). Exogene Schocks (Krieg, Missernten), Angebots- oder Nachfrageüberhänge, staatliche Eingriffe oder massenpsychologische Phänomene können Ursache für Konjunkturschwankungen sein. Ein Wirtschaftswachstum von 2 bis 4 % jährlich wird vielfach als notwendig angesehen.

Außenwirtschaftliches Gleichgewicht

Die Faustregel sagt **Import = Export**. Das heißt, der Wert der eingeführten Waren und Dienstleistungen (Import) soll dem Wert der ausgeführten Waren- und Dienstleistungen (Export) entsprechen. Der ehemalige Exportweltmeister Deutschland ist als rohstoffarmes Land auf den Import angewiesen. Gleichzeitig muss ein hoher Anteil an Fertigwaren das Land wieder verlassen, um die entstandenen Kosten zu decken. Diesen Güterflüssen stehen Geldflüsse gegenüber. Kommt es z. B. zu einem erheblichen Export ohne angemessenen Import, steht ein erheblicher Güterabfluss einem erhöhtem Geldzufluss gegenüber. Dieser Umstand könnte zu Preissteigerungen führen, die die Konjunktur erheblich belasten. Zur Prüfung des **Außenbeitrags** erstellt ein Staat/eine Volkswirtschaft eine **Zahlungsbilanz**, die alle wirtschaftlichen Transaktionen mit dem In- und Ausland erfasst.

Vollbeschäftigung

Vollbeschäftigung ist erreicht, wenn die Arbeitslosenquote 1 bis 3 % nicht überschreitet. An dieser Stelle sei auf das Kapitel 2 verwiesen, das sich detailliert mit diesem Punkt befasst.

Das „magische Sechseck"

Das „magische Viereck" hat durch gesellschaftliche und politische Präferenzen Zuwachs bekommen und wird bisweilen als **„magisches Sechseck"** bezeichnet. Weitere Ziele sind:

Gerechte Einkommens- und Vermögensverteilung

Eine Marktwirtschaft produziert zwangsläufig eine Ungleichverteilung der Einnahmen. Diese **Primäreinkommen** werden besteuert; in der Regel gilt: Je höher das Einkommen, desto höher die Steuer. Untere Einkommensschichten profitieren von den **Transferzahlungen** des Staates, die aus den Steuern aufgebracht werden. Das tatsächliche Einkommen (**Sekundäreinkommen**) dieser Einkommensschichten verringert den Unterschied der ursprünglichen Primäreinkommen von höheren und geringeren Einkommensschichten.

Umweltschutz

Zunehmend wird als nachhaltige wirtschaftliche Entwicklung auf den Umweltschutz geachtet. Allerdings muss der Staat hier ordnungspolitisch eingreifen, da Umwelt ein **öffentliches Gut** ist: Es kommt zu **Marktversagen**. Ursachen dieses Marktversagens sind zum einen die **Nicht-Rivalität** im Konsum: Alle können gleichzeitig ein Gut konsumieren, ohne dass der Konsum der Mitkonsumenten beschränkt ist; zum anderen die **Nicht-Ausschließbarkeit**: Man kann Konsumenten nicht oder nur mit unrentablem Aufwand vom Konsum ausschließen. In der Folge wird kein Preis für dieses Konsumgut erzielt werden können, da kein Konsument für ein Gut bezahlt, das er ohnehin nutzen kann. Umweltschutz ist ein solches Beispiel. Ein weiteres Marktversagen kann bei **externen Effekten** eintreten: Handlungen von Unternehmen oder Konsumenten führen zu Wirkungen auf Dritte, die gegebenenfalls auch zu externen Kosten führen können. Ein Beispiel wäre hier die Umweltverschmutzung. **Staatliche Instrumente** sind Auflagen, Verbote und Grenzwerte (Ordnungsrecht), Umweltsteuern und Abgaben und Verschmutzungsrechte (Emissionslizenzen, Umweltzertifikate). Je nach den **umweltpolitischen Prinzipien** (Vorsorge-, Verursacher-, Kooperations- und Gemeinlastprinzip) können diese Instrumente eingesetzt werden.

Online-Link
Musterklausur
006590-0035

2. Wirtschaftspolitik am Beispiel der Beschäftigungspolitik

2.1 Statistische Erfassung von Erwerbstätigkeit und Arbeitslosigkeit

M1 Definitionen

Erwerbsfähige: Alle Menschen in Deutschland zwischen 15 und 65 Jahren, die in der Lage sind, einer Erwerbstätigkeit nachzugehen; also alle, die arbeiten können, unabhängig davon, ob sie das wollen.

Erwerbspersonen: Alle Erwerbsfähigen, die in einem Arbeitsverhältnis stehen oder ein solches suchen, also alle Beschäftigten und Arbeitslosen. Zu den Erwerbspersonen zählen:

- Selbstständige (Unternehmer)
- Arbeitnehmer (Arbeiter, Angestellte, Beamte)
- Angehörige freier Berufe (praktizierende Ärzte, freie Rechtsanwälte und Architekten usw.)
- mithelfende Familienangehörige (der Selbstständigen und Freiberufler)
- Arbeitslose, die einen Arbeitsplatz suchen

NICHT zu den Erwerbspersonen zählen Kinder, Schüler, Studenten, Rentner und Pensionäre sowie Frauen und Männer, die ausschließlich im eigenen Haushalt tätig sind.

Erwerbstätige: alle Erwerbspersonen, die tatsächlich einer Erwerbstätigkeit nachgehen, also einen Job haben.

Erwerbslose: alle Erwerbspersonen, die keiner Erwerbstätigkeit nachgehen, dieses aber gerne würden, die also einen Job suchen.

Erwerbsquote: Anteil der Erwerbspersonen an den Erwerbsfähigen, also die Prozentzahl derer, die tatsächlich arbeiten oder arbeiten wollen, im Verhältnis zu denen, die das könnten. Die Erwerbsquote liegt in Deutschland bei ca. 50%. Trotz durchschnittlich längerer Schulbildung und Lebenszeit, trotz Bevölkerungsrückgang und häufig vorzeitigen Eintritts in den Ruhestand ist die Erwerbsquote in den letzten Jahrzehnten gestiegen, weil die Erwerbsbeteiligung der Frauen zugenommen hat.

ergänzt nach Eckart D. Stratenschulte: Wirtschaft in Deutschland. Bonn 2006, S. 117

M2 Wer gilt als arbeitslos?

Arbeitslos ist, wer vorübergehend nicht beschäftigt ist und eine sozialversicherungspflichtige, mindestens 15 Stunden wöchentlich umfassende Beschäftigung sucht (§119 Sozialgesetzbuch III).

Eine Beschäftigung sucht, wer sich aktiv darum bemüht, eine Beschäftigung zu finden und der Arbeitsagentur für die Vermittlung zur Verfügung steht (§119 Abs.1 SGB III).

Der Vermittlung zur Verfügung steht, wer arbeitsfähig und arbeitsbereit ist (§119 Abs.2 SGB III).

Eine Beschäftigung ist zumutbar, wenn

1.) sie nicht gegen geltende Gesetze verstößt;
2.) der Arbeitslose zu der Tätigkeit körperlich, geistig und seelisch in der Lage ist;
3.) die Ausübung der Arbeit dem Erwerbslosen die künftige Ausübung seiner früheren Tätigkeit nicht erschwert, weil die bisherige Arbeit besondere körperliche Anforderungen stellt (z.B. ist einem Konzertpianisten nicht zuzumuten, seine Fingerfertigkeit als Waldarbeiter zu gefährden);
4.) die Ausübung der Arbeit die Erziehung des Kindes des Erwerbslosen oder des Kindes seines Partners nicht gefährdet (in einer Familie mit einem Kind unter 3 Jahren kann sich ein Partner wegen der Kinderbetreuung auf die Unzumutbarkeit der Arbeitsaufnahme berufen, bei älteren Kindern nur, wenn keine andere Form der Kinderbetreuung möglich ist, z.B. Kindergarten, Hort oder Tagesmutter);
5.) die Ausübung der Arbeit nicht mit der Pflege eines Angehörigen unvereinbar ist – sofern die Pflege nicht auf andere Weise sicherzustellen ist;
6.) in den ersten drei Monaten der Arbeitslosigkeit das zu erwartende Bruttoeinkommen nicht weniger als 80% des Bruttoeinkommens vor der Arbeitslosigkeit beträgt;
7.) vom 4. bis 6. Monat der Arbeitslosigkeit das zu erwartende Bruttoeinkommen nicht niedriger als 70% des der Leistungsbemessung (Arbeitslosengeld) zugrunde liegenden Bruttoeinkommens ist;
8.) ab dem 7. Monat der Arbeitslosigkeit das Nettoeinkommen nach Abzug der mit der Beschäftigung verbundenen Aufwendungen (Werbungskosten wie Fahrtkosten zur Arbeit) nicht weniger als das Arbeitslosengeld beträgt und
9.) die gewöhnlichen Fahrtzeiten von der Wohnung zur Arbeitsstelle und zurück täglich nicht mehr als 150 Minuten betragen.

M3 Berechnung der Arbeitslosenquote

Die Arbeitslosenquote setzt die Anzahl der registrierten Arbeitslosen zur Anzahl der Erwerbspersonen in Beziehung. Als Erwerbspersonen gelten alle Erwerbstätigen (ET) und die Arbeitslosen. Der Kreis der Erwerbstätigen kann unterschiedlich abgegrenzt werden. Daher werden auch zwei unterschiedliche Arbeitslosenquoten ermittelt.

1.) Arbeitslosenquote, bezogen auf alle zivilen Erwerbspersonen (d.h. einschließlich Selbstständige und mithelfende Familienangehörige):

$$\text{Arbeitslosenquote} = \frac{\text{Arbeitslose}}{\text{alle ziv. ET + Arbeitslose}} \times 100$$

2.) Arbeitslosenquote, bezogen auf die abhängig beschäftigten zivilen Erwerbspersonen, d.h., der Nenner enthält hier nur die Angestellten und Beamten, aber nicht die Selbstständigen:

$$\text{Arbeitslosenquote} = \frac{\text{Arbeitslose}}{\text{abh. ziv. ET + Arbeitslose}} \times 100$$

M4 Internationale Definition von Erwerbslosigkeit

Während die Arbeitslosenstatistik der Bundesagentur für Arbeit auf dem Sozialgesetzbuch (SGB) basiert und mittels einer Erhebung von Registerdaten erstellt wird, beruht die dem Konzept der → **ILO** folgende Erwerbslosenstatistik des Statistischen Bundesamts auf einer Stichprobenbefragung der Bevölkerung. Die Befragung hat den Vorteil, dass sie auch Personen erfasst, die sich nicht bei den Agenturen für Arbeit oder einem Träger der Grundsicherung für Arbeitssuchende melden. [...] Andererseits zählen hier Personen schon als erwerbstätig, wenn sie wenigstens eine Stunde in der Woche arbeiten. [...] Die ILO-Erwerbslosenquote ist aber auch deswegen geringer als die Arbeitslosenquote, weil bei der anonymen Telefonumfrage eher zugegeben wird, falls eine Erwerbstätigkeit gar nicht angestrebt wird – dies bei der Arbeitsagentur zuzugeben, würde Leistungskürzungen zur Folge haben.

M2 – M4: Auskunft der Bundesagentur für Arbeit, Hanau, 20. Mai 2010

M5 Definition von Erwerbs- und Arbeitslosigkeit

	ILO-Erwerbslose	SGB-Arbeitslose
Erhebung	Telefonumfrage (Stichprobe)	Registrierung bei der Agentur für Arbeit bzw. der Kommune
aktive Suche, wenn	eine Beschäftigung von mindestens einer Wochenstunde aktiv selbst gesucht wird	eine Beschäftigung von mindestens 15 Wochenstunden mithilfe der Arbeitsagentur gesucht wird
Verfügbarkeit, wenn	der Arbeitsuchende innerhalb von zwei Wochen eine neue Arbeit aufnehmen kann	der Arbeitssuchende dem Vermittler den Eindruck vermittelt, dass er zumutbare Arbeitsangebote annimmt
beschäftigungslos	wenn keine Beschäftigung von mehr als einer Wochenstunde ausgeübt wird	wenn eine Beschäftigung von weniger als 15 Wochenstunden ausgeübt wird

M6 Angebot und Nachfrage auf dem Arbeitsmarkt

Abb. 37.1 aus: Das Lexikon der Wirtschaft. Bibliographisches Institut & F.A. Brockhaus AG, Mannheim, 2. Auflage 2004. Lizenzausgabe für die Bundeszentrale für politische Bildung, Bonn 2004, S. 98 (Farbgebung verändert)

M7 Die „Stille Reserve"

Das Arbeitskräfteangebot (Erwerbspersonenpotenzial) setzt sich zusammen aus den Erwerbstätigen (Beschäftigten), den Arbeitslosen und der sogenannten Stillen Reserve.

Zur *Stillen Reserve* gehören insbesondere:

- Personen, die beschäftigungslos sind und Arbeit suchen, ohne bei den Arbeitsagenturen als Arbeitslose registriert zu sein,
- Personen, die bei ungünstiger Arbeitsmarktlage die Arbeitssuche entmutigt aufgegeben haben, aber bei guter Arbeitsmarktlage Arbeitsplätze nachfragen würden,
- Personen in Warteschleifen des Bildungs- und Ausbildungssystems.

Im weiteren Sinne zählen auch Personen zur Stillen Reserve, die durch beschäftigungspolitische Instrumente zum Beispiel in Maßnahmen der Um- oder Weiterbildung sind und Personen, die aus Arbeitsmarktgründen vorzeitig aus dem Erwerbsleben ausgeschieden sind.

Während Erwerbstätige und Arbeitslose in amtlichen Statistiken registriert werden, muss die Stille Reserve im engeren Sinne mithilfe von Modellrechnungen oder Bevölkerungsbefragungen geschätzt werden.

Bundesagentur für Arbeit (Hrsg.): Sonderheft Arbeitsmarkt 2009 vom 18. Mai 2010, S. 22

Arbeitsaufträge

1. Wer gilt als arbeitslos – und wer nicht?
   a) Jemand, der ungewollt auf „Kurzarbeit" gesetzt wurde, weil sein Betrieb vorübergehend wenig Aufträge hat.
   b) Eine Hausfrau, die gern (wieder) arbeiten will und deswegen die Stellenanzeigen in der Zeitung liest.
   c) Ein Alleinerziehender, der arbeitslos gemeldet ist, aber keine Arbeit annehmen kann, weil er keine Betreuung für seine noch nicht schulpflichtigen Kinder finden konnte.
   d) Ein unfreiwilliger Vorruheständler.
   e) Eine unter chronischem Mandantenmangel leidende Rechtsanwältin.
   f) Ein Student, der nach dem Abschluss des Studiums mehrere Monate auf unbezahlten Praktikantenstellen verbringt und dort auf Festanstellung hofft.
   g) Ein Schüler, der einen Nebenjob sucht.
   h) Eine Teilzeitbeschäftigte, die gern länger arbeiten möchte.
   i) Ein 69-jähriger Rentner, der 16 Stunden wöchentlich Zeitungen ausgetragen hat und dem gekündigt wurde.
2. Wie kann es sein, dass die Arbeitslosenquote steigt, wenn gleichzeitig zusätzliche Arbeitsplätze geschaffen werden?

2.2 Folgen der Arbeitslosigkeit

2.2.1 Folgen für die Arbeitslosen

Abb. 38.1: „Arbeitsamt" (Karikatur Barbara Henniger, Strausberg)

M1 Und was machst du so?

Im Sommer sprach man vom Sommerloch, die Kollegen von einer leichten Absatzflaute. Im August wollte man gemeinsam den Karren aus dem Dreck ziehen, andere betonten die Wichtigkeit ihrer Arbeit durch Hektik und dringend notwendige Überstunden. Im September wussten wenige schon mehr als andere, und der Betriebsrat verhandelte hinter verschlossenen Türen, Firmenzugehörigkeit, Kündigungsfristen, Abfindungen, Auflösungsverträge waren die geflüsterten Worte, kaum einer ging in Urlaub.

Dann war alles klar. Mitte Dezember war Schluss, einige durften schon vorher, andere mussten bleiben bis zum Ende. [...] Überstunden abfeiern, Resturlaub, Weihnachten, endlich etwas Ruhe, nachdenken.

2. Januar, der erste Tag arbeitslos, die Kinder haben Schulferien, die Frau noch Resturlaub, endlich hat man Zeit, kann auf Familie machen, schöne Tage.

Der erste Montag, allein, die Wohnung ist leer, das Haus wird leer, keine Arbeit, Aktivität ist gefragt. Einkaufen, Essen machen, Hausaufgaben, telefonieren, Bewerbungen schreiben, telefonieren, Abendessen. Wie war dein Tag im Büro? Schlafen, aufstehen, allein, die Ruhe genießen, lesen, Zeit haben, entspannen. [...]

Bewerbungen schreiben, Absagen, für den weiteren Lebenslauf wünschen wir Ihnen alles Gute, interne Gründe, tut uns Leid, nicht persönlich nehmen, hausintern besetzt, laden wir Sie zu einem Gespräch ein, haben uns doch anders entschieden, aus Kostengründen wird die Stelle nicht besetzt, überqualifiziert, unterqualifiziert, vielleicht nächstes Jahr, zu wenig Berufserfahrung, zu jung, zu alt. Wird schon wieder. Qualifikation, Weiterbildung ... passt für mich, gefällt mir. Englisch auffrischen, Aktivität zeigen, gut für weitere Bewerbungen. Ein Ziel haben, jeden Tag lernen, aus dem Haus gehen, Englisch, BWL, VWL, kaufmännisches Rechnen, Schreibmaschine schreiben, Wissen auf Halde legen, abrufbereit, hoffentlich ruft einer an. [...]

Das Geld wird knapp, ging wohl doch nicht so einfach mit dem Einschränken. Kinder maulen. Du musst sparen. Aldi kenn ich noch gut vom Studium, hat sich nicht viel geändert. Geiz ist geil. Verkäufer entlassen. Nicht meine Schuld. Etwas gelernt, Essen gemacht, Wohnung aufgeräumt, gereizt, gelangweilt. Irgendetwas wirst du schon haben, dass sie gerade dich entlassen haben. Fragen nerven: Und was machst du so? Ach, hast du immer noch nichts?

Mitleidige Blicke. Furchtbar. Zur Post gehen, ganz wichtig, sonst verlierst du den Außenkontakt. Freunde besuchen dich seltener, haben zu viel zu tun. Gib doch Arbeit ab, wie denn, geht doch nicht, ach so. Monate aus dem Beruf raus, Jahre, Wissen veraltet, unbrauchbar. Unbrauchbar? Schulden. Lohn würde gepfändet.

nach: DIE ZEIT vom 13. Juli 1990, Verfasser anonym

M2 Arbeitslosengeld I und II

Das Arbeitslosengeld I (ALG I) ist vom Arbeitslosengeld II (ALG II, auch Hartz IV genannt) zu unterscheiden. Das ALG I ist eine Versicherungsleistung, das Anspruchsberechtigten gezahlt wird, das ALG II ist eine Sozialleistung, die Bedürftigen gewährt wird.

Anspruch auf ALG I haben Arbeitnehmer, die

1) arbeitslos sind,
2) sich fristwahrend bei der Arbeitsagentur arbeitslos gemeldet haben,
3) in den zwei Jahren vor Beginn der Arbeitslosigkeit mindestens 360 Tage Beiträge in die Arbeitslosenversicherung einbezahlt haben und
4) nicht rentenberechtigt ist.

Die Höhe des ALG I entspricht ungefähr 60 % des durchschnittlichen Nettogehalts des Arbeitsuchenden, bei solchen mit Kindern 67 %. Es gibt jedoch Höchstsummen, die nicht überschritten werden (entsprechend der Beitragsbemessungsgrenze). Die maximale Dauer des Bezugs von ALG I richtet sich nach dem Zeitraum, in dem Beiträge in die Arbeitslosenversicherung gezahlt wurden: Nach einem versicherungspflichtigen Arbeitsverhältnis von zwölf Monaten Dauer gibt es maximal sechs Monate ALG I, nach 24 Monaten der Beschäftigung bis zu zwölf Monate ALG I. Wer mehr als 24 Monate in einem versicherungspflichtigen Arbeitsverhältnis war und älter als 50 Jahre ist, erhält unter gewissen Voraussetzungen länger ALG I (maximal 24 Monate). Verstößt ein Arbeitsloser gegen gewisse Auflagen (z. B. eigene Kündigung, Versäumen von Fristen, Ablehnen von beruflichen Eingliederungsmaßnahmen), kann ihm das ALG I

gekürzt werden (Sperrzeiten). Sollte das ALG I für das soziokulturelle Existenzminimum nicht ausreichen, kann ergänzend ALG II bezogen werden („Aufstocken").
Ansonsten bekommt jeder bedürftige Erwerbsfähige zur Sicherung des Existenzminimums, gegebenenfalls nach dem Ablauf der maximalen Bezugsdauer des ALG I, das ALG II. Damit soll den Hilfebedürftigen ein menschenwürdiges Leben ermöglicht werden und somit dem Sozialstaatsgebot des Grundgesetzes Rechnung getragen werden.
Auch Erwerbstätige mit sehr geringem Einkommen („working poor") können → **Hartz-IV**-Teilleistungen bekommen. Voraussetzung dafür ist der Nachweis der Bedürftigkeit. Das heißt, Leistungen werden nur gewährt, wenn eigenes Vermögen nicht vorhanden ist. Die Regelleistung des ALG II beträgt 359 Euro pro Monat für erwachsene Alleinstehende zuzüglich der Kosten für Miete und Heizung.

Auskunft der Bundesagentur für Arbeit, Hanau, 20. Mai 2010

M3 Die psychische Situation von Arbeitslosen

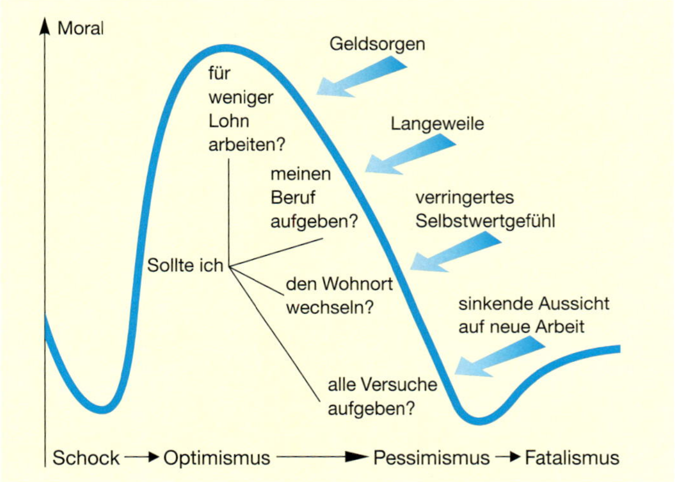

Abb. 39.1: Psychische Situation der Arbeitslosen

M4 Psycho-soziale Folgen von Arbeitslosigkeit

Über die psychischen und sozialen Folgen von Arbeitslosigkeit sind bereits zur Zeit der Weltwirtschaftskrise [in den 1930er-Jahren] Untersuchungen angestellt worden. Sie konzentrieren sich auf die Herausarbeitung folgender Aspekte:

- Veränderung der Zeitstruktur des Alltags durch Änderung des gewohnten Rhythmus' Arbeitszeit – Freizeit,
- Verlust der Zukunftsperspektive im Hinblick auf die individuelle Berufskarriere und die familiäre Entwicklung,
- Verlust sozialer Kontakte zu den Arbeitskollegen und der damit verbundenen Anerkennung,
- Einschränkung von Möglichkeiten der persönlichen Selbstdarstellung in der Berufstätigkeit,
- Einbußen im Hinblick auf das soziale Selbstwertgefühl,
- Verringerung der Autorität in der Familie durch Beeinträchtigung der Ernährerfunktion [vor allem bei Männern mit klassischem Rollenverständnis],
- Erleben individueller Handlungsohnmacht bei vergeblicher Stellensuche bzw. wiederholter Arbeitslosigkeit,
- Erlebnis der Abhängigkeit gegenüber der Arbeitsvermittlung und der Arbeitsverwaltung,
- Aufkommen individueller Schuldgefühle bei selektiven Entlassungen,
- Gefahr des „Veraltens" von Fertigkeiten oder technischen Wissens […].

Bei andauernder Arbeitslosigkeit lassen sich die Untersuchungsergebnisse in einem Vier-Phasenmodell beschreiben, das als typische Stationen die Phasen Schock – Optimismus – Pessimismus – Fatalismus enthält. Zunächst bedeutet der Eintritt in die Arbeitslosigkeit ein Schockerlebnis. Es folgt eine aktive Phase der Stellensuche, die durch einen noch ungebrochenen Optimismus gekennzeichnet ist. Geldsorgen treten insbesondere auf, wenn Arbeitslose mit Zahlungsverpflichtungen in Verzug kommen. Bei andauernder Arbeitslosigkeit, wenn alle Bemühungen um Beschäftigung fehlgeschlagen sind, treten Langeweile und familiäre Belastungen auf, die die Phase des Pessimismus einleiten. Das Selbstwertgefühl erleidet erheblichen Schaden, da die Selbstbestätigung aus dem Einkommenserwerb fehlt und der Arbeitslose sich überflüssig bzw. als „Schmarotzer" fühlt und von Nachbarn und Kollegen vermeintlich oder tatsächlich geschnitten wird. In dieser kritischen Phase treten Ängste und Depressionen auf. Die Dauer der Arbeitslosigkeit wird selbst zum Hindernis bei der Stellensuche: Bewerber, die schon längere Zeit arbeitslos sind, werden von den Firmen skeptisch beurteilt. […] Damit wird die letzte Phase eingeleitet, die durch Resignation gekennzeichnet ist.
Die individuelle psycho-soziale und gesundheitliche Betroffenheit von Arbeitslosigkeit ist unterschiedlich. Sie hängt von individuellen Einstellungen und Fähigkeiten (etwa der Arbeits- und Berufsorientierung), von der Arbeitsethik, von der Höhe der Arbeitslosenrate und der davon beeinflussten gesellschaftlichen Akzeptanz, von der finanziellen Situation, von der Einbindung in Netzwerke sozialer Unterstützung ab.

Horst Friedrich/Michael Wiedemeyer: Arbeitslosigkeit, ein Dauerproblem. Dimensionen, Ursachen, Strategien. 3. Auflage Verlag Leske & Budrich, Opladen 1998, S. 43 ff.

Arbeitsaufträge

1. Stellen Sie mithilfe der Materialien die psychischen und sozialen Folgen der Arbeitslosigkeit für die Betroffenen und ihre Familien dar!
2. Erläutern Sie, inwieweit Langzeitarbeitslosigkeit ein besonders gravierendes Problem darstellt!
3. Unterbreiten Sie Vorschläge für mögliche Unterstützungsmaßnahmen für Arbeitslose!
4. Besonders Fach- und Führungskräfte können sich von der Arbeitsagentur nur selten die Vermittlung einer ihrer Qualifikation angemessenen Position erhoffen. Entsprechende Stellen werden der Arbeitsagentur von den Unternehmen oft gar nicht gemeldet.
   a) Erläutern Sie die möglichen Ursachen für dieses Verhalten der Unternehmen!
   b) Überlegen Sie, welche anderen Wege des Kontakts zu neuen Arbeitskräften bzw. Arbeitgebern den Unternehmen bzw. Arbeitssuchenden offen stehen und warum diese von potenziellen Arbeitgebern oftmals bevorzugt werden!

2.2.2 Folgen für Wirtschaft und Gesellschaft

Arbeitslosigkeit wird zu einem Problem für Wirtschaft, Gesellschaft und Politik, wenn Massenarbeitslosigkeit über einen längeren Zeitraum fortbesteht.

M1 Wirtschaftliche Folgen

Wirtschaftlich bedeutet Arbeitslosigkeit eine Unterauslastung des Produktionsfaktors Arbeit. Bei steigender Arbeitslosigkeit sinkt die Kaufkraft der Bevölkerung, da das Arbeitslosengeld in der Regel deutlich niedriger ist als der zuvor erhaltende Nettolohn. Die verringerte Kaufkraft schlägt sich bei den Unternehmen als verringerter Umsatz nieder. Dies kann dazu führen, dass die Betriebe ihre Kosten senken müssen, unter Umständen auch Mitarbeiter entlassen müssen. Bei Massenarbeitslosigkeit stößt dieses Verhalten einen Teufelskreis an, denn durch die damit weiter steigende Arbeitslosigkeit werden weitere Unternehmen gezwungen sein, Angestellte zu entlassen.

Ein anderer negativer Effekt ergibt sich aus den Belastungen des Staates. Der Staat leidet bei Massenarbeitslosigkeit einerseits unter steigenden Ausgaben für Arbeitslosengeld und andere Sozialleistungen, erhält andererseits aber gleichzeitig auch weniger Einnahmen. Die Arbeitslosen zahlen weniger Steuern, da ihr Einkommen sinkt (dadurch gehen die Einkommensteuereinnahmen zurück) und ihre Ausgaben sich verringern (daher verringern sich die Einnahmen aus indirekten Steuern, zum Beispiel die Mehrwertsteuereinnahmen). Außerdem nehmen auch die Sozialversicherungskassen weniger ein, da deren Einnahmen von den Einkünften der sozialversicherungspflichtig Beschäftigten abhängen. Sieht sich der Staat in einer solchen Situation gezwungen, die Steuern und die Beitragssätze zu den Sozialversicherungen zu erhöhen, verringert dies die Einkommen der Arbeitnehmer - und damit deren Kaufkraft. Bei den Unternehmen, die ebenfalls Steuern und knapp die Hälfte der Sozialversicherungsbeiträge zahlen, vergrößert sich in einem solchen Fall der Rationalisierungsdruck - das heißt, die Neigung, Arbeitskräfte durch Maschinen zu ersetzen - oder aber die Neigung, die Produktion ins Ausland zu verlagern (Offshoring).

Volkswirtschaftlich betrachtet führt Langzeitarbeitslosigkeit dazu, dass „Humankapital" entwertet wird, indem das Wissen der Arbeitslosen in der Zeit der Arbeitslosigkeit „veraltet" und dadurch mitunter sogar unbrauchbar wird. Man stelle sich einen Software-Entwickler vor, der mehr als zwei Jahre arbeitslos ist ... Kann ein Arbeitsloser in seinem gelernten Beruf nicht mehr vermittelt werden, so mag eine Umschulung seine Perspektiven verbessern. Volkswirtschaftlich betrachtet bleibt aber das Problem, dass die Kosten für seine erste Ausbildung letztlich vergeudet wurden.

Stefan Prochnow, eigener Text

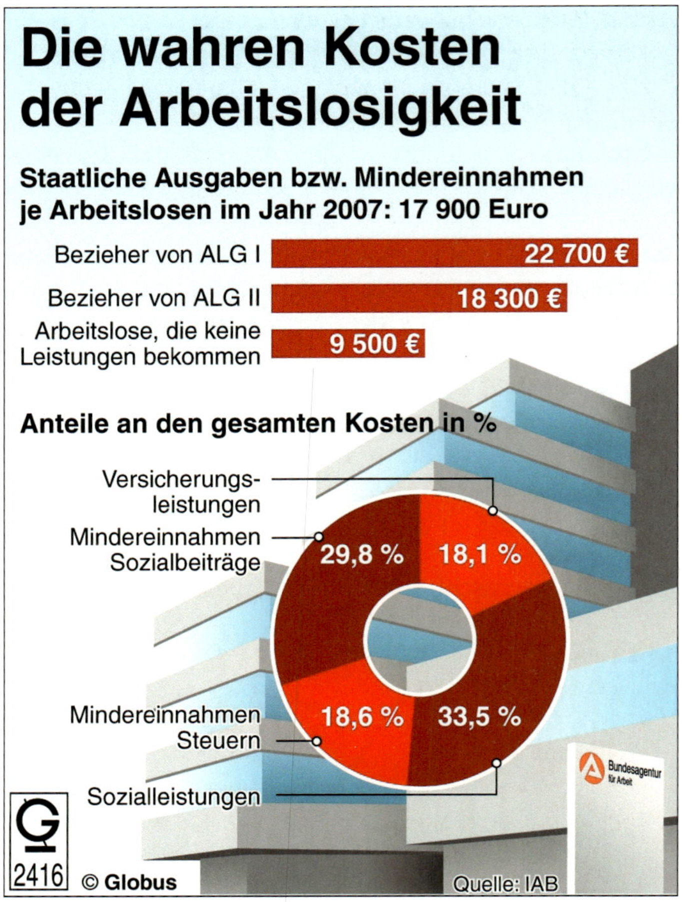

Abb. 40.1: Die Kosten der Arbeitslosigkeit

M2 Gesellschaftliche Auswirkungen

Massenarbeitslosigkeit, die über einen längeren Zeitraum bestimmte Bevölkerungskreise betrifft, kultiviert soziale Milieus, deren Merkmale die Gefahr erhöhen, dass aus solchen Familien die Arbeitslosen von morgen stammen.
Wenn Familien - unter Umständen sogar seit Generationen - an ein Leben von Sozialleistungen gewöhnt werden, sinkt die Wahrscheinlichkeit, dass sie sich jemals aus der Abhängigkeit von staatlichen Transferzahlungen befreien wollen und können. Die Verfestigung eines → **Prekariats**, das nicht selten auch durch soziale und räumliche → **Segregation** sichtbar wird, führt zu einer größer werdenden Kluft zwischen Arm und Reich, zwischen Arbeitslosen und „Arbeitsplatzbesitzern" (→ **Prekarisierung**). Soziale Spannungen können die Folge sein.

In Niedersachsen bestreitet nur noch ein Drittel der Bevölkerung seinen Lebensunterhalt durch den eigenen Job, 28 % leben von staatlichen Transferleistungen, also zum Beispiel von Arbeitslosengeld oder Rente. In Berlin und Bremen haben die Leistungsempfänger schon beinahe den Anteil der Leistungsträger eingeholt. In Sachsen-Anhalt bestritten im Jahr 2003 nur rund 39 % der Bewohner ihren Lebensunterhalt mit ihrer eigenen Arbeit. 41 % waren arbeitslos, bekamen Sozialgelder oder Rente. Die übrigen 20 % sind Kinder und Jugendliche sowie Menschen, die beispielsweise von Immobilieneinkünften leben.

Der → **demografische Wandel** und eine zunehmende Arbeitslosigkeit können die Grundfesten unserer Gesellschaft erschüttern. Kann eine Gesellschaft noch funktionieren, wenn die Mehrheit von den Leistungen lebt, die eine Minderheit erwirtschaftet? Welche politischen Auswirkungen sind zu erwarten, wenn die Mehrheit der Leistungsempfänger bestimmen kann, wie viel die Minderheit der Leistungserbringer zu zahlen hat?

Stefan Prochnow, eigener Text

M3 Sozialer Fahrstuhleffekt

Seit Langem stellt der Psychologische Dienst der Bundeswehr beim Vergleich der Bundesländer auffällige Unterschiede bei den Intelligenztestleistungen wehrpflichtiger junger Männer fest. [...]

Das intellektuelle Leistungsniveau der jungen Männer wies [...] einen signifikanten [...] rechnerischen Zusammenhang mit der jeweiligen Arbeitslosenquote auf. [...]

- Fehlende Wirtschaftskraft hat Defizite im Bildungswesen und in der Lebensqualität der Menschen zur Folge. Diese wiederum wirken sich negativ auf die intellektuelle Entwicklung von Kindern und Jugendlichen aus.
- Wirtschaftlich starke Regionen sind eher Zuzugs-, wirtschaftlich schwache Regionen eher Fortzugsgebiete. Zu einer innerdeutschen Mobilität sind besser gebildete, für die intellektuelle Förderung ihrer Kinder aufgeschlossenere Familien eher bereit.

Die gesellschaftlich wichtigste Begleiterscheinung eingeschränkter Wirtschaftskraft ist Massenarbeitslosigkeit. Andauernde Arbeitslosigkeit im Elternhaus und/oder im sozialen Umfeld wiederum beeinträchtigt die kindliche Entwicklung in erheblichem Maße. Maik Görlich hat in einem Sammelband die sozialen Folgen von Dauerarbeitslosigkeit beschrieben. In seinen Untersuchungsergebnissen ist von einer „lähmenden Wirkung", von einem „Einschrumpfen der Lebensäußerungen" sowie von „Hoffnungslosigkeit und Apathie" die Rede. Seiner Bewertung nach lässt sich Arbeitslosigkeit „eindeutig als isolierende Bedingung bezeichnen", die krisenhafte Reaktionen bis hin zur Persönlichkeitsveränderungen bewirken kann. [...] Maik Görlich spricht u. a. von der Zunahme von Konfliktpotenzialen und der „Verschlechterung der Beziehungsqualität". Die ständige Nähe beider Elternteile könne von Kindern als Einschränkung empfunden werden und so zu Entwicklungs- sowie auch zu Beziehungsproblemen führen.

Negative Auswirkungen sind verstärkt zu erwarten, wenn sich derart problembeladene Haushalte in einer Wohnregion konzentrieren. Hartmut Häußermann spricht von einem „Fahrstuhleffekt" in einem solchen Umfeld: „Soziale Ungleichheit setzt sich – wenn es keine sozialstaatliche Intervention gibt – in sozialräumliche → **Segregation** um; diese führt zu sich selbst verstärkenden Prozessen sozialer Selektion, an deren Ende Quartiere stehen, die von einer kumulativen Abwärtsentwicklung betroffen sind."

Es liegt auf der Hand, dass Kinder in solchen Umfeld- und Lebensbedingungen wenig Leistungsanreize, intellektuelle Förderung und formale berufliche Qualifizierung erfahren. Viele von ihnen sehen mit erhöhter Wahrscheinlichkeit eigener Arbeitslosigkeit entgegen.

Heinz J. Ebenrett/Dieter Hansen/Klaus J. Puzicha: Verlust von Humankapital in Regionen mit hoher Arbeitslosigkeit, in: Aus Politik und Zeitgeschichte 6-7/2003, S. 25 ff.

Abb. 41.1: Karte der regionalen Durchschnittswerte der Intelligenz (nach Kreiswehrersatzamts-Bereichen 1998)

M4 Politische Folgen

Für den Staat ist Arbeitslosigkeit einerseits ein erheblicher Kostenfaktor, andererseits bringt Massenarbeitslosigkeit gravierende Einnahmeausfälle. Kritisch ist besonders, dass das Geld, das für Sozialleistungen ausgegeben wird, an anderer Stelle fehlt – etwa für Investitionen in Forschung und Bildung.

Steigende Arbeitslosenquoten bergen die Gefahr der politischen Radikalisierung, wie sich am historischen Beispiel der Weimarer Republik erkennen lässt. Auch heute bleibt die Korrelation zwischen dem Ausmaß der Arbeitslosigkeit und dem Zulauf zu extremistischen Parteien auffällig. Bei Wahlen erzielen links- und rechtsextremistische Parteien besonders in Regionen mit hoher Arbeitslosigkeit Erfolge.

Stefan Prochnow, eigener Text

Arbeitsaufträge

1. Stellen Sie die Auswirkungen von Massenarbeitslosigkeit für Wirtschaft, Gesellschaft und Staat tabellarisch gegenüber!
2. Beschreiben Sie, was in der Soziologie mit dem Begriff „Prekariat" gemeint ist. Welche Gruppen zählen zum Prekariat?

2.3 Strukturen der Arbeitslosigkeit

Berichtsjahr[1]	Arbeitslose[2]	Arbeitslosenquote[3] in %
1950	1.868.504	11,0
1952	1.654.915	9,5
1954	1.410.717	7,6
1956	876.287	4,4
1958	763.850	3,7
1960	270.678	1,3
1962	154.523	0,7
1964	169.070	0,8
1966	161.059	0,7
1968	323.480	1,5
1970	148.846	0,7
1972	246.433	1,1
1974	582.481	2,6
1976	1.060.336	4,6
1978	992.948	4,3
1980	888.900	3,8
1982	1.833.244	7,5
1984	2.265.559	9,1
1986	2.228.004	9,0
1988	2.241.556	8,7
1990	1.883.147	7,2
1991	2.602.203	7,3
1992	2.978.570	8,5
1993	3.419.141	9,8
1994	3.698.057	10,6
1995	3.611.921	10,4
1996	3.965.064	11,5
1997	4.384.456	12,7
1998	4.280.630	12,3
1999	4.100.499	11,7
2000	3.889.695	10,7
2001	3.852.564	10,3
2002	4.061.345	10,8
2003	4.376.795	11,6
2004	4.381.281	11,7
2005	4.860.909	13,0
2006	4.487.305	12,0
2007	3.776.509	10,1
2008	3.267.907	8,7
2009	3.423.283	9,1
Mai 2010	*3.241.529*	*8,6*

[1] Jahresdurchschnitt
[2] bis 1991 Westdeutschland
[3] bezogen auf abhängige zivile Erwerbspersonen

Abb. 42.1: Arbeitslosenzahlen 1950–2010

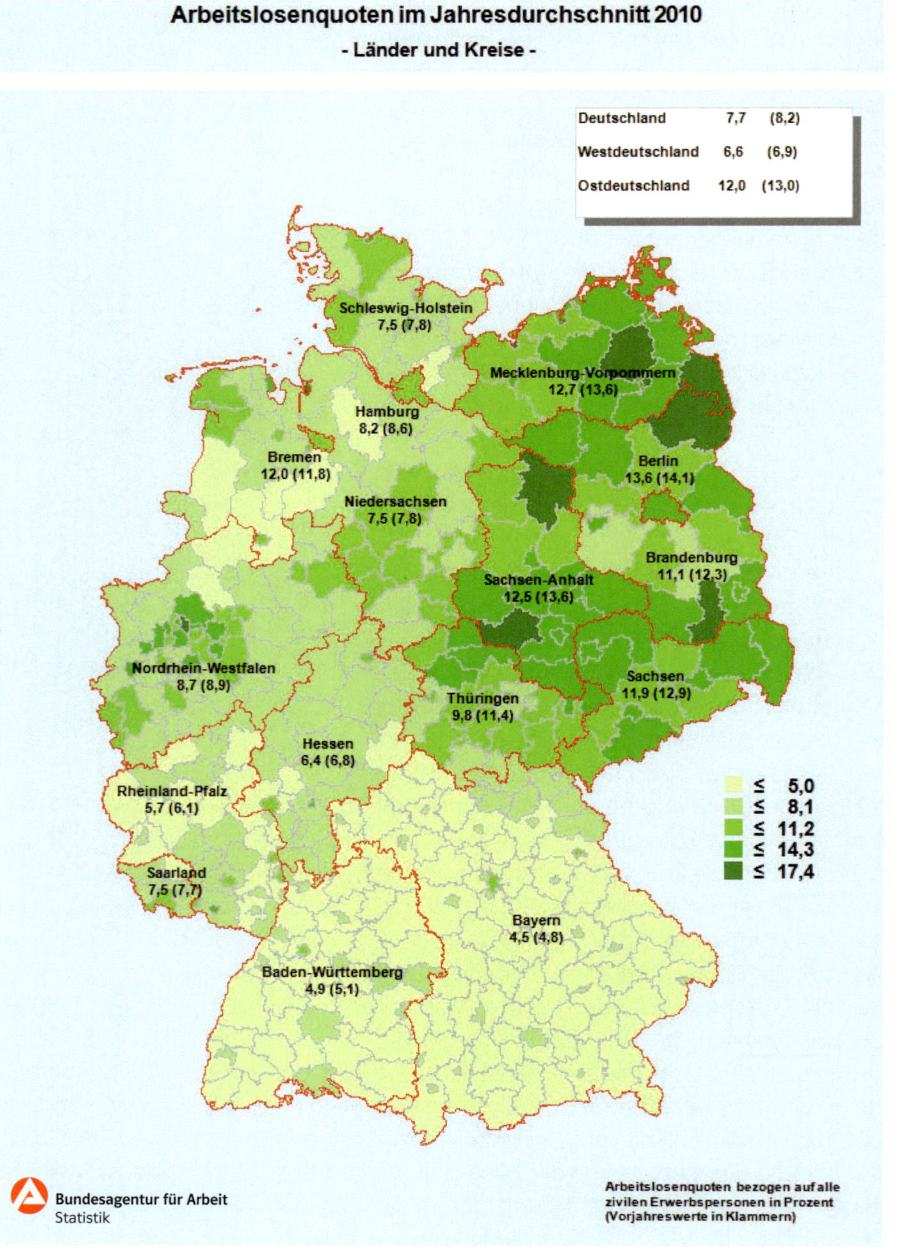

Abb. 42.2: Arbeitslosenquoten (bezogen auf alle zivilen Erwerbspersonen) auf Stadt- und Landkreisebene im Jahresdurchschnitt 2009

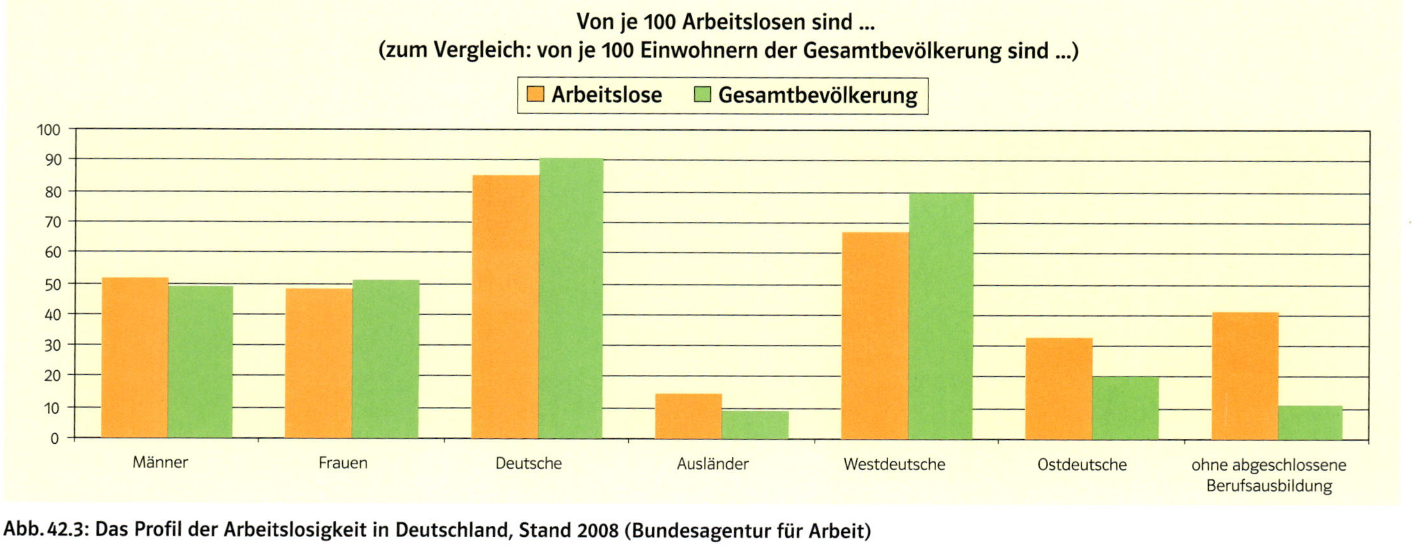

Abb. 42.3: Das Profil der Arbeitslosigkeit in Deutschland, Stand 2008 (Bundesagentur für Arbeit)

2.3.1 Formen der Arbeitslosigkeit

M1 Formen der Arbeitslosigkeit

Die **konjunkturelle Arbeitslosigkeit** ist in Zeiten nachlassender Konjunktur zu beobachten, d.h. bei geringem oder negativem Wirtschaftswachstum. Sie ist eine Folge des Rückgangs bei der Nachfrage, den Auftragseingängen und der Produktion.

Tatsächlich kann man in Deutschland beobachten, dass die Arbeitslosigkeit bei nachlassender Konjunktur ansteigt. Allerdings sinkt sie bei besserer Konjunktur nicht wieder auf ihr Ausgangsniveau ab (→ **Sockelarbeitslosigkeit**). Es muss also noch andere Ursachen für die Arbeitslosigkeit in Deutschland geben:

Die **strukturelle Arbeitslosigkeit** lässt sich auf Anpassungsverzögerungen der Wirtschaft, auf neue Techniken und veränderte Anforderungen des Weltmarktes zurückführen. Bestimmte Branchen, z.B. die Steinkohle- und Stahlindustrie, verlieren an Bedeutung. Arbeitskräfte aus diesen Branchen werden entlassen. Die Qualifikationen dieser oft hoch spezialisierten Fachkräfte passen nicht mehr zu den Anforderungen wachsender Zukunftsbranchen, etwa der Informations- und Kommunikationstechnik (**„Mismatch-Arbeitslosigkeit“**). Der technische Fortschritt ermöglicht in zunehmendem Maße die Rationalisierung vieler Tätigkeiten (z.B. früher Schalterpersonal in einer Bank, heute Geldautomat).

Als Sonderform der strukturellen Arbeitslosigkeit wird mitunter noch die demografische Arbeitslosigkeit heraus differenziert. Diese kann auftreten, wenn geburtenstarke Jahrgänge als Schul- oder Hochschulabgänger auf den Arbeitsmarkt drängen, die Erwerbsneigung in der Bevölkerung zunimmt oder durch Zuwanderung das Erwerbspersonenpotenzial wächst.

Die **friktionelle Arbeitslosigkeit** ist eine Such- oder Übergangsarbeitslosigkeit, z.B. nach dem Ausbildungsabschluss oder der Beendigung des Wehr- oder Zivildienstes. Auch infolge eines freiwilligen Arbeitsplatz- oder Wohnortwechsels kann diese Form der meist kurzfristigen Arbeitslosigkeit auftreten.

Saisonale Arbeitslosigkeit ist die Folge jahreszeitlich bedingter Beschäftigungsschwankungen, wie wir sie in der Bauwirtschaft, der Landwirtschaft und dem Tourismus beobachten können. Daher sind die Arbeitslosenzahlen in Deutschland im Winter meist höher als im Frühjahr und Herbst.

Stefan Prochnow, eigener Text

Abb. 43.1: „Die Industrie-Gewerkschaft ‚Faust und Keil‘ rettet die Steinzeit“ (Karikatur Greser & Lenz, Aschaffenburg)

Formen der Arbeitslosigkeit

konjunkturell	Ergebnis natürlicher Schwankungen der Konjunktur
strukturell	Folge fortdauernder Strukturkrisen (z.B. im Bergbau)
Mismatch	Unterschied zwischen Qualifikation der Bewerber und Anforderungen der Stellen
friktionell	Übergang zwischen zwei Arbeitsstellen oder Ausbildungsabschnitten
saisonal	Folge von jahreszeitlichen Einflüssen (z.B. in der Landwirtschaft)

Abb. 43.2: Erscheinungsformen der Arbeitslosigkeit

M2 Mismatch-Arbeitslosigkeit

Obwohl rein rechnerisch viele Arbeitslose auf offene Stellen vermittelt werden könnten, stehen einem erfolgreichen Zusammentreffen beider Seiten Profildiskrepanzen beispielsweise in regionaler oder qualifikatorischer Hinsicht entgegen. Das heißt: Die Arbeitslosen weisen andere Qualifikationen (oder zu geringe) auf, als die offenen Stellen erfordern, oder sie sind in anderen Regionen beheimatet und immobil. […] Eine solche Mismatch-Arbeitslosigkeit entspricht wohl am ehesten dem, was häufig mit „struktureller Arbeitslosigkeit“ gemeint sein mag. Ihr ist häufig mit Lohnzugeständnissen nicht beizukommen, denn ein Unternehmen, welches einen Fachmann für computergestützte Werkzeugmaschinen sucht, wird den arbeitslosen Bauhilfsarbeiter selbst bei größter Lohnzurückhaltung nicht einstellen, zumindest nicht für diesen Arbeitsplatz. Vielmehr bewirkt eine solche Mismatch-Arbeitslosigkeit einen Lohnanstieg, weil Unternehmen trotz (hoher) Arbeitslosigkeit um geeignete Arbeitskräfte für die Besetzung ihrer vakanten Arbeitsplätze konkurrieren.

Bernhard Schäfers/Wolfgang Zapf (Hrsg.): Handwörterbuch zur Gesellschaft Deutschlands. Bundeszentrale für politische Bildung/ 2. Auflage Verlag Leske & Budrich, Bonn 2001, S. 18

Arbeitsaufträge

1. Beschreiben Sie die Entwicklung des Ausmaßes der Arbeitslosigkeit in Deutschland im Zeitraum von 1950 bis 2010 (Abb. 42.1)!
2. Beschreiben Sie die regionale Verteilung der Arbeitslosigkeit in Deutschland im Jahr 2009 (Abb. 42.2)!
   Erläutern Sie mögliche Ursachen für das unterschiedliche Ausmaß der Arbeitslosigkeit in verschiedenen Regionen!
3. Leiten Sie aus der Abbildung 42.3 Faktoren ab, die das Risiko erhöhen, von Arbeitslosigkeit betroffen zu sein!
4. Beschreiben und interpretieren Sie die Abbildung 43.1!
5. Erklären Sie, auf welche Form von Arbeitslosigkeit in der Karikatur Bezug genommen wird!

2.3.2 Ursachen von Arbeitslosigkeit

M1 Ursachen von Arbeitslosigkeit aus liberaler Sicht

Nach der **klassischen Lehre** der → **Liberalisten** kann es in einer Freien Marktwirtschaft keine Arbeitslosigkeit geben. Die Liberalisten sehen im Arbeitsmarkt einen Markt wie jeden anderen. Sollte es ein „Überangebot" an Arbeit geben (also mehr Arbeitswillige als Arbeitsnachfrage von Unternehmen), so würden die „Preise" für Arbeit, die Löhne, einfach sinken. Dadurch könnte sich das Angebot verringern, weil manche zu dem gesunkenen Lohn nicht mehr arbeiten wollen, und die Nachfrage steigen, weil die Unternehmen mit ihrem Lohnbudget nun mehr Arbeitskräfte einstellen können [vgl. Abb. 44.1].

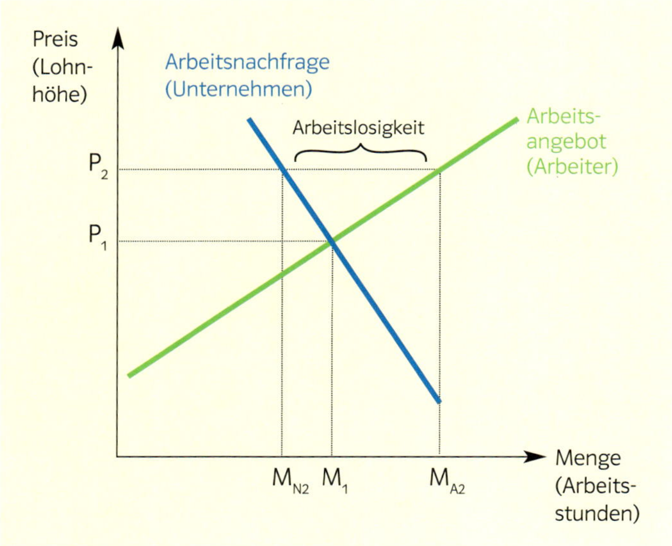

Abb. 44.1: Arbeitslosigkeit im Preis-Mengen-Modell

In der Sozialen Marktwirtschaft ist es jedoch nicht unbedingt so, dass die Löhne bei einem Überangebot an Arbeitskräften sinken, denn sie werden nicht individuell zwischen einzelnen Arbeitern und den Unternehmen ausgehandelt, sondern im Rahmen der Tarifverhandlungen von Gewerkschaften und Arbeitgeberverbänden. Bisher haben die Gewerkschaften noch nie Nominallohnsenkungen zugestimmt. Darin sehen Liberalisten die Ursache für anhaltend hohe Arbeitslosigkeit. Neben dieser „klassischen" Erklärung der Arbeitslosigkeit gibt es auch differenzierte Erklärungen, die bei verschiedenen Erscheinungsformen der Arbeitslosigkeit anknüpfen [siehe Kapitel 2.3.1].

Stefan Prochnow, eigener Text

M2 Insider-Outsider-Theorie

Vereinfacht gesagt, erklärt die Insider-Outsider-Theorie Arbeitslosigkeit damit, dass die „Arbeitsplatzinhaber" (die „Insider") Löhne oberhalb des Gleichgewichtslohnes durchsetzen. Dies können sie tun, weil ihnen die Gewerkschaften Verhandlungsmacht bei den Tarifverhandlungen geben (Streikrecht), die die Arbeitslosen (die „Outsider") nicht haben. Die Insider nutzen ihre Macht aus, vermindern dadurch aber gleichzeitig die Einstellungschancen für die Outsider. Die Unternehmer können jedoch nicht einfach Insider entlassen und Outsider zu geringeren Löhnen einstellen, da dies gesetzlich verboten (Tarifrecht, Kündigungsschutz) bzw. mit hohen Kosten (Abfindungen, Einarbeitungskosten) verbunden ist.

Stefan Prochnow, eigener Text nach: Dennis J. Snower: Vorlesung Arbeitsmarktökonomik II, Wintersemester 2009/10, Institut für Weltwirtschaft an der Universität Kiel

M3 Arbeiter sind keine Artischocken

Arbeiter sind nicht anders als Artischocken. Oder Autos. Oder Brötchen. Sie sind eine Ware. Auch sie unterliegen den Marktkräften. Auch für sie gilt das Gesetz von Angebot und Nachfrage. Jeder Politiker, jeder Gewerkschafter, der sich dieser unangenehmen Wahrheit verschließt, ist mit schuld am größten Problem der Bundesrepublik Deutschland: der Arbeitslosigkeit.

So oder so ähnlich argumentiert die Mehrzahl der deutschen Wirtschaftswissenschaftler. Klingt ja auch logisch: Wenn es auf dem Gemüsemarkt zu viele Artischocken gibt, muss der Preis sinken, dann verschwindet das Überangebot. Wenn auf dem Arbeitsmarkt ein Überangebot besteht, muss der Lohn sinken. Dann verschwindet die Arbeitslosigkeit. […]

Es gilt: Wenn der Preis eines bestimmten Produkts höher liegt, als es den Marktkräften entspräche, wird es zwar von vielen Leuten angeboten, aber nur von wenigen nachgefragt. Die Bäcker und Gemüsehändler bleiben dann auf ihrer Ware sitzen. Erst wenn der Preis des Produktes sinkt, nimmt die Zahl der Anbieter ab, die Zahl der Käufer steigt, der Markt gelangt wieder ins Gleichgewicht.

Diese Theorie entspricht durchaus der Realität. Allerdings nur, wenn es um Artischocken oder Brötchen geht.

Denn Gemüse hat keinen Stolz. Es will sich nicht selbst verwirklichen. Es muss auch keine Familie ernähren. Auf dem Arbeitsmarkt aber spielen solche Dinge eine wichtige Rolle. Vor allem, wenn es um die Frage geht, wie viele Leute eine Arbeit suchen.

Noch 1970 strebten in Deutschland lediglich 48 von 100 Frauen im Alter zwischen 25 und 55 Jahren auf den Arbeitsmarkt. Heute sind es 80. Gemäß der ökonomischen Theorie kann dies nur einen Grund haben: Die Löhne sind so stark gestiegen, dass es sich nun auch für Frauen lohnt, eine Arbeit aufzunehmen. In Wahrheit stagnieren die Löhne inflationsbereinigt seit mehr als zehn Jahren. Trotzdem drängen mehr und mehr Frauen auf den Arbeitsmarkt. Den meisten geht es nicht so sehr ums Geld. Anders als früher haben sie keine Lust auf ein Leben als Hausfrau. Sie wollen, was ihre Männer auch wollen: einen Beruf. Die Folge: Das Arbeitsangebot nimmt nicht ab, sondern zu, die Konkurrenz um die offenen Stellen sinkt nicht, sondern steigt. Trotz Lohnzurückhaltung.

Oder auch gerade deswegen. Ein Facharbeiter, der plötzlich kein Weihnachtsgeld mehr bekommt, müsste gemäß der ökonomischen Theorie weniger arbeiten, nach dem Motto: „Es lohnt sich ja nicht mehr so wie früher." In der Realität aber hat dieser Arbeiter eine Frau und vielleicht zwei oder drei Kinder. Er wird deshalb nicht weniger, sondern sogar noch mehr arbeiten als früher, um den Verdienstausfall auszugleichen. Er wird sich zum Beispiel bei einer Wachfirma für einen Nebenjob bewerben und dort so manchen Ungelernten verdrängen, der dann auf der Straße steht.

Lohnzurückhaltung kann also das Arbeitsangebot und damit die Arbeitslosigkeit noch erhöhen, statt sie zu senken.

Ähnlich verzwickt verhält es sich mit der Arbeitsnachfrage. Einerseits möchte jedes Unternehmen seinen Mitarbeitern möglichst wenig bezahlen. Andererseits ist den meisten Unternehmern bewusst, dass sie Menschen beschäftigen und kein Gemüse. Sie wissen: Während es der Artischocke egal ist, wie viel sie kostet, hat der Mensch ein Gespür für Gerechtigkeit und Fairness. Hält ein Mitarbeiter sein Gehalt für unverschämt niedrig, bringt er weniger Leistung. Er wird unproduktiv, das Unternehmen verliert Einnahmen. Also zahlt es lieber etwas höhere Löhne. [...]

Arbeit ist eben anders als alle anderen Waren, und das simple Drehen an der Lohnschraube hilft nicht weiter, auch wenn viele hiesige Ökonomen das nicht wahrhaben wollen.

Vielleicht sollten sie auf einen ihrer amerikanischen Kollegen hören: den Nobelpreisträger Robert Solow. Der forderte schon vor fünfzehn Jahren, die Wirtschaftswissenschaftler müssten endlich ihren Horizont erweitern.

Er drückte es so aus: „Arbeiter sind keine Artischocken."

Wolfgang Uchatius: Arbeiter sind keine Artischocken, in: DIE ZEIT vom 5. Januar 2006, www.zeit.de/2006/02/Argument_02, aufgerufen am 23. Mai 2010

M4 Ursachen der Arbeitslosigkeit aus keynesianischer Sicht

Im Gegensatz zu den liberalen Theorien führt die keynesianische Wirtschaftstheorie die Arbeitslosigkeit bzw. einen Teil der Arbeitslosigkeit auf mangelnde Nachfrage nach Sachgütern und Dienstleistungen zurück. Die Löhne stellen zwar aus der Sicht der Unternehmer Kosten dar, aus Sicht der Arbeitnehmer und Konsumenten aber Einkommen. Im Falle konjunktureller Arbeitslosigkeit in einer Rezessionsphase wird die Arbeitslosigkeit noch verstärkt, wenn – wie von der liberalen Theorie nahe gelegt – die Löhne sinken, da dann die gesamtwirtschaftliche Nachfrage zurückgeht, weil den Konsumenten Kaufkraft fehlt, um mehr Waren und Dienstleistungen zu kaufen. Dies führt in eine Abwärtsspirale, da die Unternehmer bei sinkenden Umsätzen weitere Arbeitskräfte entlassen. Lohnkürzungen sind aus keynesianischer Sicht auch deswegen abzulehnen, weil der Lohn die materielle Lebensgrundlage der Menschen darstellt. Sinkt der Lohn, so müssten Erwerbsfähige aus den unteren Einkommensgruppen ihre Arbeitszeit erhöhen, um die eigenen Lebenshaltungskosten decken zu können. Die liberale Annahme, dass das Arbeitskräfteangebot bei sinkendem Lohn zurückgeht, ist darum falsch. Insofern wäre aus keynesianischer Sicht in einer Rezessionsphase eigentlich eine Lohnerhöhung sinnvoller. Da die Durchsetzung von Lohnerhöhungen im konjunkturellen Abschwung aber nicht möglich sein dürfte, soll der Staat mit seinen Staatsausgaben die fehlende private Nachfrage ersetzen und mit seinen Staatsaufträgen für Aufträge sorgen und somit zum Abbau der Arbeitslosigkeit beitragen.

Stefan Prochnow, eigener Text

M5 Drei psychologische Gesetzmäßigkeiten (Keynes)

Insbesondere die Investitionen der Unternehmer unterliegen erheblichen Schwankungen, was Keynes mit drei **psychologischen Gesetzmäßigkeiten** erklärt:

Sinkender Hang zum Verbrauch: In einer wachsenden Volkswirtschaft erhöht sich der Konsum nicht in gleichem Maße wie die Einkommen. Vielmehr steigt der Anteil des Einkommens, der gespart wird (Sparquote).

Steigende Liquiditätsvorliebe: Ein Teil dieser Ersparnisse wird nun aber nicht bei Banken gespart, von wo aus das Geld als Kredit an Unternehmen weitergegeben werden könnte, sondern als Bargeld gehalten. Infolgedessen bleiben Kredite knapp und die Zinsen relativ hoch.

Sinkende Investitionsneigung: Da einerseits die Zinsen für Kredite relativ hoch sind, andererseits die Absatzchancen für zusätzliche Produkte nur mäßig gut sind, investieren die Unternehmen kaum. Die fehlende Nachfrage vor allem nach Investitionsgütern wie Maschinen und Anlagen kann der Auslöser für eine Wirtschaftskrise und Arbeitslosigkeit sein.

nach Ludwig Helbig/Bernhard Keller: Politik im Aufriss. Sekundarstufe II. Diesterweg, Frankfurt am Main 1987, S. 251

M6 Abwärtsspirale nach Keynes

Arbeitsaufträge

1. Erklären Sie das liberale Arbeitsmarktmodell!
2. Erläutern Sie die keynesianische Begründung von Arbeitslosigkeit!
3. Erläutern Sie, was geschieht, wenn in einer geschlossenen Volkswirtschaft mehr gespart als investiert wird!
4. Nehmen Sie jeweils zur liberalen und zur keynesianischen Erklärung von Arbeitslosigkeit kritisch Stellung!

2.3.3 Konjunktur und Beschäftigung

Die Mehrheit der Wirtschaftswissenschaftler und Politiker geht davon aus, dass Wirtschaftswachstum für mehr Beschäftigung sorgt.

Ein jährlicher Zuwachs des → **realen Bruttoinlandsprodukts** von 1,5% (sogenannte **Beschäftigungsschwelle**) wird dabei in Deutschland als notwendig erachtet, um eine Zunahme der Arbeitslosigkeit zu verhindern. Bei einem geringeren Wirtschaftswachstum werden aufgrund der jährlich steigenden Arbeitsproduktivität Arbeitskräfte entlassen (**jobless growth**).

Abb. 46.1: Wahlplakat der CDU zur Bundestagswahl 2005

M1 Sockelarbeitslosigkeit

Der Begriff Sockelarbeitslosigkeit bezeichnet das in der Bundesrepublik vor allem in den 1980er- und 90er-Jahren zu beobachtende Phänomen, dass bei einem Konjunkturabschwung (Rezession) die Arbeitslosigkeit deutlich zunimmt, in dem darauffolgenden Aufschwung aber nicht wieder auf das Ausgangsniveau von vor der Rezession zurückgeht. Grafisch entsteht das Bild einer treppenförmig steigenden Arbeitslosigkeit. Für die betroffenen Personen bedeutet Sockelarbeitslosigkeit oft Langzeitarbeitslosigkeit, weil sie auch im Aufschwung nicht wieder eingestellt werden. Die Sockelarbeitslosigkeit wird häufig als Beispiel für einen **Hysterese-Effekt** genannt. Ein Hysterese-Effekt liegt immer dann vor, wenn eine Auswirkung (Arbeitslosigkeit u.a. als Folge eines konjunkturellen Abschwungs) auch dann fortbesteht, wenn die Ursache bzw. der Auslöser sich nicht fortsetzt.

Stefan Prochnow, eigener Text

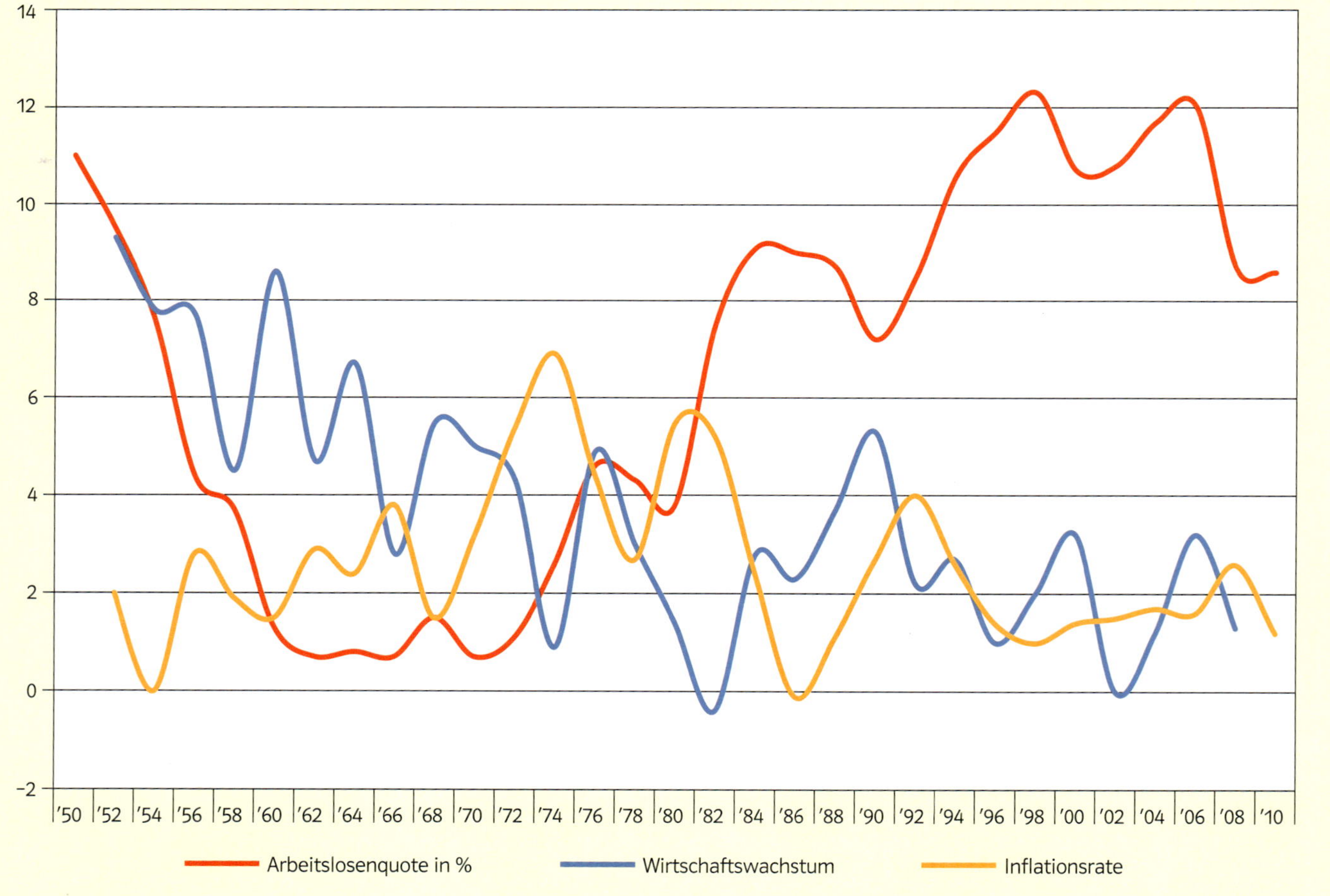

Arbeitslosenquote:	Arbeitslose in %, bezogen auf abhängige zivile Erwerbspersonen, bis 1991 nur Westdeutschland, Jahresdurchschnitt (Bundesagentur für Arbeit)
Wirtschaftswachstum:	Zuwachs des realen Bruttoinlandsprodukts in %, bis 1960 Westdeutschland ohne Saarland und Berlin (West), 1961 bis 1991 Westdeutschland (Statistisches Bundesamt)
Inflationsrate:	Verbraucherpreisindex (Deutsche Bundesbank)

Abb. 46.2: Arbeitslosenquote, Wirtschaftswachstum und Inflationsraten 1950–2010

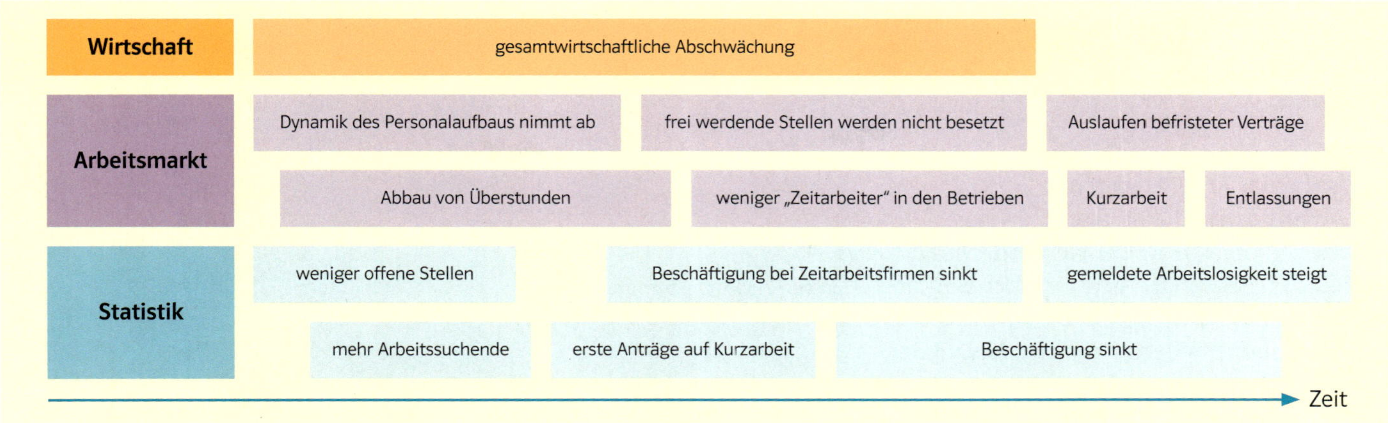

Abb. 47.1: Arbeitsmarkt im konjunkturellen Abschwung, verändert nach Bundesagentur für Arbeit: Frühindikatoren für den Arbeitsmarkt (Analytikreport der Statistik), April 2010, S. 37

M2 Wachstum schafft noch keine Arbeit

Seit den Siebzigerjahren ist man allgemein überzeugt, Wirtschaftswachstum sei eine unabdingbare Voraussetzung für die Funktionsfähigkeit demokratisch verfasster Industrienationen.

Erstens: Erlauben es die tatsächlichen Entwicklungen und Erfahrungen der zurückliegenden rund 50 Jahre, von einem verlässlichen Zusammenhang zwischen Wirtschaftswachstum und Beschäftigung auszugehen, der auch staatliche Maßnahmen zur Förderung des Wachstums rechtfertigen kann?

Zweitens: Dürfen wir die Zukunft unseres Landes auf dauerhaftes angemessenes Wirtschaftswachstum gründen?

Wie die Erfahrungen aus der zweiten Hälfte des letzten Jahrhunderts zeigen, lässt sich jedenfalls für Deutschland ein verlässlicher Zusammenhang zwischen Wirtschaftswachstum und Beschäftigung nicht nachweisen. Die Untersuchungen der Sächsisch-Bayerischen Zukunftskommission in der zweiten Hälfte der Neunzigerjahre und die Arbeiten ihres Vorsitzenden, Professor Meinhard Miegel, zeigen vielmehr: Mit dem historisch einmaligen Zuwachs des BIP in der zweiten Hälfte des 20. Jahrhunderts vollzog sich ein ebenso eindrucksvoller Rückgang der Arbeitsmenge, die erforderlich war, das BIP zu erwirtschaften.

Zwischen 1950 und 1975 stieg das Pro-Kopf-Volkseinkommen real auf annähernd das Vierfache. Das Pro-Kopf-Arbeitsvolumen nahm um ein Viertel ab. Von 1976 bis 2000 erhöhte sich das Pro-Kopf-Volkseinkommen noch um weitere 43 Prozent. Das Arbeitsvolumen sank demgegenüber lediglich um zehn Prozent. Verursacht wurde diese gegenläufige Entwicklung durch den besonders hohen Wissens- und Kapitaleinsatz. Mit seiner Hilfe werden in Deutschland Güter und Dienstleistungen mit einer im internationalen Vergleich besonders geringen Arbeitsmenge erwirtschaftet.

Zwar ist in Japan oder den USA das Pro-Kopf-BIP größer als in Deutschland. Die Arbeitsmenge, mit der es erarbeitet wird, ist jedoch laut Angaben der OECD in diesen Ländern um rund 40 Prozent höher als in Deutschland. Die geringere Kapitalintensität erfordert mehr Beschäftigung. Dennoch hat bisher niemand in Deutschland eine Reduktion des Einsatzes von Kapital und Wissen gefordert, um auf diese Weise für mehr Beschäftigung zu sorgen.

Worum es deshalb geht, ist nicht, mehr Wachstum für mehr Beschäftigung zu fordern. Wir sollten uns vielmehr die Frage stellen, warum sich der hohe Einsatz von Wissen und Kapital nicht zum Wohle unseres Landes und seiner Menschen auswirkt, sondern zum Nachteil vieler Arbeitsloser. Sie wird uns zu den eigentlichen Defiziten unserer Arbeitsmarktpolitik führen und uns zugleich von dem weiteren Versuch abhalten, diese Defizite durch ständig neue Forderungen nach Wachstum auszugleichen.

Kurt Biedenkopf: Wachstum schafft noch keine Arbeit, in: DIE ZEIT Nr. 49 vom 24. November 2004

Abb. 47.2: Karikatur Jan Tomaschoff, Düsseldorf/CCC

Arbeitsaufträge

1. Beschreiben Sie die Abb. 46.2! Überprüfen Sie die Aussage des Wahlplakats (Abb. 46.1), indem Sie die Entwicklung von Wirtschaftswachstum und Arbeitslosigkeit miteinander vergleichen und in Beziehung setzen!
2. Erläutern Sie mögliche Ursachen für Ihr Ergebnis bei Aufgabe 1!
3. Beschreiben und interpretieren Sie die Karikatur Abb. 47.2!
4. Erläutern Sie die Entwicklung des Arbeitsmarktes im Abschwung (Abb. 47.1) und erstellen Sie eine entsprechende eigene grafische Darstellung für den Aufschwung!
5. Überprüfen Sie anhand von Abb. 46.2, ob es eine Korrelation zwischen Arbeitslosigkeit und Inflation gibt (→ ***Phillips-Kurve***)!

Kompetent in Kürze: Erfassung, Ursachen und Folgen von Arbeitslosigkeit

Erfassung der Arbeitslosigkeit

Die Arbeitslosigkeit gilt als eines der dringendsten Probleme in Deutschland. Die von der Bundesagentur für Arbeit in Nürnberg **erfasste** und monatlich veröffentlichte **Arbeitslosenquote** errechnet sich aus der Anzahl der registrierten Arbeitslosen im Verhältnis zur Anzahl der Erwerbspersonen. Als Erwerbspersonen gelten alle Erwerbstätigen und die Arbeitslosen. Der Kreis der Erwerbstätigen kann unterschiedlich abgegrenzt werden: entweder als Anzahl aller zivilen Erwerbstätigen (also Arbeiter, Angestellte und verbeamtete Arbeitnehmer sowie selbstständige Unternehmer und Freiberufler) oder als Anzahl aller abhängig beschäftigten Arbeitnehmer (nur Arbeiter, Angestellte und Beamte; ohne die Gruppe der Selbstständigen).

Erwerbspersonen		Nichterwerbspersonen
• Soldaten ***Zivile Erwerbspersonen*** • Selbstständige (Unternehmer) • Angehörige freier Berufe (u. a. praktizierende Ärzte, freie Rechtsanwälte und Architekten) • Mithelfende Familienangehörige (der Selbstständigen und Freiberufler) ***Abhängig beschäftigte zivile Erwerbspersonen*** • Arbeitnehmer in einem Arbeitsverhältnis (Arbeiter, Angestellte, Beamte)		• Kinder • Schüler und Studenten • Rentner und Pensionäre • Frauen und Männer, die ausschließlich im eigenen Haushalt tätig sind
Arbeitslose, die einen Arbeitsplatz suchen		
Stille Reserve im engeren Sinne	Stille Reserve in arbeitsmarktpolitischen Maßnahmen	

Abb. 48.1: Personengruppen auf dem Arbeitsmarkt

Formen der Arbeitslosigkeit

Es lassen sich verschiedene Formen der Arbeitslosigkeit unterscheiden:

- **friktionelle Arbeitslosigkeit**: durch Arbeitsplatzwechsel oder durch den Berufseinstieg bedingte, meist kurzzeitige Such- und Übergangsarbeitslosigkeit.
- **saisonale Arbeitslosigkeit**: durch Klima- oder Produktionsbedingungen bedingt.
- **konjunkturelle Arbeitslosigkeit**: durch konjunkturelle Krisen bedingt.
- **strukturelle Arbeitslosigkeit**: ausgelöst durch ein dauerhaftes Missverhältnis von Arbeitskräfteangebot und -nachfrage bezüglich Region, Branche oder Qualifikation (Mismatch-Arbeitslosigkeit).

Die in Deutschland zu beobachtende Langzeitarbeitslosigkeit ist vor allem auf die strukturelle Arbeitslosigkeit zurückzuführen. Dabei sind besonders gering qualifizierte Arbeitskräfte betroffen. Diese Erwerbslosen im Zeitalter der Globalisierung wieder in den Arbeitsmarkt zu integrieren, ist die gegenwärtig größte Herausforderung auf dem deutschen Arbeitsmarkt.

Folgen der Arbeitslosigkeit

Arbeitslosigkeit stellt sowohl für die Betroffenen und ihre Familien, bei länger anhaltender Massenarbeitslosigkeit aber auch gesamtwirtschaftlich und gesellschaftspolitisch eine erhebliche Belastung dar. Kosten entstehen durch passive arbeitsmarktpolitische Maßnahmen wie Arbeitslosengeld I und II („Hartz IV") und durch aktive arbeitsmarktpolitische Maßnahmen wie z. B. Wiedereingliederungshilfen, Fortbildungsprogramme oder Arbeitsbeschaffungsmaßnahmen. Neben diesen Ausgaben bedingt die Arbeitslosigkeit jedoch auch Einnahmeverluste des Staates infolge von verringerten Steuereinnahmen und Beitragsausfällen in den Sozialversicherungskassen (Rentenversicherung usw.). Hinzu kommt, dass eine hohe Arbeitslosigkeit die gesamtwirtschaftliche Binnennachfrage begrenzt und dadurch die Gefahr einer sich selbst verstärkenden Abwärtsspirale droht.

Staatliche Ausgaben bzw. Mindereinnahmen je Arbeitslosen pro Jahr: 18.300 €
(Stand: 2010, Quelle: Statistisches Bundesamt)

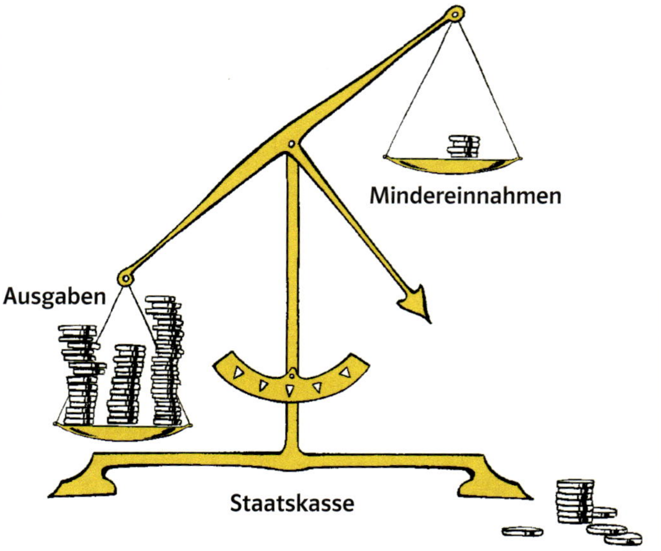

Ausgaben: 9 699,– €, davon für:
Arbeitslosengeld I/II: 6 204,– €
Beiträge Rentenversicherung: 1 647,– €
Beiträge Kranken- und Pflegeversicherung: 1 610,– €
Wohnungsmiete und Heizkosten (bei Hartz IV-Empfängern): 238,– €

Mindereinnahmen: 8 601,– €, davon Steuern (Einkommen- und Verbrauchsteuern): 3 770,– €
Rentenversicherung: 2 159,– €
Kranken- und Pflegeversicherung: 1 391,– €
Arbeitslosenversicherung: 1 281,– €

Abb. 48.2: Die wahren Kosten der Arbeitslosigkeit

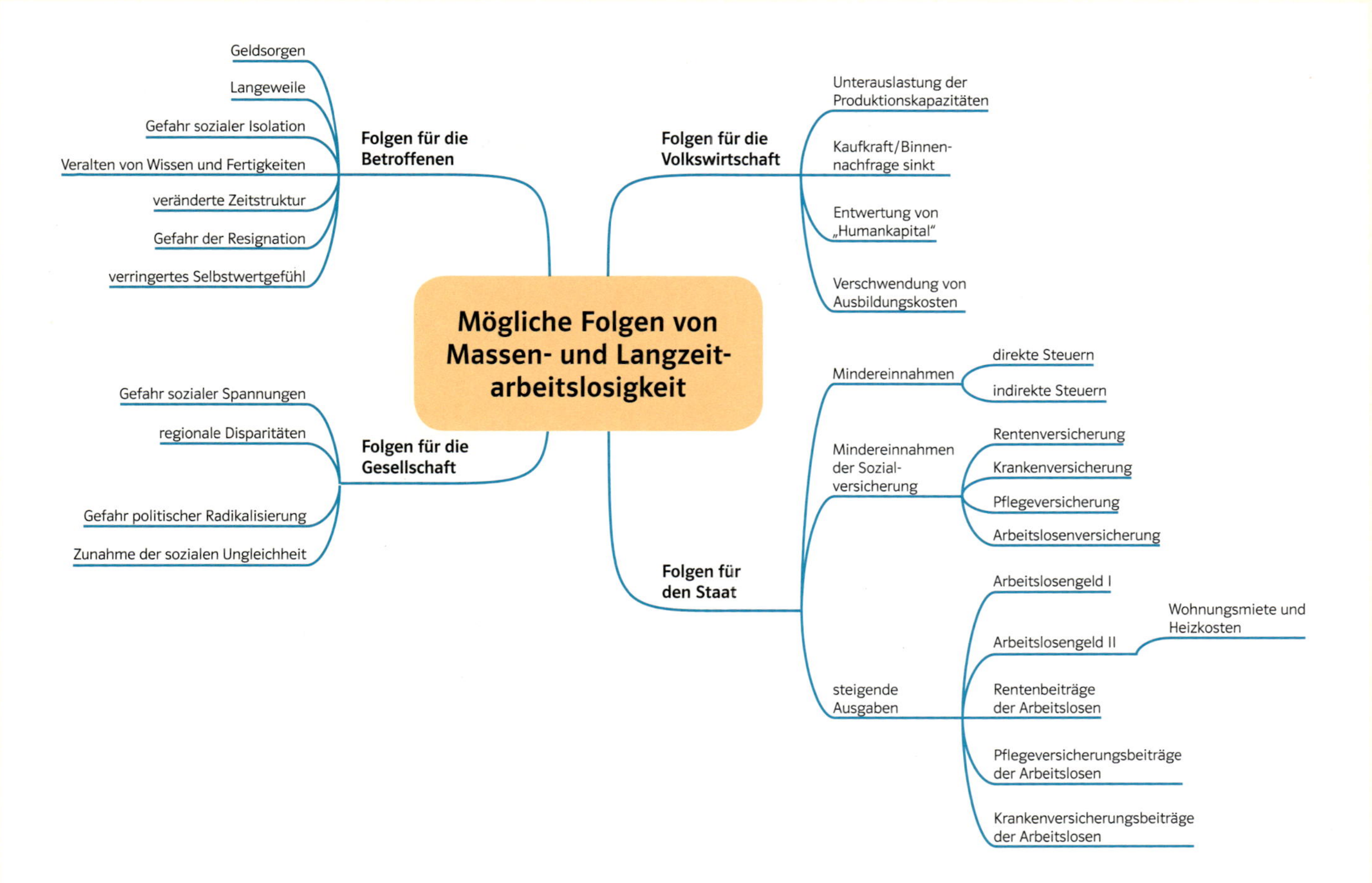

Abb. 49.1: Mögliche Folgen von Massen- und Langzeitarbeitslosigkeit

Ursachen der Arbeitslosigkeit

Die Analyse der Ursachen von Arbeitslosigkeit ist komplex, da je nach Erscheinungsform andere Ursachen vorliegen. Wirtschaftstheoretisch lassen sich zwei Erklärungsansätze unterscheiden, die vor allem die konjunkturelle bzw. die strukturelle Arbeitslosigkeit zu erklären versuchen.

Angebotsorientierte Theorie

Nach der **klassischen** und **liberalen** Auffassung gäbe es keine lang anhaltende Arbeitslosigkeit, wenn bei einem Überangebot an Arbeitskräften die Löhne sinken würden. Dann würde nämlich die Anzahl der Erwerbsfähigen, die Arbeit suchen, sinken, während die Nachfrage nach Arbeitskräften durch die Unternehmen stiege. Ursache für Dauerarbeitslosigkeit seien nach der angebotsorientierten Theorie also **zu hohe Löhne**.

Nachfrageorientierte Theorie

Im Gegensatz zu der liberalen Theorie führt die **keynesianische** Wirtschaftstheorie die Arbeitslosigkeit bzw. einen Teil der Arbeitslosigkeit auf **mangelnde Nachfrage** zurück. Die Löhne stellen zwar aus Sicht der Unternehmer Kosten dar, aus Sicht der Arbeitnehmer und Verbraucher aber Einkommen. Im Falle konjunktureller Arbeitslosigkeit in einer wirtschaftlichen Abschwungphase würde die Arbeitslosigkeit noch höher, wenn – wie von der liberalen Theorie gefordert – die Löhne sinken, da dann die Kaufkraft der Menschen und damit die gesamtwirtschaftliche Nachfrage zurückgingen. Den Verbrauchern fehle dann das Geld, um mehr Waren und Dienstleistungen zu kaufen. Dies führe laut Keynes in eine Abwärtsspirale, da die Unternehmer bei sinkenden Umsätzen weitere Arbeitskräfte entlassen.

Lohnkürzungen sind aus Sicht der nachfrageorientierten Wirtschaftspolitik auch deswegen abzulehnen, weil der Lohn die materielle Lebensgrundlage der Menschen darstellt. Sinkt der Lohn, so müssten Erwerbsfähige aus den unteren Einkommensgruppen ihre Arbeitszeit sogar erhöhen, um die eigenen Lebenshaltungskosten decken zu können. Die liberale Annahme, dass das Arbeitskräfteangebot bei sinkendem Lohn zurückgeht, ist daher aus keynesianischer Sicht falsch. Insofern wäre aus nachfrageorientierter Sicht in einer Rezessionsphase eigentlich eine Lohnerhöhung sinnvoll. Da die Durchsetzung von Lohnerhöhungen im konjunkturellen Abschwung aber nicht möglich sein dürfte, soll der Staat mit seinen Staatsausgaben die fehlende private Nachfrage vorübergehend ersetzen. So soll er mit seinen Staatsaufträgen für Aufträge in der Privatwirtschaft sorgen und auf diese Weise zum Abbau der Arbeitslosigkeit beitragen.

Online-Link
Musterklausur
006590-0049

2.4 Arbeitsmarkt- und Beschäftigungspolitik

Bei der Bekämpfung der Arbeitslosigkeit unterscheidet man zwischen Arbeitsmarkt- und Beschäftigungspolitik. Die **aktive Arbeitsmarktpolitik** setzt bei den Erwerbspersonen an und versucht deren Beschäftigungschancen zu verbessern (bessere Information, Beratung und Vermittlung, Umschulungen und sonstige Qualifizierungsmaßnahmen). Die **passive Arbeitsmarktpolitik** sorgt dafür, dass Arbeitslose sozial abgesichert werden (Arbeitslosengeld).
Die **Beschäftigungspolitik** setzt dagegen im Wesentlichen bei den Arbeitsplätzen an und versucht die Nachfrage nach Arbeitskräften zu steigern (Maßnahmen zur Förderung der Produktion und des Wirtschaftswachstums, Konjunkturpolitik).
Nicht alle Faktoren stehen dabei unter dem direkten Einfluss der staatlichen **Wirtschaftspolitik**. Über Einstellungen und Entlassungen entscheiden letztlich die **Unternehmen**. Die **Tariflöhne** werden von Gewerkschaften und Arbeitgeberverbänden ausgehandelt.
Nicht nur zwischen den politischen Parteien, auch zwischen verschiedenen Wirtschaftswissenschaftlern ist umstritten, welcher Weg zu mehr Beschäftigung führt. Dabei lassen sich zwei verschiedene Grundrichtungen unterscheiden: Können mehr Wachstum und mehr Beschäftigung eher durch Eingriffe des Staates (mehr Staatsausgaben, Konjunkturprogramme) und mehr Nachfrage der privaten Haushalte (Lohnsteigerungen, staatliche Sozialleistungen) geschaffen werden, wie es die auf John Maynard Keynes zurückzuführende **nachfrageorientierte Wirtschaftspolitik** fordert? Oder liegen die Voraussetzungen für mehr Wachstum und weniger Arbeitslosigkeit eher in verbesserten Produktionsbedingungen für die Unternehmen (z. B. Lohnzurückhaltung, Reduzierung von Steuern und Sozialversicherungsabgaben, gelockerter Kündigungsschutz und weniger Bürokratie – wie es die liberale, **angebotsorientierte Wirtschaftspolitik** behauptet?

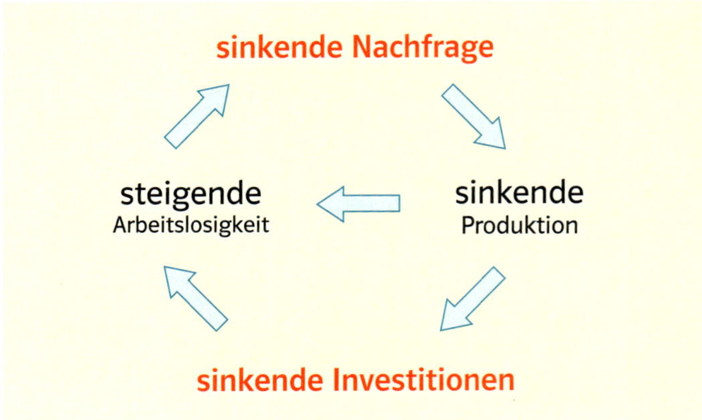

Abb. 50.2: Teufelskreis der Rezession

2.4.1 Nachfrageorientierte Wirtschaftspolitik

M1 Nachfrageorientierte Theorie

Seit Jahrzehnten wird in Wissenschaft und Politik darüber gestritten, auf welche Weise die Ziele des magischen Vielecks, insbesondere ein gleichmäßiges Wirtschaftswachstum und eine möglichst geringe Arbeitslosigkeit, zu verwirklichen sind. Hierbei sind die Vorschläge meist einer der beiden vorherrschenden wirtschaftspolitischen Theorien zuzuordnen: der nachfrageorientierten oder der angebotsorientierten Theorie.

Abb. 50.1: John Maynard Keynes (1883–1946)

Die **nachfrageorientierte Theorie** wurde nach den Erfahrungen der Weltwirtschaftskrise in den 1930er-Jahren von dem Engländer **John Maynard Keynes** entwickelt. Keynes geht davon aus, dass die Rezession und die Wirtschaftskrise sowie die damit verbundene Arbeitslosigkeit auf eine zu schwache Nachfrage zurückzuführen sind. Wenn Privathaushalte und Unternehmen zu wenig konsumieren bzw. investieren, droht eine wirtschaftliche Abwärtsspirale, ein Teufelskreis. Dies könne, so Keynes, nur der Staat mit seiner → **Finanzpolitik** verhindern. Wenn die private Nachfrage zu gering ist, die Wirtschaft daher kaum wächst und die Arbeitslosigkeit zunimmt, soll der Staat seine Ausgaben erhöhen und verstärkt öffentliche Aufträge, z. B. für den Straßenbau, erteilen. Man spricht dann von einer **antizyklischen Finanz- oder Fiskalpolitik.** Außerdem soll der Staat die Steuern senken, um die private Nachfrage und die Investitionen der Unternehmen anzuregen. Daraus folgt, dass der Staat in wirtschaftlich schwachen Zeiten mehr Geld ausgeben soll, als er einnimmt, also Kredite aufnehmen muss **(Deficit spending)**. Allerdings sieht die Keynesianische Theorie auch vor, dass der Staat in Zeiten des Aufschwungs und der Hochkonjunktur, wo die private Nachfrage und die Investitionen auch ohne staatliches Zutun hoch genug sind, seine Ausgaben wieder reduziert und die Steuern erhöht. Dadurch sollen die konjunkturellen Schwankungen gedämpft und die Schulden des Staates wieder abgebaut werden.

Die antizyklische Finanzpolitik soll gemäß der nachfrageorientierten Theorie durch die → **Geldpolitik** der Zentralbank ergänzt werden. Die Sparkassen und Geschäftsbanken vergeben Kredite. Das Geld für diese Kredite stammt teilweise von Anlegern, die Spareinlagen bei der Bank oder Sparkasse haben. Doch meistens beschaffen sich die Banken und Sparkassen zusätzliches Geld zur Kreditvergabe bei der Zentralbank, in Europa bei der Europäischen Zentralbank (EZB) in Frankfurt am Main. Die Zentralbank als „Bank der Banken" verschenkt das Geld natürlich nicht, sondern verlangt dafür Sicherheiten und Zinsen, die sogenannten **Leitzinsen.** Die Höhe der Leitzinsen wird in Europa von der EZB unabhängig festgelegt. Dabei ist es die vorrangige Aufgabe der EZB, die Preisniveaustabilität in Europa zu gewährleisten. Sie muss daher unter anderem darauf achten, dass die nachfragewirksame Geldmenge entsprechend der Gütermenge wächst, damit übermäßige Inflation oder Deflation vermieden werden. Nachfrageorientierte Wirtschaftspolitiker fordern jedoch, dass die Zentralbank ihre Leitzinsen zur Konjunktursteuerung **(Globalsteuerung)** einsetzen soll. In Zeiten schwächerer Konjunktur soll die Zentralbank die Leitzinsen senken. Dann können auch die Geschäftsbanken billigere Kredite an ihre Kunden vergeben, die damit zu größeren, kreditfinanzierten Anschaffungen (z. B. Autokauf,

Wohnungserwerb) bzw. zu Investitionen in ihr Unternehmen angeregt werden. Wenn die Banken bei der Zentralbank billigere Kredite bekommen, brauchen sie auch nur noch geringere Zinsen an ihre Sparkunden zahlen. Auch das ist durchaus im Interesse der Nachfragetheoretiker, denn wenn sich Sparen weniger lohnt, wird der Konsum ausgedehnt, die Wirtschaft wächst, die Arbeitslosigkeit sinkt. Im Falle einer (zu) gut laufenden Konjunktur mit Inflationsgefahr soll die Zentralbank dagegen ihre Leitzinsen erhöhen, um die Verbraucher und Unternehmen im Land zum Sparen zu animieren. Zur Ankurbelung der Nachfrage innerhalb eines Landes **(Binnennachfrage)** betonen Nachfragetheoretiker die Bedeutung der **Löhne**. Steigende Reallöhne seien ein möglicher Weg aus der Krise, da mehr Geld in Händen der Konsumenten zu mehr Nachfrage führe.

Stefan Prochnow, eigener Text

M2 Ursachen von Arbeitslosigkeit aus keynesianischer Sicht

Abb. 51.1: Ursachen eines Wachstums- und Beschäftigungsrückgangs aus keynesianischer Sicht

M3 Langfristig sind wir alle tot

Am 25. Oktober 1929, dem „Schwarzen Freitag", brachen in New York die Börsenkurse zusammen und rissen die Notierungen in allen westlichen Staaten mit nach unten. Über Nacht verloren Millionäre ihr Vermögen, Rentner ihre Ersparnisse. Hotelportiers fragten eintreffende Gäste, ob sie übernachten oder aus dem Fenster springen wollten. In der Folge kam es zur großen **Weltwirtschaftskrise**, der [damals] tiefsten Depression seit Beginn des Industriezeitalters mit einer noch nie erlebten Massenarbeitslosigkeit. Die führenden Ökonomen rieten den Regierungen, abzuwarten und bei den öffentlichen Ausgaben zu sparen. Der britische Nationalökonom **John Maynard Keynes** (1883–1946) hingegen forderte genau das Gegenteil. Er empfahl der britischen Regierung, sich bei den Banken Geld zu leihen und damit Aufträge an die Industrie zu finanzieren. Die aufgenommenen Kredite könne man in der dann folgenden Boomphase, wenn bei hoher Beschäftigung die Steuern reichlicher fließen, wieder zurückzahlen.

Das Keynes'sche Rezept des so genannten **Deficit spending** bildet heute einen normalen Bestandteil der Fiskalpolitik. Damals jedoch war es ein Frontalangriff gegen die herrschende Lehre der Klassiker, die staatliche Interventionen in den Wirtschaftsablauf ablehnten und darauf vertrauten, dass sich „auf lange Sicht" automatisch ein Gleichgewicht bei Vollbeschäftigung einstellen werde. Die von Keynes darauf gegebene Antwort ist Legende: „In the long run", bemerkte er, „we are all dead." Keynes, der – wenn es um sein Fachgebiet ging – keinerlei Zweifel am eigenen Urteil kannte, stellte die Grundpfeiler des klassischen Systems infrage: Das → **Say'sche Theorem** könne unter anderem deshalb nicht funktionieren, da die Leute Geld nicht nur halten, um damit Güter zu kaufen oder Wertpapiere zu erwerben (deren Gegenwert dann als Kredit den Investoren zufließt), sondern auch als Wertaufbewahrungsmittel in Form einer sogenannten **Spekulationskasse.** Durch dieses „Horten" von Geld kommt es zu einem effektiven Nachfrageausfall. Vor allem aber seien die Löhne nach unten nicht flexibel, sondern starr. Dadurch ist der zweite von den Klassikern behauptete Mechanismus der Anpassung in Richtung eines Gleichgewichts bei Vollbeschäftigung blockiert. [...]

Um die Vorstellungen des Keynesianismus zu erläutern, können wir [auf ein Beispiel] zurückgreifen, in dem ein Volk Güter im Wert von 1 Milliarde produziert und 100 Millionen des dabei entstehenden Einkommens spart. Anders als im System der Klassik ist nach Keynes jedoch keineswegs sichergestellt, dass das gesparte Geld bei der Bank angelegt (oder direkt investiert) wird. Vielmehr können die Sparer es für sinnvoll erachten, ihr Geld erst einmal liquide zu halten. Hierbei spielt der sogenannte **Effektivzins** – also der auf den Wertpapierkurs bezogene Zins – eine entscheidende Rolle. Wenn der (nominale) Zinssatz eines Wertpapiers 8 Prozent beträgt, und der Wertpapierkurs steigt von 100 auf 200 Euro, so sinkt der Effektivzins (die **Rendite**) von 8 auf 4 Prozent. Je höher nun die Kurse sind (je niedriger also die Renditen), desto mehr Menschen rechnen damit, dass die Kurse bald wieder sinken (bzw. die Renditen steigen). Deshalb warten sie ab, um im richtigen Augenblick in die Wertpapieranlage „einzusteigen". Bis dahin bleibt das Geld in der „Spekulationskasse", wird also gehortet. Diese Mittel sind nicht für die kreditweise Finanzierung von Investitionen verfügbar, sodass es zu einem Nachfrageausfall kommt. Wenn also, um im Beispiel zu bleiben, von den 100 Millionen Ersparnis 10 Millionen gehortet und nur 90 Millionen investiert werden, dann findet eine Produktion von 10 Millionen keinen Käufer. Daraufhin werden Unternehmer künftig weniger produzieren, es entsteht Arbeitslosigkeit.

Die Existenz der Spekulationskasse ist ein Grund dafür, dass Keynesianer die Wirksamkeit der Geldpolitik skeptisch beurteilen. Wenn nämlich ein (seitens der Zentralbank) erhöhtes Geldangebot gehortet wird, kommt es zu keiner Zinssenkung und damit auch zu keiner Investitionszunahme. Diese Situation wird als **Liquiditätsfalle** bezeichnet. Daneben werden die Unternehmen selbst bei sinkenden Zinsen nicht zu Neuinvestitionen bereit sein, wenn sie **pessimistische Erwartungen** hinsichtlich der zu erzielenden Gewinne hegen.

Herbert Sperber: Wirtschaft verstehen – nutzen – gestalten. Schroedel-Verlag, Hannover 2002, S. 95–97

M4 Wann investiert ein Unternehmer – und wann nicht?

Keynes sieht die Ursache für Konjunkturschwankungen letztlich in den Schwankungen der **Investitionen** von Privatunternehmen begründet. [...] Bei seiner Investitionsentscheidung vergleicht der Unternehmer die erwartete **Kapitalrendite** für den Fall, dass er eine bestimmte Geldsumme in eine Erweiterung seiner Firma investiert, mit der erwarteten Rendite für eine alternative Geldanlageform, z. B. für festverzinsliche **Wertpapiere** oder ein Sparbuch. Er investiert das Geld nur, wenn die erwartete Rendite bei der Investition deutlich größer ist als die Zinsen für die festverzinsliche Geldanlage, denn die Unsicherheit ist bei der Investition höher als bei der Geldanlage („Risikoaufschlag"). Die Rendite der Investition wird wiederum maßgeblich von den **Absatzmengenerwartungen, den Verkaufspreis- und Kostenerwartungen** des Unternehmens beeinflusst – ein Unternehmer produziert (und investiert) nur, wenn er auch eine entsprechende Nachfrage zu dem von ihm angesetzten Preis erwartet; da diese nicht mit Sicherheit vorhersehbar ist, spielt hier der **„unternehmerische Instinkt"** (Keynes spricht von „animal spirits") eine wichtige Rolle. Dieser wiederum wird mitunter stark von sozialpsychologischen Stimmungen und Medienberichten beeinflusst. [...]

Ist die Investition kreditfinanziert, ist auch die Höhe der Kreditzinsen bedeutsam, denn das Zinsniveau betrifft sowohl die Höhe der Kreditzinsen als auch das Niveau der Zinsen für Geldanlagen. [...]

Arbeitslosigkeit ist somit eine Folge zu geringer (Erweiterungs-)Investitionen und diese wiederum eine Folge von zu hohen Zinsen und vor allem von einer zu geringen (erwarteten) Nachfrage.

sinngemäß nach Peter Hampe: Zum Verhalten der privaten Investoren, in: derselbe (Hrsg.): Friedman contra Keynes. München 1984, S. 96 f.

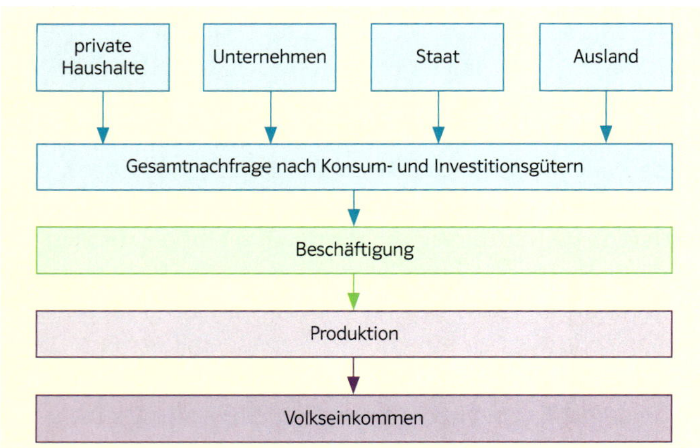

Abb. 52.1: Zusammenhang zwischen Gesamtnachfrage und Gesamtangebot nach Keynes

M5 Maßnahmen der nachfrageorientierten Politik

- **Erhöhung der staatlichen Güternachfrage**, wodurch die gesamtwirtschaftliche Güternachfrage unmittelbar beeinflusst wird,
- **Steuersenkungen**, die die verfügbaren Einkommen der privaten Haushalte und hierüber ihre Konsumgüternachfrage erhöhen,
- **Maßnahmen der Einkommensumverteilung** zugunsten einkommensschwacher Haushalte (z. B. durch Änderung der Steuergesetze, gesetzliche Mindestlöhne oder Erhöhung der Sozialleistungen), weil die niedrigen Einkommensgruppen hohe Konsumquoten aufweisen,
- **geldpolitische Maßnahmen,** die eine Senkung der nationalen Zinssätze bewirken, um hierüber die Investitionsneigung der Unternehmen und die private Nachfrage im Inland zu stimulieren,
- **lohnpolitische Appelle** an die Tarifparteien, um ein übermäßiges Absinken der Reallöhne zu verhindern („Konzertierte Aktion").

Stefan Prochnow, eigener Text

M6 Mögliche Maßnahmen nach dem Stabilitätsgesetz

Beschränkung der Kreditaufnahmen der öffentlichen Hand	zusätzliche öffentliche Ausgaben ggf. über Kredite finanziert („Deficit spending")
Streckung oder Zurückstellung von Investitionen	Beschleunigung geeigneter Investitionen („Konjunkturprogramme")
Erhöhung der Einkommen- bzw. Körperschaftsteuer für maximal 1 Jahr um bis zu 10 % (Konjunkturzuschlag)	Herabsetzung der Einkommen- bzw. Körperschaftsteuer für maximal 1 Jahr um bis zu 10 %
Beschränkung der Abschreibungsmöglichkeiten	Einführung von Investitionszulagen
Anpassung der Vorauszahlungen auf Einkommen- oder Gewerbesteuer nach oben	Anpassung der Einkommen- oder Gewerbesteuervorauszahlungen nach unten

Stefan Prochnow, eigene Zusammenstellung auf der Grundlage des Stabilitäts- und Wachstumsgesetzes

M7 Multiplikator- und Akzelerator-Effekte

In der Krise soll der Staat also investieren, Straßen und Häuser bauen, Bahntrassen verlegen, Krankenhäuser modernisieren und Ähnliches. Dadurch wird Nachfrage geschaffen, und zwar nicht nur in den unmittelbar betroffenen Branchen, sondern darüber hinaus **[Multiplikator-Effekt].** Ein Krankenhausbau gibt ja nicht nur dem Bauunternehmen Arbeit, sondern auch den Elektrikern, die die Leitungen verlegen, den Geräteherstellern für die Labore, den Wäscheherstellern für die Bettwäsche in den Krankenzimmern usw. Die Unternehmen machen Gewinne, sie stellen Arbeitskräfte ein, die wiederum Einkommen erzielen, das sie dann ausgeben. Sie kaufen sich beispielsweise ein Auto, wodurch in der Kraftfahrzeugindustrie wiederum Arbeitsplätze entstehen. Die dort beschäftigten Arbeitskräfte vergraben ihr Gehalt ja auch nicht im Garten, sondern geben es wiederum aus, kaufen sich beispielsweise eine neue Wohnzimmereinrichtung oder andere Konsumgüter. Hierdurch entstehen Arbeitsplätze in der Möbelindustrie. Und so weiter. [Wenn der Multiplikator-Effekt sehr kräftig ist, werden z. B. in der Kraftfahrzeug- oder Möbelindustrie vielleicht sogar zusätzliche Maschinen gekauft; dann profitiert auch die Investitionsgüterindustrie und man spricht von einem **Akzelerator-Effekt.**]

Die Staatsausgaben multiplizieren sich also und erhöhen die gesamtwirtschaftliche Nachfrage um ein Mehrfaches ihrer eigenen Höhe. Aus 100 Millionen Euro Staatsausgaben können so – je nachdem, wo das Geld investiert wurde – zwischen 300 Millionen und 500 Millionen Euro Nachfrage werden – und für zusätzliche Steuereinnahmen sorgen.

nach: Eckart D. Stratenschulte: Zeitbilder Wirtschaft in Deutschland. Bundeszentrale für politische Bildung, Bonn 2006, S. 59

M8 Die unsichtbare Hand ist unsichtbar, weil es sie nicht gibt

Wir wollen nunmehr gründlich mit den metaphysischen und allgemeinen Prinzipien aufräumen, auf die man von Zeit zu Zeit das Laisser-faire immer wieder aufbaut. Es ist *nicht* wahr, dass jedes Individuum eine vorgeschriebene „natürliche Freiheit" seiner wirtschaftlichen Tätigkeit besitzt. Es gibt keinen „Vertrag", der denen, die schon besitzen oder die noch erwerben, ewige Rechte überträgt. Die Welt wird von oben her *nicht* so regiert, dass private und allgemeine Interessen immer zusammenfallen. Sie wird von unten her *nicht* so verwaltet, dass diese beiden Interessen in der Praxis zusammenfallen. Aus den Prinzipien der Nationalökonomie folgt *nicht*, dass der aufgeklärte Egoismus immer zum allgemeinen Besten wirkt.

John Maynard Keynes: Allgemeine Theorie der Beschäftigung, des Zinses und des Geldes. Verlag August Raabe, Berlin 1955 (englisches Original 1936), S. 321

M9 Erfahrungen mit einer nachfrageorientierten Wirtschaftspolitik

1966/67 kam es in der Bundesrepublik Deutschland zur ersten schweren Rezession (Konjunkturrückgang) der Nachkriegszeit. Die Arbeitslosigkeit, die man schon überwunden glaubte, trat erneut auf, gleichzeitig erhöhte sich die Inflationsrate, während das Wirtschaftswachstum seine Dynamik verlor. [...]
Der Übergang zu einer nachfrageorientierten Stabilitätspolitik vollzog sich auf der Grundlage einer Problemanalyse des neuen Wirtschaftsministers Karl Schiller (SPD): Nach ihr reichten die Selbstheilungskräfte der Wirtschaft nicht aus, um Inflation und Arbeitslosigkeit zu verhindern, und die geldpolitischen Instrumente der Bundesbank wirkten zu langsam und nicht durchschlagend genug. Deshalb sollten die öffentlichen Haushalte eingesetzt werden, um die Konjunktur zu steuern (antizyklische Fiskalpolitik).
Die Konjunkturkrise von 1966/67 konnte mit diesem Konzept überwunden werden, aber einem kurzen Boom zu Beginn der 1970er-Jahre folgte 1974/75 erneut eine – europaweite – Rezession. Sowohl die Arbeitslosenquoten als auch die Inflationsraten, die durch Ölpreiserhöhungen ausgelöst wurden, stiegen an. Dieser Rezession folgte ein nur schwacher Aufschwung. In vielen Staaten kamen deshalb Zweifel auf, ob die antizyklische Fiskalpolitik noch dazu geeignet war, die Volkswirtschaft wieder auf Wachstumskurs zu bringen.

Hans-Jürgen Schlösser: Staatliche Handlungsfelder in einer Marktwirtschaft, in: Bundeszentrale für politische Bildung (Hrsg.): Informationen zur politischen Bildung Heft 294, Bonn 2007, S. 45

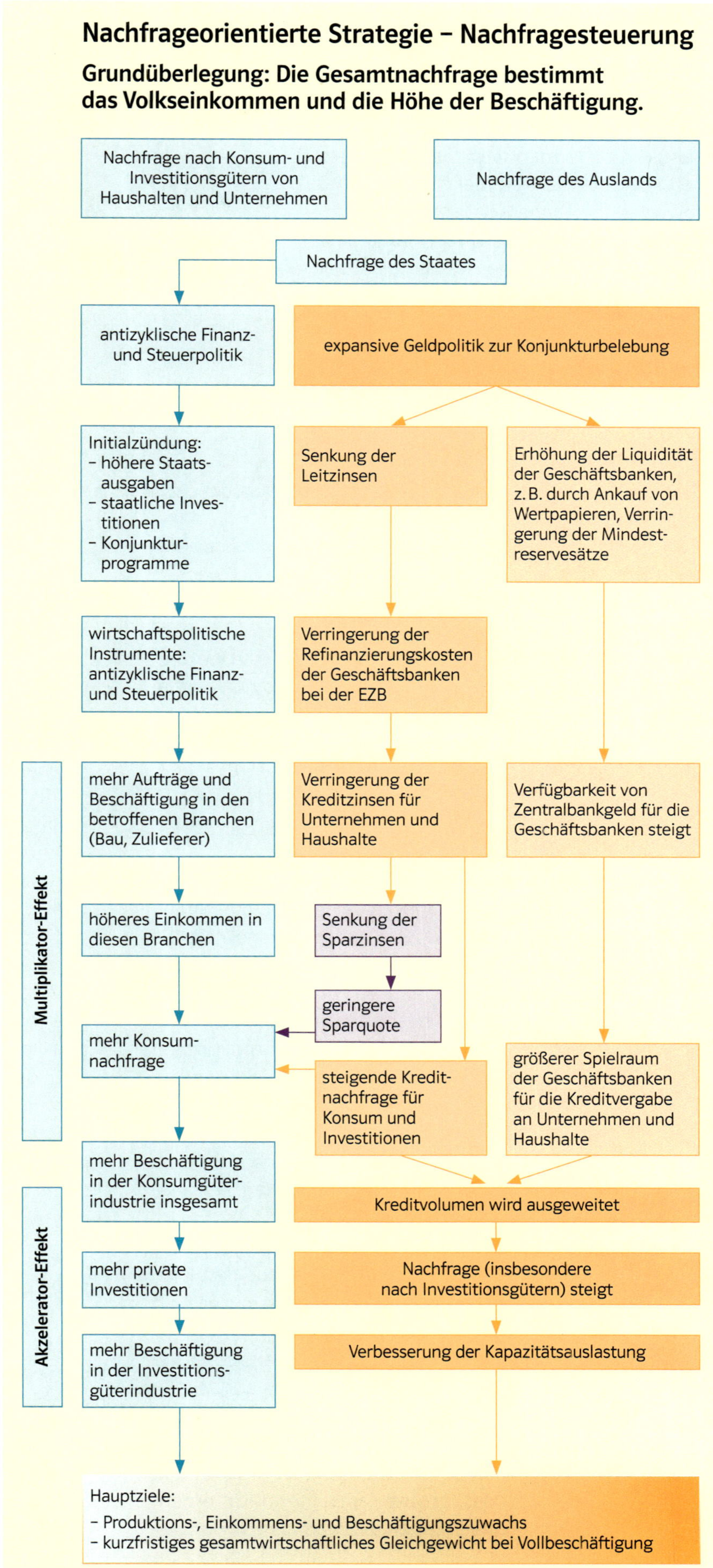

Abb. 53.1: Idealtypische Wirkung nachfrageorientierter wirtschaftspolitischer Maßnahmen zur Bekämpfung einer Rezession, Entwurf Stefan Prochnow in Anlehnung an: iwd, Deutscher Institutsverlag (ergänzt)

M10 Erfolgreiche Wirtschaftspolitik im Zeitalter der Globalisierung ist eine angebotsorientierte Strategie

Wenn man die Ursachen unserer anhaltenden Wachstumsschwäche nüchtern analysiert, stellt man fest: Sie liegen ganz überwiegenden Teils auf der Angebotsseite. Schwächelnde Binnennachfrage ist häufig nur Ausfluss unzureichender Angebotsbedingungen: zu hohe Steuerbelastung, überbordende Sozialabgaben, überhöhte Arbeitskosten (gemessen an der Produktivität), erdrückendes Regulierungsniveau – insbesondere auf dem Arbeitsmarkt –, um nur die Wichtigsten zu nennen. Hier muss eine wertschöpfungs- und beschäftigungsorientierte Wirtschaftspolitik ansetzen, und dies heißt Angebotspolitik. Eine konsequente angebotsorientierte Strategie ist gleichzeitig die beste Antwort auf die Herausforderungen der Globalisierung. Gerade die Globalisierung legt die Schwächen einer nachfrageorientierten Politik offen. Denn die einzelnen Volkswirtschaften müssen sich heute mehr denn je dem internationalen Standortwettbewerb stellen. Und die Wettbewerbsparameter dieser Standortkonkurrenz sind nun einmal die Angebotsbedingungen.

Bundesverband der Deutschen Industrie BDI (Hrsg.): Investieren und Produzieren in Deutschland. Für mehr Wertschöpfung am Standort Deutschland. Berlin 2005, S. 12 f.

Abb. 54.1: „Ist hier noch Platz?" (Karikatur Steffen Jähde, Berlin)

M11 Kritik an der antizyklischen Fiskalpolitik

- Der Einfluss der staatlichen Ausgabenpolitik und der Geldpolitik der Zentralbank ist mit **zeitlichen Verzögerungen** (time lags) verbunden. Es dauert zunächst eine Zeit, bis die statistischen Konjunkturindikatoren mit hinreichender Sicherheit einen Abschwung erfassen und dieser eine Größenordnung angenommen hat, die von Medien und Politik als Problem erkannt wird. Die konjunkturpolitischen Maßnahmen müssen beschlossen und umgesetzt werden. Dies dauert in der Regel mindestens mehrere Monate. Unter Umständen verstärkt die staatliche Einflussnahme dann noch die Konjunkturschwankungen, anstatt sie zu dämpfen, weil die beschlossenen Maßnahmen erst wirken, wenn die Rezession vom Aufschwung abgelöst wird. Die antizyklische Fiskalpolitik ist also darauf angewiesen, dass die Politiker ein bis zwei Jahre im Voraus den Konjunkturverlauf vorhersehen können – dies ist mit großen Unsicherheiten behaftet.
- Eine erhöhte staatliche Kreditnachfrage im Falle einer Rezession kann zu einer Verknappung des Geldes auf dem Finanzmarkt führen. Gemäß dem Marktgesetz von Angebot und Nachfrage steigt der Preis für Geld (also die Höhe der Kreditzinsen), wenn viel Geld nachgefragt wird. Steigende Zinsen bewirken aber, dass private Haushalte und Unternehmen weniger Kredite nachfragen und damit auch weniger konsumieren bzw. investieren. Die staatliche Nachfrage nach Geld verdrängt dann also die private Nachfrage, die man eigentlich unterstützen wollte (Verdrängungs- oder **crowding-out-Effekt**).
- Massive Erhöhungen der Staatsausgaben können die Preisniveaustabilität gefährden und zu **Inflation** führen.
- Deswegen ist mit der Einführung des Euros der **Europäische Stabilitäts- und Wachstumspakt** verbunden worden. Dieser begrenzt die jährliche Neuverschuldung der Staatshaushalte auf 3 % des Bruttoinlandsprodukts und den Gesamtschuldenstand auf 60 % des BIP. Damit ist das Deficit spending im Rahmen einer antizyklischen Konjunkturpolitik undurchführbar geworden. Die neu eingeführte „**Schuldenbremse**" im Grundgesetz (Art. 109 Abs. 3) beschränkt die Kreditaufnahme von Bund und Ländern ebenfalls, auch wenn konjunkturbedingte Ausnahmen erlaubt bleiben.
- Aus **wahltaktischen Überlegungen** neigen Politiker eventuell dazu, expansive Staatsausgaben fortzuführen, obwohl konjunkturell längst eine restriktivere Finanzpolitik angezeigt wäre. Steuererhöhungen und Senkungen der Staatsausgaben sind insbesondere in Wahlkampfzeiten aber unbeliebt und werden daher hinausgezögert oder gänzlich vermieden. Dies ist eine weitere Erscheinungsform des möglichen Staats- oder **Politikversagens**.
- Daraus folgt mittelfristig eine immer weiter ansteigende **Staatsverschuldung**. Allein durch die hohen Zinsbelastungen wird der Spielraum der staatlichen Investitionen und damit der Globalsteuerung immer stärker eingeschränkt.

Stefan Prochnow, eigener Text

M12 Theorie der rationalen Erwartungen (rational choice)

Es gibt [...] Einwände [gegen die nachfrageorientierte Wirtschaftspolitik], die staatliche Eingriffe deshalb für wirkungslos halten, weil davon ausgegangen wird, dass sich Wirtschaftsteilnehmer veränderten Situationen anpassen, sodass die Wirkung der Eingriffe verpufft. Bei z. B. einer expansiven Konjunkturpolitik stellen sich die Konsumenten auf steigende Preise ein und werden als Arbeitnehmer in Tarifverhandlungen höhere Löhne fordern, die die Unternehmen mit höheren Preisen auffangen werden. Eine entstehende Lohn-Preis-Spirale lähmt aber die intendierte expansive Wirkung.

Hans Kaminski (Hrsg.): Ökonomie. Grundfragen wirtschaftlichen Handelns. Westermann Verlag, Braunschweig 2005, S. 435

M13 Milton Friedman: Kapitalismus und Freiheit

In den vergangenen Jahrzehnten sind die Begriffe „Vollbeschäftigung" und „Wirtschaftswachstum" für die Regierung zu erstklassigen Entschuldigungen geworden, sich immer mehr in wirtschaftliche Angelegenheiten einzumischen. Eine Wirtschaft des freien Unternehmertums, so sagt man, sei von Natur aus unstabil. Sich selbst überlassen, schaffe sie abwechselnde Zyklen von Boom und Bankrott. Die Regierung müsse also einschreiten, um einen sicheren Kurs zu steuern. [...]

In letzter Zeit spricht man von Staatsausgaben weniger als einem Mittel der Ankurbelung oder gegen das Gespenst der weltweiten Stagnation. Heute spricht man vom Steuerrad: Wenn die Privatausgaben aus irgendeinem Grund sinken, so sagt man, müssten die Staatsausgaben steigen, um die Gesamtausgaben stabil zu halten; umgekehrt: Wenn die Privatausgaben steigen, sollten die Staatsausgaben sinken. Unglücklicherweise ist das Steuerrad nicht ausgewuchtet. Jede Rezession, so gering sie auch sein mag, lässt die politisch schreckhaften Gesetzgeber und Regierungsbeamten in ihrer ewigen Angst erschauern, sie könnte vielleicht ein Vorbote eines neuen 1929/33 sein. So beeilt man sich, staatliche Ausgaben-Programme in der einen oder anderen Art auszuarbeiten. Viele dieser Programme treten dann tatsächlich erst in Kraft, nachdem die Rezession vorüber ist. Da sie die Gesamtausgaben sowieso nicht beeinflussen – warum nicht, dazu sage ich später noch mehr –, führen sie nur dazu, die folgende Expansion zu verstärken, anstatt die Rezession zu mildern. So schnell, wie zusätzliche Ausgaben gebilligt werden, werden sie natürlich niemals widerrufen oder gestrichen, wenn die Rezession vorüber ist und die Expansion schon wieder läuft. Im Gegenteil. Das Argument lautet dann: Eine „gesunde" Expansion darf nicht durch eine Beschneidung der Staatsausgaben „gefährdet" werden. Der Hauptschaden, der durch die Steuerrad-Theorie angerichtet worden ist, liegt also nicht darin, dass sie die Rezession nicht ausgleichen kann, und auch nicht darin, dass sie in die Regierungspolitik einen inflationären Neigungswinkel getragen hat, sondern darin, dass sie andauernd eine Ausweitung der Regierungseingriffe auf Bundesebene nährt und eine Verminderung der Belastung durch Bundessteuern verhindert. [...]

Was wir dringend für eine stabile und wachsende Wirtschaft brauchen, ist eine reduzierte, nicht eine vermehrte Einmischung der Regierung.

Milton Friedman: Kapitalismus und Freiheit. Seewald-Verlag 1971, zitiert nach: Deutscher Taschenbuchverlag, München 1976, S. 62 f., 80 f.

Situation A:

Ihrem Land geht es wirtschaftlich schlecht. Das reale Bruttoinlandsprodukt ist gesunken, die Arbeitslosigkeit steigt, die Produktion und die Auftragseingänge in der Industrie schrumpfen. Die Unternehmen liefern sich Rabattschlachten und versuchen mit Preissenkungen Kunden anzulocken. Doch die Menschen kaufen wenig, weil ihre Einkommen sinken und die Angst vor Arbeitslosigkeit um sich greift.

Situation B:

Die Wirtschaft Ihres Landes boomt. Die Nachfrage ist so groß, dass viele Unternehmen mit der Produktion kaum nachkommen und die Preise erhöhen.

Arbeitsaufträge

1. Stellen Sie aus keynesianischer Sicht in Form von Wirkketten (vgl. Abb. 47.1) dar, dass sinkende Reallöhne zu Arbeitslosigkeit führen können!
2. Erklären Sie das Say'sche Theorem M3! Warum zweifelt Keynes dieses Theorem an?
3. Erklären Sie, was Keynes unter der Liquiditätsfalle versteht M3! Wie will er ihr begegnen?
4. Angenommen, eine Unternehmerin hat 100.000 Euro geerbt. Sie steht vor der Entscheidung, ihr Unternehmen durch den Kauf neuer Maschinen zu erweitern (wofür sie weitere 100.000 Euro als Kredit benötigt) oder das geerbte Geld anzulegen. Erläutern Sie, von welchen Faktoren ihre Entscheidung abhängt M4!
5. Beschreiben Sie einen Multiplikator-Akzelerator-Effekt M7 anhand eines selbst gewählten Beispiels!
6. Keynes spielt in M8 auf Adam Smiths Metapher von der „unsichtbaren Hand" an. Erläutern Sie den letzten Satz von M8 anhand folgenden Beispiels: Viele Unternehmer entscheiden in der Krise, Arbeitskräfte zu entlassen, um den Ruin des Betriebes zu verhindern. Unterscheiden Sie dabei zwischen der mikroökonomischen Perspektive (betriebswirtschaftliche Sicht des einzelnen Unternehmers) und der makroökonomischen Sichtweise (volkswirtschaftliche Sicht)!
7. Lesen Sie die Situationen A und B (unten links) genau durch. Beschreiben Sie, welche wirtschaftspolitischen Maßnahmen gemäß der nachfrageorientierten Theorie jeweils ergriffen werden sollen!
8. Fassen Sie die Erfahrungen zusammen, die man in Deutschland mit nachfrageorientierten Maßnahmen gemacht hat M9!
9. Erläutern Sie, welche Umsetzungsprobleme und „Nebenwirkungen" bei einer nachfrageorientierten Wirtschaftspolitik auftreten können (M10 bis M13)!
10. „Im Aufschwung ist die Geldpolitik zur Konjunktursteuerung wirksamer als im Abschwung!" Begründen Sie diese Aussage!
11. Stellen Sie Merkmale der nachfrage- und der angebotsorientierten Wirtschaftspolitik tabellarisch gegenüber:
    - wichtige Vertreter,
    - Grundannahmen,
    - Ursachen für Rezession und Arbeitslosigkeit,
    - geforderte Maßnahmen von
      a) Regierung,
      b) Zentralbank und
      c) Tarifparteien zur Sicherung von Beschäftigung, wirtschaftlicher Stabilität und Wachstum,
    - Umsetzungsprobleme, „Nebenwirkungen" und Kritik.

2.4.2 Angebotsorientierte Wirtschaftspolitik

Güter und Dienstleistungen werden von Unternehmen produziert, Arbeitskräfte von Unternehmen eingestellt. Will eine Regierung das Wirtschaftswachstum fördern und die Arbeitslosigkeit abbauen, so sollte sie, nach Auffassung der angebotsorientierten Theorie, in erster Linie die Bedingungen für die Unternehmen verbessern. Eine angebotsorientierte Wirtschaftspolitik besteht also darin, die Angebotsbedingungen zu verbessern, dadurch die internationale Wettbewerbsfähigkeit der Unternehmen zu stärken und so zu einem selbsttragenden Wachstum zu gelangen.

Ursache für ein zu geringes Wirtschaftswachstum und Arbeitslosigkeit seien staatlich bedingte ungünstige Rahmenbedingungen für die Unternehmen (vgl. S. 50 M 1 und M 2).

Die angebotsorientierte Theorie beruht auf den Annahmen der „klassischen" und „liberalen" Wirtschaftstheorie. Man nennt Vertreter der Angebotstheorie daher auch „Neoklassiker" oder „Neoliberale". Sie gehen davon aus, dass der Markt konjunkturelle Krisen von selbst löst. Der Staat sollte daher nicht direkt in die Wirtschaft eingreifen und Konjunkturkrisen nicht etwa mit staatlichen Programmen zur Konjunkturbelebung zu beheben versuchen. Solche Programme wirkten meist zu spät und führten langfristig zu einer enormen Staatsverschuldung. Besser sei, dass der Staat die Unternehmenssteuern senke, Existenzgründer fördere, Bürokratie und sonstige Hemmnisse für Unternehmen abbaue.

Abb. 56.1: Karikatur Thomas Plaßmann, Essen

M1 Grundannahmen der angebotsorientierten Theorie I: Stabilitätshypothese

Als Reaktion auf die Probleme keynesianischer Wirtschaftspolitik erfolgte zunächst in den USA und später auch in der Bundesrepublik eine Rückbesinnung auf die klassischen Thesen von den Selbstheilungskräften des Marktes. Danach soll sich der Staat – im Gegensatz zur keynesianischen Nachfragebeeinflussung – auf die Verbesserung der Bedingungen für das Güterangebot konzentrieren. Diese sogenannte **„Angebotstheorie"** fußt auf dem zentralen Argument, dass das ständige antizyklische Wechseln zwischen anregenden und dämpfenden Maßnahmen im Konjunkturverlauf (**„Stop-and-go-Politik"**) nicht Folge, sondern *Ursache* konjunktureller Schwankungen sei.

Jörn Altmann: Wirtschaftspolitik. 8. Auflage Verlag Lucius & Lucius, Stuttgart 2007, S. 241 f.

M2 Grundannahmen der angebotsorientierten Theorie II: Say'sches Theorem

Nach der klassischen Theorie kann es langfristig kein Überangebot an Gütern geben, weil jede Ausweitung der Produktion gleichzeitig eine Erhöhung des Einkommens darstellt und daher das Wachstum der gesamtwirtschaftlichen Nachfrage langfristig nicht hinter dem Wachstum des gesamtwirtschaftlichen Angebots zurückbleiben könne. Dieser Zusammenhang wurde zu der Behauptung verdichtet: „Jedes Angebot schafft sich seine Nachfrage selbst" (→ **Say'sches Theorem**). Von den Vertretern der angebotsorientierten Wirtschaftspolitik wird das Say'sche Theorem zwar nicht mehr in seinem ursprünglichen Sinn interpretiert, wohl aber als Beleg für die Tendenz zum langfristigen Gleichgewicht gewertet.

„Die dauerhaften Impulse für wirtschaftliche Tätigkeiten müssen [...] von der einzelwirtschaftlichen Basis ausgehen, von der unternehmerischen Nutzung rentabel erscheinender Produktionschancen. Dabei wird Arbeit nachgefragt und Einkommen geschaffen, woraus dann Nachfrage nach Gütern entsteht. Im Zusammenspiel der Vielen schafft so das Angebot seine Nachfrage." (Gutachten des Sachverständigenrats zur [...] gesamtwirtschaftlichen Lage 1977/78, Teilziffer 241)

Viktor Lüpertz: Problemorientierte Einführung in die Volkswirtschaftslehre. 6. aktualisierte Auflage Winklers Verlag im Westermann Verlag, Darmstadt und Braunschweig 2009, S. 328

M3 Grundannahmen der angebotsorientierten Theorie III: Monetarismus

Die **monetaristische Theorie** geht davon aus, dass eine enge Beziehung zwischen der Beschäftigung bzw. der Entwicklung des realen Bruttoinlandsprodukts einerseits und der Geldmenge andererseits besteht:

- Steigt die Geldmenge, wird über die zusätzlich finanzierte Nachfrage die Wirtschaft angekurbelt; das Sozialprodukt steigt, die Arbeitslosigkeit nimmt längerfristig ab.
- Wird das Geldmengenwachstum gestoppt, kann die mögliche zusätzliche Nachfrage nicht finanziert werden; die Preissteigerungsraten werden geringer; die Güterproduktion stagniert oder geht zurück. Die Arbeitslosigkeit nimmt zu.

Aus diesen beiden Thesen folgt, dass eine Verstetigung des Geldmengenwachstums auch zu einer Verstetigung des Wirtschaftswachstums führen muss. Die führende Rolle in der Wirtschaftspolitik muss also die Zentralbank (Notenbank) eines Landes oder einer Währungsunion haben.

Gernot Hartmann: Volkswirtschaftliches Denken und Handeln. 5. Auflage Merkur Verlag, Rinteln 2001, S. 308

M4 Grundannahmen der angebotsorientierten Theorie IV: Laffer-Hypothese

Nach Auffassung der Vertreter der Angebotstheorie hat die Steuerbelastung der Unternehmensgewinne [und der Privateinkommen] vielfach eine leistungsfeindliche Höhe erreicht. Dies wird mithilfe der sog. Laffer-Kurve zu belegen versucht (benannt nach einer Analyse des US-amerikanischen Wirtschaftswissenschaftlers Arthur B. Laffer aus dem Jahr 1974, auf die sich US-Präsident Ronald Reagan bei seinem Steuersenkungsprogramm Anfang der 1980er-Jahre stützte). Die Kurve stellt die Abhängigkeit des Steueraufkommens von der Höhe des Steuersatzes dar. [...] Wenn in einer Volkswirtschaft der kritische Wert t_{opt} überschritten ist, kommt es nach dieser Auffassung zu Steuerwiderständen und einer leistungsmindernden Wirkung des Steuertarifs. In diesem Fall würde eine Senkung des Gewinn- und Einkommensteuersatzes nicht zu der allgemein erwarteten Verringerung, sondern zu einer Erhöhung des Steueraufkommens führen. Damit würde gleichzeitig eine Verringerung von Schwarzarbeit, Steuerhinterziehung und Steuerflucht ins Ausland einhergehen.

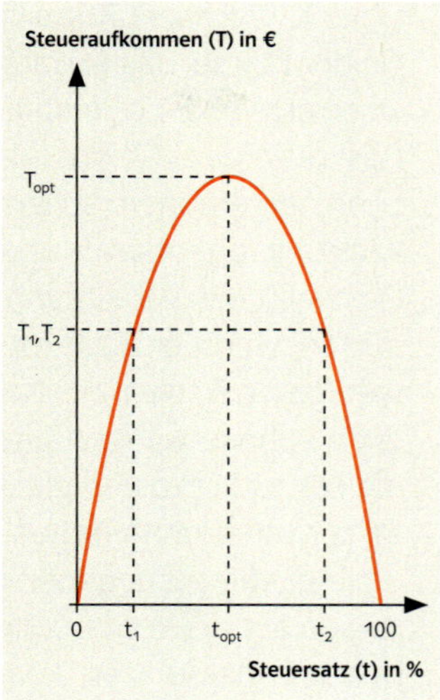

Abb. 57.1: Laffer-Kurve

Im vorliegenden Fall ist das Ziel der Steuersenkungen – anders als in der keynesianischen Theorie – nicht die Erhöhung des verfügbaren Einkommens zur Ankurbelung der gesamtwirtschaftlichen Nachfrage, um auf diesem Wege mehr Wachstum und Beschäftigung zu erreichen. Vielmehr steht die Minderung der leistungshemmenden Wirkung des Steuersystems im Vordergrund („Leistung soll sich lohnen"), um durch steuerliche Leistungsanreize Wachstum und Beschäftigung zu ermöglichen. [Unternehmensgewinne werden als Voraussetzung für Investitionen und diese wiederum als Grundbedingung für die Schaffung von Arbeitsplätzen betrachtet.]

nach: Viktor Lüpertz: Problemorientierte Einführung in die Volkswirtschaftslehre. 3. Auflage Winklers Verlag im Westermann Verlag, Darmstadt und Braunschweig 2003, S. 326

M5 Ursachen der Probleme der deutschen Volkswirtschaft aus Sicht der angebotsorientierten Theorie

Überregulierung: Deutschland hat einen der am stärksten regulierten Arbeitsmärkte aller Industrieländer. Wer zwischen Nord- und Bodensee jemanden einstellen möchte, hat eine Unzahl von Gesetzen und Vorschriften zu beachten. Das kostet Unternehmen in jedem Fall Zeit und damit Geld. Noch schwieriger ist es, jemanden wieder zu entlassen. Doch welches Unternehmen weiß schon, wie viele Aufträge es in drei oder zehn Jahren hat? In der Folge verzichten viele Unternehmen auf Festeinstellungen in Deutschland und weichen auf Zeitarbeiter aus – oder verlagern ihre Produktion gar ins liberalere Ausland, wo Kündigungsschutz und Abfindungszahlungen nicht so ausgeufert sind wie hierzulande.

Lohnnebenkosten: Deutschland weist die höchsten Lohnkosten aller Industrieländer auf – nicht zuletzt wegen der hohen Arbeitgeberbeiträge zur Sozialversicherung. Das gefährdet direkt die Wettbewerbsfähigkeit deutscher Firmen.

Niedriglohnbereich: Arbeit lohnt sich in Deutschland nicht für alle. Geringqualifizierte, die nur einen niedrigen Lohn bekämen, fahren selbst mit dem Arbeitslosengeld II besser, wenn sie Familie haben und die Hinzuverdienstmöglichkeiten ausnutzen. Gearbeitet wird so nur für Löhne, die deutlich über dem Arbeitslosengeld-II-Niveau liegen. Folge: Da Geringqualifizierte nur für relativ viel Lohn zu bekommen sind, verzichten viele Unternehmen in Deutschland darauf, solche Arbeitskräfte einzustellen, obwohl gerade im Dienstleistungssektor durchaus Bedarf besteht. Überall in Deutschland werden solche Arbeiten wegrationalisiert, durch Maschinen und Automaten ersetzt oder ins Ausland verlegt.

Nach unten starre Löhne: Bei schwächerer Konjunktur oder verschärftem internationalen Wettbewerb müssten die Löhne sinken, damit die Unternehmen ihre Mitarbeiterzahl, trotz geringerer Umsätze, nicht verringern müssen. Doch die Macht der Gewerkschaften hat es in Deutschland bisher verhindert, dass die Nominallöhne auch nur ein einziges Mal gesunken sind.

Freizeitpark Deutschland: In kaum einem Land gibt es so viele bezahlte Urlaubstage für die Arbeitskräfte wie in Deutschland. Immer weniger Menschen, gerade im Ausland, sind bereit, für deutsche Produkte mehr zu zahlen, um den deutschen Arbeitern ihre 31 Urlaubstage zu bezahlen, während sie selbst, wie etwa in den USA, gerade einmal 14 Tage Urlaub beanspruchen dürfen.

Blühende Schwarzarbeit: Hohe Steuern und Sozialabgaben in Verbindung mit kurzen Arbeits- und langen Urlaubszeiten bzw. mit Sozialleistungen, für die keine Arbeit als Gegenleistung eingefordert wird, lassen Schattenwirtschaft und Schwarzarbeit erblühen. Dafür zahlen die ehrlichen Unternehmer und Arbeitskräfte dann noch höhere Steuern und Abgaben; der Druck zum Konsumverzicht bzw. zur Produktionsverlagerung ins Ausland steigt dadurch – genauso wie die Arbeitslosigkeit.

nach IW: Arbeitsmarktreformen: Den Gordischen Knoten durchtrennen © 2002, Deutscher Instituts-Verlag, Köln

Arbeitsaufträge

1. Erläutern Sie, durch welche Mechanismen der Markt aus neoklassischer Sicht zu einem Ausgleich von Angebot und Nachfrage führt!
2. Erläutern Sie in eigenen Worten das Say'sche Theorem!
3. Diskutieren Sie, ob Sie die Hypothese Arthur B. Laffers M4 als plausibel erachten oder nicht!
4. Recherchieren Sie aktuelle wirtschaftspolitische Grundhaltungen und Forderungen der im Deutschen Bundestag vertretenen Parteien. Prüfen Sie, inwieweit die Positionen und Forderungen der nachfrage- bzw. der angebotsorientierten Theorie zuzuordnen sind!

M6 Abriss angebotsorientierter Maßnahmen

Abb. 58.1: Milton Friedman (1912–2006)

Als einer der Hauptvertreter der Angebotstheorie gilt der US-Wirtschaftswissenschaftler Milton Friedman. Er lehnte staatliche Eingriffe in die Wirtschaft weitgehend ab und betonte als sogenannter → **Monetarist** *die Bedeutung der Geldmenge für die Volkswirtschaft. Er fordert:*

1. Zur Beseitigung von Wachstumsschwächen und hoher Arbeitslosigkeit müssen die Bedingungen für die Unternehmen verbessert werden. Produktion schafft Einkommen, Einkommen schafft Nachfrage. Staatliche Vorschriften, die die Unternehmen einengen oder in ihrer internationalen Wettbewerbsfähigkeit beeinträchtigen, sollen möglichst abgeschafft werden (Deregulierung), die Arbeitszeiten sollen flexibel gestaltet werden dürfen.
2. Der Staat soll seine Schulden abbauen und dafür z.B. Erhaltungssubventionen reduzieren sowie öffentliche Unternehmen verkaufen und privatisieren (z.B. Post, Telekom, Bahn). Die Staatsausgaben sollen möglichst gleichmäßig bleiben (konjunkturneutrale Finanzpolitik).
3. Investitionen müssen gefördert werden, damit sie sich für die Unternehmen lohnen. Löhne, Lohnnebenkosten und Steuern dürfen für die Unternehmen nicht zu hoch sein.
4. Sehr wesentlich ist die Steuerung der Geldmenge (daher „Monetarismus"). Die Zentralbank soll die Geldmenge vorsichtig am Wachstumspotenzial einer Volkswirtschaft orientieren. Das heißt, wird ein Wirtschaftswachstum bzw. ein Wachstum des gesamtwirtschaftlichen Produktionspotenzials von z.B. 5% erwartet, so soll auch die Geldmenge um 5% wachsen. Mit einer solchen potenzialorientierten Geldpolitik sei das vorrangige Ziel der Preisniveaustabilität zu erreichen. Eine konjunkturpolitisch motivierte, fallweise (diskretionäre) Geldpolitik lehnen die Monetaristen ab.
5. Lohnsteigerungen sollen sich an der Produktivitätsentwicklung orientieren und auch nach unten flexibel sein. Das heißt, ein Arbeitnehmer soll nur mehr Lohn verlangen dürfen, wenn er auch mehr produziert. Produziert er aber weniger, z.B. weil die Nachfrage geringer ist, so muss er auch Lohnsenkungen akzeptieren. Entscheidend ist, dass die Lohnstückkosten gleich bleiben. Steigen sie, kann es
   a) zur Inflation kommen (wenn es den Unternehmen gelingt, die gestiegenen Kosten in Form von höheren Preisen auf die Verbraucher abzuwälzen) oder
   b) zu Entlassungen kommen (wenn die Unternehmen versuchen, die gestiegenen Löhne durch Rationalisierungsmaßnahmen auszugleichen) oder
   c) zu Gewinneinbrüchen bei den Unternehmen kommen, was wiederum deren Investitionstätigkeit wegschmelzen lässt.

   Um eine bestehende, hohe Arbeitslosigkeit abzubauen, empfehlen Angebotstheoretiker Lohnsteigerungen unterhalb des Produktivitätsfortschritts.
6. In der Sozialpolitik wendet sich die Angebotstheorie tendenziell gegen eine zu starke Einkommensumverteilung durch den Staat, da hierdurch Leistungsanreize verringert werden.

Stefan Prochnow, eigener Text

Traditionelle Elemente			
Wettbewerbspolitik	**Geldpolitik**	**Fiskalpolitik**	**Lohnpolitik**
Verbot von Kartellen	regelgebundene statt diskretionäre Maßnahmen	geringer Staatsverbrauch	am Produktivitätsfortschritt orientierte Lohnsteigerungen
Verhinderung von Marktmacht	potenzialorientierte Geldpolitik	Reduktion der gesamten Steuerbelastung	regionale und sektorale Differenzierungen im Lohn
Privatisierung	Unabhängigkeit der Zentralbank	durchsichtiges Steuersystem	Flexibilisierung des Arbeitsmarktes (z.B. reduzierter Kündigungsschutz)
Deregulierung, Bürokratieabbau	flexible Wechselkurse	Abbau der Staatsverschuldung	Minderung der Lohnzusatzkosten
Abbau von Erhaltungssubventionen	Preisniveaustabilität	konjunkturneutrale Finanzpolitik	
Neuere Elemente			
Sozialpolitik	**Forschungspolitik**	**Bildungspolitik**	**Umweltpolitik**
insgesamt niedrigeres Niveau sozialer Unterstützung	Förderung von Grundlagenforschung	kürzere Ausbildungszeiten	weniger ordnungsrechtliche Regulierungen
Unterstützung anreizkompatibel gestalten, damit z.B. die Aufnahme einer Arbeit lohnend bleibt	gezielte Förderung von Wachstumstechnologien	mehr marktwirtschaftliche Elemente (z.B. freie Wahl des Studienplatzes, Studiengebühren, Entlohnung der Professoren nach Leistung)	mehr marktwirtschaftliche Elemente (z.B. Handel mit Umweltzertifikaten)
Selbsthilfe geht vor Fremdhilfe (Subsidiaritätsprinzip)		mehr Praxisnähe und Orientierung am Bedarf der Wirtschaft	wenn Ökosteuern, dann europaweit, um Wettbewerbsnachteile zu vermeiden

Abb. 58.2: Wichtige Elemente und Forderungen der angebotsorientierten Wirtschaftspolitik

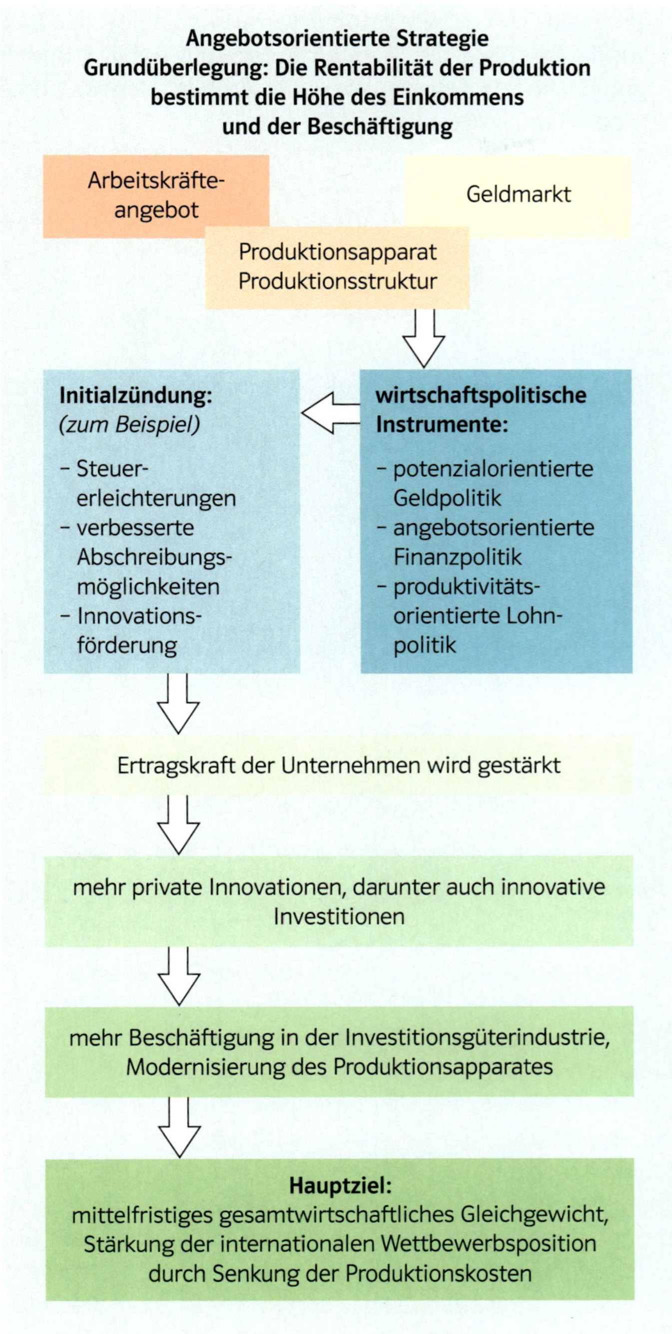

Abb. 59.1: Erwünschte Wirkungskette bei der angebotsorientierten Strategie (in Anlehnung an: iwd Nr. 8 vom 26. Februar 1981, Deutscher Institutsverlag, Köln)

M7 Angebotsorientierte Wirtschaftspolitik in Großbritannien

1979 wandte sich in Großbritannien die Regierung unter Premierministerin Margaret Thatcher grundsätzlich gegen prozesspolitische, insbesondere gegen fiskalpolitische Eingriffe und vertrat einen scharfen Kurs gegenüber den Gewerkschaften. Leitlinien der Wirtschaftspolitik waren

- Verstetigung der Wirtschaftspolitik, also keine kurzfristigen Maßnahmen,
- strikte Kontrolle der Geldmenge durch Regeln, nicht durch fallweise Eingriffe,
- straffe Ausgabendisziplin,
- langfristige Steuersenkungen zur Erhöhung der Leistungsbereitschaft,
- bewusste Hinnahme hoher Einkommensunterschiede.

[…] Der Verkauf von staatseigenen Betrieben war ein Hauptmerkmal der britischen Wirtschaftspolitik. Der staatliche Sektor war sehr umfangreich, da unter den Vorgängerregierungen seit den 1940er-Jahren zahlreiche Unternehmen verstaatlicht worden waren. Ziele der Privatisierungen waren die Steigerung der Produktivität, Lohnzurückhaltung der Arbeitnehmer unter dem Druck des Marktes und die Chance für mehr Menschen, Eigentum an Unternehmen zu erlangen. Hinzu trat das Interesse, der Staatskasse Einnahmen zuzuführen. Zu den renommierten staatlichen Betrieben, die sich leicht verkaufen ließen, gehörten British Aerospace, Jaguar, Britoil, British Telecom und British Gas. Außerdem wurden staatliche Wohnungen an die Mieter verkauft. In Europa hatte zu dieser Zeit niemand Erfahrungen mit Privatisierungen in großem Stil, und die britische Regierung nahm eine Pionierrolle ein, handelte aber auch nicht fehlerlos. Erfolge blieben aus, wenn kein Wettbewerb eingeführt und lediglich ein öffentliches durch ein privates Monopol ersetzt wurde. Als Negativbeispiel gilt auch die Privatisierung von British Rail, weil die erhoffte Sanierung des maroden Streckennetzes der unfallträchtigen britischen Staatsbahn nach dem Verkauf ausblieb.

Abb. 59.2: In der globalisierten Arena des Liberalismus – willkommen in der Neoklassik! (Karikatur Steffen Jähde, Berlin)

Insgesamt stärkten die Privatisierungen jedoch den Privatsektor und das Unternehmertum und führten zu erheblichen Produktivitätssteigerungen.

Hans-Jürgen Schlösser: Staatliche Handlungsfelder in einer Marktwirtschaft, in: Bundeszentrale für politische Bildung (Hrsg.): Informationen zur politischen Bildung Heft 294, Bonn 2007, S. 45

Arbeitsaufträge

1. Beschreiben Sie, welche wirtschaftspolitischen Maßnahmen in einem Land jeweils in der Situation A und B (s. S. 55) gemäß der angebotsorientierten Theorie ergriffen werden sollen!
2. Beschreiben und interpretieren Sie die Karikatur Abb. 59.2!
3. Bewerten Sie die Erfahrungen mit einer angebotsorientierten Politik in Großbritannien M7!

M8 Kritik an der angebotsorientierten Wirtschaftspolitik

- Die von der Angebotstheorie geforderten Maßnahmen führen zu höheren Gewinnen bei den Unternehmen; ob sie die dadurch verbesserte Investitionsfähigkeit dann für arbeitsplatzschaffende Erweiterungsinvestitionen auch tatsächlich *nutzen*, ist bei mäßigen Nachfrageerwartungen zumindest fraglich. Falls sie nicht investieren, führt Angebotspolitik lediglich zu einer einseitigen Begünstigung der Arbeitgeber und zu einer sozialen Umverteilung von unten nach oben. Denkbar wäre auch, dass die zusätzlichen Gewinne bei mangelnder Güternachfrage in Rationalisierungsmaßnahmen investiert und damit sogar Arbeitsplätze vernichtet werden.
- Eine konsequent produktivitätsorientierte Lohnpolitik lässt die bestehende Einkommensverteilung und damit die Lohnquote konstant.
- Der → **Monetarismus** geht davon aus, dass eine Vermehrung der Geldmenge das Wirtschaftswachstum fördert. Dies muss jedoch nicht der Fall sein. Wenn die Unternehmen nicht in ausreichendem Maße Erweiterungsinvestitionen tätigen können oder wollen, führt die Geldmengenausweitung lediglich zu Inflation. Die monetaristische Theorie, so wird spöttisch gesagt, gehe davon aus, dass man dicker werde, wenn man den Gürtel lockerer schnalle, nicht aber davon, dass man den Gürtel lockerer schnallen müsse, wenn man dicker wird.
- Die angebotsorientierten Maßnahmen führen allenfalls langfristig zum Abbau von Arbeitslosigkeit. Zwischenzeitlich auftretende Probleme, wie eine vorübergehend steigende Arbeitslosigkeit, führen zu Protesten, denen sich Regierungen angesichts der nächsten Wahlen unschwer entziehen können. Eine angebotsorientierte Politik sei in einer Demokratie daher schwer durchsetzbar.
- Deregulierung und Liberalisierung können dazu führen, dass z. B. die Belange des Verbraucherschutzes und des Umweltschutzes zu kurz kommen. Auch arbeitsrechtliche Vorschriften zum Schutz von Minderheiten oder Benachteiligten (Mutterschutz, Schwerbehindertengesetz, Jugendarbeitsschutzgesetz usw.) gerieten eventuell unter die Räder radikaler Angebotstheoretiker.
- Erfahrungen aus der Bundesrepublik und den USA der 1980er-Jahre legen nahe, dass eine inflationshemmende Politik mit einem dramatischen Anstieg der Arbeitslosigkeit einhergehen kann.
- Empirische Daten, die den Verlauf der Laffer-Kurve (s. Abb. 57.1) bestätigen, liegen bisher nicht vor.
- Der unterstellte Zusammenhang zwischen niedrigen Löhnen und zunehmender Beschäftigung ist bisher weder theoretisch noch empirisch hinreichend belegt. Sinkende Löhne bedeuten nicht nur sinkende Kosten, sondern auch sinkende Kaufkraft und Nachfrage.
- Die geforderte wirtschafts- und sozialpolitische Zurückhaltung des Staates benachteiligt tendenziell die Bedürftigen. Bei bereits vorhandener Unterbeschäftigung führt eine Reduzierung der Staatsausgaben zum Abbau der Staatsverschuldung nicht zu sinkender, sondern zu steigender Arbeitslosigkeit. Diese Erfahrung machten auch viele Entwicklungsländer, die Kredite des IWF nur mit der Bedingung erhielten, angebotsorientierte Strukturanpassungsprogramme umzusetzen.

Stefan Prochnow, eigener Text

Abb. 60.1: „Viele Köche verderben den Brei ...?" (Karikatur Steffen Jähde, Berlin)

M9 Synthese der Konzepte

In beiden Konzepten wird eine zu geringe Investitionstätigkeit der Unternehmen als Hauptursache für Arbeitslosigkeit angesehen. Der Mangel an Investitionen wird aber unterschiedlich erklärt, und entsprechend unterscheiden sich die Therapievorschläge. Während die nachfrageorientierte Konzeption nach Keynes eine zu geringe Nachfrage auf den Gütermärkten als Ursache für den Investitionsmangel ansieht, werden in der angebotsorientierten Konzeption die Ursachen für zu geringe Investitionen darin gesehen, dass die Bedingungen für unternehmerische Tätigkeiten ungünstig sind. Der Grund für die Meinungsunterschiede über Strategien zur Bekämpfung von Arbeitslosigkeit besteht also in einer unterschiedlichen Analyse ihrer Ursachen. Mischformen beider Konzeptionen treten auf, wenn nachfrageorientierte Wirtschaftspolitik zur Bewältigung kurzfristiger Probleme betrieben wird und angebotsorientierte Politik, um die langfristigen Wachstumsbedingungen der Volkswirtschaft zu verbessern.

Hans-Jürgen Schlösser: Staatliche Handlungsfelder in einer Marktwirtschaft, in: Bundeszentrale für politische Bildung (Hrsg.): Informationen zur politischen Bildung Heft 294, Bonn 2007, S. 44

M10 Kein Entweder/Oder

Die grundsätzliche Auseinandersetzung um Nachfrage- oder Angebotspolitik, oder anders ausgedrückt: um die Rolle des Staates im Wirtschaftsablauf, auch und insbesondere im Hinblick auf die Befürwortung und Ablehnung staatlicher Beschäftigungsprogramme, ist keineswegs beigelegt. Obgleich die Angebotstheorie seit Beginn der 1980er-Jahre regelrecht in Mode kam, sind die bisher überschaubaren Ergebnisse bei differenzierter Betrachtung nicht sonderlich überzeugend. Natürlich ist der Beobachtungszeitraum zu kurz, um abschließende Würdigungen vornehmen zu können. Zudem haben in vielen westlichen Ländern Regierungswechsel [...] zu einer Umstellung der Wirtschaftspolitik geführt und dadurch eine Überprüfung der Erfolge oder Misserfolge ihrer Vorgänger erschwert.

Probleme der Angebotstheorie

Das Hauptproblem scheint darin zu liegen, dass die Angebotstheorie ihrem Wesen nach langfristig angelegt ist. Die skizzierten Anpassungsprobleme jedoch können dazu führen, dass demokratisch legitimierten Regierungen zwischenzeitlich das Vertrauen entzogen wird. Die Hauptschwäche des Angebotskonzepts liegt im Hinblick auf die Umstellungsphase darin, dass nicht zwingend deutlich gemacht werden kann, weshalb im Unternehmensbereich angesichts unausgelasteter Kapazitäten, bedingt durch zu geringe Nachfrage, beschäftigungsschaffende Investitionen vorgenommen werden sollen. Kostensenkende Maßnahmen, wie sie die Angebotstheoretiker fordern, sind für arbeitsplatzschaffende Investitionen wahrscheinlich weniger bedeutsam als eine Erhöhung der Absatzmöglichkeiten. Kostenentlastende Maßnahmen können wohl die Gewinnspannen und damit die Einkommen aus Unternehmertätigkeit und Vermögen erhöhen. Diese Verbesserung der Gewinnquote zulasten der Lohnquote [Anteil der Einkommen aus unselbstständiger Arbeit am Volkseinkommen, vgl. Kapitel 1.4.5] wird von Vertretern der Angebotstheorie auch erkannt und in Kauf genommen, um nicht zu sagen: angestrebt. Bedenklich ist es aber, eine einseitige (monokausale) Beziehung herstellen zu wollen zwischen Kosten-, d.h. insbesondere auch Steuerbelastung und Investitionsneigung. Angebotsorientierte steuerliche Maßnahmen allein sind keine Garantie für beschäftigungswirksame Investitionszunahme, sofern die inländische oder ausländische Nachfrage nicht zunimmt. [...]

Policy Mix

Für die konjunkturpolitische Praxis ergibt sich daraus die fast triviale Erkenntnis, dass ein extremes „Entweder/Oder" nicht sinnvoll ist, sondern dass vielmehr die Zielrichtung wirtschaftspolitischen Handelns davon abhängt, ob konjunkturelle Störungen angebots- oder auch nachfrageorientierte Komponenten umfassen („policy mix"). [...]
Oft zitiert [...] ist die angebliche Klage eines Fürsten (oder Politikers) über seinen ökonomischen Berater, der nie eine klare, eindeutige Empfehlung gab, sondern immer zwischen „einerseits" und „andererseits" schwankte und die Entscheidung dem Fragesteller überließ. [...]
Keine ökonomische Theorie hat es bisher vermocht, umfassend und in jeder Lage eine zutreffende Antwort auf zu lösende Probleme zu geben; *jede* Theorie hat ihre Schwachstellen, und diese beeinträchtigen insbesondere ihre Tauglichkeit für zukunftsgerichtete Prognosen. [...]
Was also tun? Welche Konzeption ist die richtige? Keiner weiß es (objektiv), also wird man auch in Zukunft ausprobieren müssen. Tragisch ist dies insbesondere im Hinblick auf die Einschätzung der Entwicklung von Konjunktur und Wachstum, weil hier mit Arbeitslosigkeit, Rentenfinanzierung, Besteuerung und Inflation eine Vielzahl von Problemen „dranhängen", die sich unmittelbar beim Einzelnen auswirken.

Jörn Altmann: Wirtschaftspolitik. 8. Auflage Verlag Lucius & Lucius, Stuttgart 2007, S. 244–250

Arbeitsaufträge

1. Erörtern Sie, inwieweit eine Kombination nachfrage- und angebotsorientierter Maßnahmen zur Bekämpfung der Arbeitslosigkeit sinnvoll ist!

2. Beschreiben und interpretieren Sie die Karikatur Abb. 60.1! Stimmen Sie der Bildunterschrift in Hinblick auf Ihre Antwort bei Aufgabe 1 zu?

3. Ordnen Sie folgende Stichpunkte der nachfrage- und der angebotsorientierte Wirtschaftspolitik zu! Hinweis: Es gibt 9 Stichpunkte zur nachfrageorientierten und 9 zur angebotsorientierten Strategie.
   „Die Gewinne von heute sind die Investitionen von morgen und die Arbeitsplätze von übermorgen" (Helmut Schmidt, SPD, Bundeskanzler 1974–82) – „in the long run we are all dead" – „Lieber 5% Inflation als 5% Arbeitslosigkeit" (Helmut Schmidt) – antizyklische Finanzpolitik – Deficit spending – Fiskalisten – flexible Löhne – John Maynard Keynes – Konjunkturprogramme – Kündigungsschutz lockern – Liberalisierung und Deregulierung (Verringerung staatlicher Vorschriften) – Liquiditätsfalle – Milton Friedman – Monetaristen – Neoklassik – „Rezession ist eine Folge mangelnder Nachfrage" – Senken der Unternehmenssteuern – stetige Geld- und Finanzpolitik.

4. Ordnen Sie die folgenden Aussagen den beiden wirtschaftspolitischen Strategien „nachfrageorientierte Wirtschaftspolitik" und „angebotsorientierte Wirtschaftspolitik" zu! Hinweis: 5 Zitate sind der angebotsorientierten Theorie, 2 der nachfrageorientierten Schule zuzuordnen und eine Aussage passt zu beiden.
   a) „Störungen werden durch die Selbstheilungskräfte der Marktwirtschaft automatisch überwunden."
   b) „Steuersenkungen lösen große Anreizeffekte für Investitionen und Sparen aus."
   c) „In Krisenzeiten muss der Staat die Ausgaben erhöhen, die Steuern senken und ein Budgetdefizit in Kauf nehmen."
   d) „Die Erweiterung der freien Handlungsspielräume ist für den Aufschwung der Wirtschaft eine entscheidende Voraussetzung."
   e) „Die Nachfrage bestimmt das Angebot."
   f) „Jedes Angebot schafft sich die entsprechende Nachfrage."
   g) „Die Geldmenge muss sich im Gleichschritt mit dem Produktionspotenzial entwickeln."
   h) „Der Staat hat die Funktion eines ‚Nachtwächters' zu übernehmen."

2.4.3 Beschäftigungspolitische Maßnahmen in der Kontroverse

In Wissenschaft und Politik werden seit Jahrzehnten unterschiedliche Maßnahmen und Konzepte zur Bekämpfung von Arbeitslosigkeit diskutiert:

1. Arbeitslosengeld und Sozialleistungen sollten drastisch gekürzt werden, damit Menschen, die arbeiten können, auch arbeiten müssen.
2. Die Löhne müssen sinken, damit die Unternehmen auf dem Weltmarkt mithalten können und wieder mehr Beschäftigte einstellen – in Deutschland, nicht im Ausland.
3. Die Lohnnebenkosten müssen sinken, z.B. durch die Streichung des Arbeitgeberanteils an den Sozialversicherungen.
4. Jährlich werden in Deutschland mehrere Millionen Überstunden geleistet. Man sollte die Überstunden begrenzen, damit mehr Arbeitslose eingestellt werden.
5. Es gibt viele Arbeitslose, aber auch viele offene Stellen. Arbeitslose sollten umziehen müssen oder umgeschult werden.
6. Wir müssen Mindestlöhne einführen, damit Einheimische nicht durch ausländische Wanderarbeiter verdrängt werden, die z.B. auf dem Bau oder in Schlachthöfen, bei der Ernte und der Weinlese zu Billiglöhnen arbeiten, von denen hier keiner leben kann.
7. Die Steuern müssen gesenkt werden. Dann haben die Leute mehr Geld zum Einkaufen und die Unternehmen haben mehr Geld für Investitionen. Beides schafft Arbeitsplätze.
8. Die Löhne müssen steigen, dann können die Verbraucher auch mehr kaufen und die Betriebe stellen wieder Arbeitskräfte ein.
9. Die Arbeitszeit sollte bei vollem Lohnausgleich reduziert werden, damit die Arbeit für alle reicht.
10. Die Deutschen müssen wieder länger arbeiten. Unsere Kunden im Ausland sehen nicht ein, mehr zu bezahlen, damit die Arbeitnehmer in Deutschland jährlich sechs Wochen in den Urlaub fahren können, während ihnen selbst teilweise nicht einmal zwei Wochen zugestanden werden. Deswegen: Erhöhung der Wochenarbeitszeiten und Kürzung der Urlaubsansprüche.
11. Die Arbeitszeiten müssen flexibler werden, u.a. damit die Laufzeiten teurer Maschinen erhöht werden können und die internationale Wettbewerbsfähigkeit Deutschlands erhalten bleibt. Geschäfte und Betriebe müssen sieben Tage die Woche, 24 Stunden am Tag verkaufen und produzieren dürfen, wenn sie das wollen.
12. Wenn wir Beschäftigung unter Tariflohn nicht erlauben, finden die Geringqualifizierten nie einen Arbeitsplatz.
13. Kombilohn und negative Einkommensteuer würden dafür sorgen, dass sich Arbeit auch für Geringverdiener (besonders Familien) wieder lohnt.
14. Eine Maschinensteuer würde die Wegrationalisierung von Arbeitsplätzen eindämmen, weil Unternehmer für den Einsatz von Maschinen Steuern bezahlen müssten.

Abb. 62.1: „Gut! Die Schuldfrage ist immerhin schon mal geklärt!" (Karikatur Steffen Jähde, Berlin)

15. Wo keine Arbeit ist, muss notfalls der Staat welche schaffen (Arbeitsbeschaffungsmaßnahmen = ABM ausbauen). Statt Arbeitslosigkeit und Nichtstun zu finanzieren, sollte lieber ein „zweiter Arbeitsmarkt" subventioniert werden. Notfalls sollten Langzeitarbeitslose beim Staat eingestellt werden und z.B. öffentliche Plätze säubern oder für mehr Sicherheit in öffentlichen Verkehrsmitteln sorgen.
16. Es gibt mehr als doppelt so viele Ausländer wie Arbeitslose in Deutschland. Deswegen: Ausländer raus – Zuwanderung stoppen – Arbeitslosigkeit verschwunden …
17. Arbeitslose müssen besser qualifiziert werden, damit sie zu den offenen Stellen passen.
18. Kündigungsschutz ist ein Einstellungshemmnis. Wer den Kündigungsschutz lockert, sorgt für mehr Einstellungschancen.
19. Wenn mit immer weniger Arbeitskräften immer mehr produziert werden kann, dann ist dies eine Leistung des arbeitsteiligen kapitalistischen Systems, von dem die Menschheit lange Zeit noch nicht einmal zu träumen wagte. Die steigende Arbeitslosigkeit ist an sich ein Zeichen des Triumphes des Kapitalismus.

Auch wenn keine Maßnahme für sich allein betrachtet frei von „Nebenwirkungen" ist, so beweist der Blick in andere Länder, dass eine Volkswirtschaft mit geringer Arbeitslosigkeit auch in der heutigen Zeit der Globalisierung keine Utopie ist.

Kürzer oder länger arbeiten?

Wenn angesichts enormer Produktivitätserhöhungen mit weniger Arbeitskräften mehr produziert werden kann (jobless growth), dann liegt die Forderung nach einer gleichmäßigeren Verteilung der Arbeit nahe. Dabei gibt es die Varianten, die Arbeitszeit mit oder ohne Lohnausgleich zu verringern. Insbesondere von gewerkschaftlicher Seite wird eine Arbeitszeitverkürzung mit vollem Lohnausgleich gefordert; das heißt, dass die Arbeitnehmer trotz verringerter Arbeitszeit den gleichen Monatslohn erhalten wie vor der Arbeitszeitverkürzung.

M1 35-Stunden-Woche statt Arbeitslosigkeit

Anstatt dass eine immer kleiner werdende Zahl von Arbeitnehmern immer mehr arbeitet (Überstunden, Nachtschichten, Sonntagsarbeit), während eine steigende Zahl von Arbeitslosen zum öffentlich finanzierten Nichtstun verdammt wird, sollte die vorhandene Arbeitsmenge auf die Zahl der Köpfe dergestalt aufgeteilt werden, dass die Arbeitslosigkeit erheblich reduziert wird. [...] Um die Gefahr einer rückläufigen Binnennachfrage zu bannen, sollte dabei ein voller Lohnausgleich gewährt werden, sodass keiner schlechter gestellt wird als vor der Arbeitszeitverkürzung.

Deutscher Gewerkschaftsbund: Argumente für die 35-Stunden-Woche. Frankfurt am Main 2008, o. S.

Abb. 63.1: Jahresarbeitszeiten im europäischen Vergleich

M2 Weniger arbeiten – weniger verdienen

Das knappe Gut Arbeit muss besser auf die Arbeitskräftenachfrage verteilt werden. Eine generelle Verkürzung der Wochen-, Jahres- und Lebensarbeitszeit verbunden mit entsprechenden Einkommensabschlägen ist deshalb ebenso geboten wie die verstärkte Schaffung von Teilzeitarbeitsplätzen.

Hubert Reip/Wolfgang Ulshöfer: Volkswirtschaftslehre in Problemen. Lehrbuch zur Einführung in die Volkswirtschaftslehre und zur Einübung ihrer Denktechnik. 15. Auflage Bildungsverlag Eins, Troisdorf 2002, S. 342

M3 Wer Kuchen essen will, muss einen backen

Die Idee, durch eine gleichmäßigere Verteilung der Arbeitsmenge auf mehr Köpfe die Arbeitslosigkeit reduzieren zu können, krankt an einem entscheidenden Denkfehler. Insbesondere in Verbindung mit einem vollen Lohnausgleich führt eine Arbeitszeitverkürzung schlichtweg zu viel höheren Stundenlöhnen und damit zu in die Höhe schießenden Lohnstückkosten. Die Folge ist absehbar: Die deutsche Industrie ist international nicht mehr konkurrenzfähig, Verbraucher im In- und Ausland weichen auf Produkte aus anderen Ländern aus. Das heißt: Die Anzahl an Arbeitsstunden, die die Gewerkschaften mit ihren Arbeitszeitverkürzungsmodellen verteilen will, wird immer kleiner, je mehr man die Arbeitszeiten verringert. Die in einem Land vorhandene Arbeitsmenge ist kein Kuchen aus dem Schlaraffenland, den es nur gerecht zu verteilen gilt. Der Kuchen muss erstmal gebacken werden, und er wird seine Größe nur behalten, wenn Deutschland international wettbewerbsfähig bleibt. Und dafür ist eine Arbeitszeitverkürzung genau der falsche Weg.

Stellungnahme des Arbeitgeberverbandes Gesamtmetall vom 21. August 2008, o. S.

M4 Zurück zur 40-Stunden-Woche

Bei einer Verlängerung der Arbeitszeit ohne Lohnausgleich wird Arbeit billiger. Damit sinken die Kosten der Unternehmen, ohne dass der einzelne Beschäftigte dies in seinem Portemonnaie merken würde. Dies ist die verträglichere Art der Arbeitskostensenkung. Als Folge dürften die Unternehmer auf längere Sicht wieder mehr Leute einstellen. Wenn mehr Menschen über Einkommen verfügen, wird wiederum mehr ausgegeben, was längerfristig, also in den nächsten drei bis vier Jahren, die Wirtschaft mit ankurbelt.
Doch nicht jedes Unternehmen braucht eine solche Kostensenkung. Ich plädiere deshalb nicht für eine generelle Arbeitszeitverlängerung auf eine 40-Stunden-Woche, sondern bin für eine flexiblere Handhabung. So könnte in den Tarifverträgen zum Beispiel ein Arbeitszeitkorridor zwischen 35 und 40 Stunden festgelegt werden. Arbeitszeitverlängerung wäre insbesondere bei solchen Unternehmen, die sich in wirtschaftlichen Schwierigkeiten befinden oder sich mit Abwanderungsgedanken tragen, eine Möglichkeit, die Betriebe in Deutschland weiterhin zu er- und behalten und vor allem, um Arbeitsplätze zu sichern. Längere Arbeitszeit wäre ein notwendiger Tribut für die Arbeitssicherung.

Eckhardt Wohlers, Konjunkturchef des Hamburgischen Welt-Wirtschafts-Archivs (HWWA), in: Hamburger Abendblatt vom 6. Juli 2004, S. 2

Arbeitsaufträge

1. Erklären Sie die beabsichtigte Wirkungsweise einer der Vorschläge von S. 62 zur Bekämpfung der Arbeitslosigkeit! Erläutern Sie mögliche „Nebenwirkungen" und Probleme bei der Umsetzung der Maßnahme (vgl. dazu S. 62–65)!
2. Diskutieren Sie, ob kürzere oder längere Arbeitszeiten zu mehr Arbeitsplätzen führen!

Lohnpolitik

M1 Mindestlohn gegen Lohndumping

Mindestlohn ist ein festgeschriebener Lohn für alle Beschäftigten – ob als Stundenlohn oder Monatsgehalt. Viele Länder haben ihn – mit guten Ergebnissen für Arbeitnehmer und Arbeitgeber. Die Einführung ist einfach: Der Staat legt ihn durch Gesetz fest. Oder Verhandlungen z. B. zwischen Gewerkschaften und Arbeitgebern klären ihn. Viele Unternehmen zahlen Niedriglöhne, verweigern oder halten sich nicht an Tarifverträge, konkurrieren mit Dumpinglöhnen – all das auf dem Rücken der Beschäftigten. Mindestlöhne helfen, die Binnenökonomie anzukurbeln. Wer anständig bezahlt wird, kann auch mehr kaufen. Anders als dies die Unternehmer behaupten, gefährden Mindestlöhne keine Arbeitsplätze. In Deutschland erhalten viele Beschäftigte – private Sicherheitskräfte, Bäcker, Hotelkräfte und so weiter – schon lange Niedriglöhne. […] 800 Euro netto bei 50 Wochenstunden im Wachschutz, Jobs mit vier Euro brutto in der Landwirtschaft, das hat mit Würde nichts mehr zu tun. Über 12 Prozent der Beschäftigten verdienen weniger als 50 Prozent des Durchschnittslohns, sind „arm trotz Vollzeitarbeit". Das sind zweieinhalb Millionen Menschen – Tendenz steigend. Von Niedriglöhnen sind besonders Teilzeitkräfte betroffen, darunter überwiegend Frauen. Zugrunde gelegt wurden daher 1.250 Euro als untere Basis – diese Summe durch 38,5 geteilt (38,5-Stunden-Woche) macht: 7,50 Euro. Von dort aus sind Steigerungen möglich – und zukünftig sicher nötig. Mit einem Mindestlohn von 7,50 Euro pro Stunde wäre Deutschland zudem in guter Gesellschaft: Es läge im Mittelfeld der Länder, die bereits einen Mindestlohn haben.

Mindestinfo. Kampagnenzeitung der Initiative Mindestlohn, 2/2006, o. S.

M2 Kontra Mindestlohn

- Mindestlöhne gefährden Arbeitsplätze: In Westdeutschland müssten die Löhne für 11 Prozent aller Beschäftigten angehoben werden, im Osten sogar für 21 Prozent. Das ifo Institut befürchtet dabei den Abbau von bis zu 1,1 Millionen Stellen, davon allein 620 000 im Niedriglohnsektor.
- Mindestlöhne sind sozialpolitisch ineffizient: Auch ein Einkommen auf Mindestlohnniveau ermöglicht einem Alleinverdiener nicht, seine Familie zu ernähren. So erhält eine Alleinerziehende mit einem Kind, die 10 Euro je Stunde brutto verdient, ergänzendes ALG II; das Gleiche gilt für einen verheirateten Alleinverdiener mit zwei Kindern und 12 Euro Stundenlohn. Und das ist auch richtig so. Löhne können sich nur an der Produktivität eines Arbeitnehmers orientieren. Genügt der Verdienst nicht zum Leben, muss der Staat einspringen, etwa über den sogenannten Kombilohn.
- Tarifautonomie wird ausgehebelt: Mindestlöhne greifen in die Freiheit von Arbeitgebern und Gewerkschaften ein, Löhne und andere Arbeitsbedingungen frei von staatlicher Einflussnahme zu regeln. Die Tarifautonomie schützt nicht nur das Recht, Tarifverträge zu schließen, sondern auch das Recht, Tarifverträgen fernzubleiben.
- Schwarzarbeit wird gefördert: Bei einem Mindestlohn von 7,50 Euro pro Stunde könnten nach einer Schätzung des Ökonomen Friedrich Schneider zwischen 0,8 und 1,6 Millionen Jobs in die Schattenwirtschaft abwandern.

Institut der deutschen Wirtschaft: Mindestlohn – auf den Punkt gebracht. Köln 2010

M3 Kombilohn und negative Einkommensteuer

Der Kombilohn stellt an die Aufnahme oder die Ausübung einer abhängigen Erwerbstätigkeit gekoppelte staatliche Transfers an Arbeitnehmer dar. Im Grunde handelt es sich um Lohnsubventionen seitens des Staates. Unterhalb bestimmter Einkommensgrenzen zahlen die Arbeitnehmer keine Steuern, sondern bekommen staatliche Zuschüsse („negative Einkommensteuer"), die aber nur an Erwerbstätige gezahlt werden. Kombilöhne basieren auf der Beobachtung, dass insbesondere Arbeitnehmer mit niedriger Qualifikation auf dem Arbeitsmarkt nicht zum Zuge kommen, weil ihre Löhne über ihrer Produktivität liegen und ein weiteres Absinken ihres Einkommens durch staatliche Transferleistungen oder Mindestlöhne unterbunden wird beziehungsweise aus sozialen Gründen nicht erwünscht ist. Kombilöhne existieren zum Beispiel in Irland, Großbritannien und den Vereinigten Staaten (Earned Income Tax Credit).

Stefan Prochnow, eigener Text

M4 Wundermittel Kombilohn?

Der Kombilohn gilt vielen als Wundermittel. Durch staatliche Zuschüsse sollen die Anreize verstärkt werden, zu niedrigsten Löhnen zu arbeiten. Für die Unternehmer soll es noch billiger werden. Angeblich werden sie dann Hunderttausende oder gar Millionen neue Beschäftigte einstellen. Funktionieren wird das nicht. Denn für zusätzliche Produkte fehlt vor allem die Nachfrage.

Statt dass neue Arbeitsplätze entstehen, tritt der Drehtüreffekt ein: Subventionierte Beschäftigte verdrängen unsubventionierte. Diese werden in anderen Betrieben subventioniert wieder eingestellt und verdrängen wieder andere. Im Endeffekt wird viel Geld für Subventionen ausgegeben, aber mehr Arbeitsplätze entstehen so nicht.

Gleichzeitig ermöglichen breit angelegte Kombilöhne Lohndumping. Sie setzen auch die Einkommen der höher Verdienenden unter Druck. Die Spirale nach unten wird beschleunigt: noch weniger Kaufkraft, noch mehr Arbeitslose.

Wir brauchen existenzsichernde Mindestlöhne. Statt auf Kosten des Steuerzahlers Armutslöhne zu subventionieren.

Gewerkschaft ver.di: Kombilohn – Wundermittel?, in: Wirtschaftspolitik aktuell Nr. 6, März 2006, o. S.

M5 Workfare: no work, no pay

Der Begriff Workfare ist in Anlehnung an Welfare (engl. Wohlfahrt) entstanden und bezeichnet ein arbeitsmarktpolitisches Konzept, das staatliche Transferleistungen mit einer Verpflichtung zur Arbeitsaufnahme verknüpft. Das im US-Bundesstaat Wisconsin in den 1990er-Jahren entstandene Modell zielt darauf ab, möglichst viele Arbeitslosengeldbezieher dazu zu bringen, eine Beschäftigung auf dem regulären Arbeitsmarkt anzunehmen.

Der Workfare-Ansatz geht davon aus, dass manche Arbeitslose nicht wirklich an einer Arbeitsaufnahme interessiert sind, da der Verdienst dann kaum höher wäre als die

Sozialleistung, die sie ohne zu arbeiten bekommen. Daher wird Arbeitslosengeld beim Workfare-Konzept nur dann gezahlt, wenn eine gemeinnützige, vom Staat vermittelte Tätigkeit ausgeübt wird.
In Deutschland ähneln die Ein-Euro-Jobs dem Workfare-Ansatz, wobei hierzulande nur ein Teil der → **Hartz-IV**-Empfänger solche Tätigkeiten nach dem Prinzip „Fördern und Fordern" ausübt.
Bedenken gegen die sogenannten Ein-Euro-Jobs gibt es wegen einer befürchteten Verdrängung der beitragspflichtigen Beschäftigung, weil vielerorts kommunale Arbeiten als Auftragsquelle für Unternehmen praktisch wegfallen.

Stefan Prochnow, eigener Text

Weniger Kündigungsschutz = mehr Arbeitsplätze?

M6 Der Kündigungsschutz als Stellgröße für mehr Beschäftigung?

Der besondere Kündigungsschutz ist seit Jahrzehnten Gegenstand öffentlicher Kontroversen. Wegen der besonderen sozialen Bedeutung des Arbeitsverhältnisses soll der Arbeitgeber nicht willkürlich und ohne sachlichen Grund kündigen dürfen. […]
Die beschäftigungshemmende Wirkung des Kündigungsschutzes und die positive Wirkung seiner Lockerung werden mehr aus anekdotischer Evidenz [Beweisführung aufgrund von Einzelfällen] behauptet, als dass sie empirisch belegt sind. […] Empirische Untersuchungen der vergangenen Jahre belegen, dass in Deutschland nur 11 bis 15 Prozent der gekündigten Beschäftigten gegen eine vom Arbeitgeber ausgesprochene Kündigung geklagt haben. 15 Prozent der Gekündigten erhielten eine Abfindung. Die Höhe der tatsächlichen Abfindung lag erheblich unter den Beträgen, die in der Öffentlichkeit zirkulieren. Seltsamerweise gingen etwa zwei Drittel der für die Personalpolitik der Betriebe Verantwortlichen irrtümlicherweise davon aus, dass der Kündigungsschutz für ihren Betrieb gelte. […] Das tatsächliche Einstellungsverhalten richtet sich also nicht nach den jeweils geltenden Schwellenwerten. Es wird hauptsächlich von der aktuellen wirtschaftlichen Lage und den erwarteten Aufträgen bestimmt und davon, wie die alternative Möglichkeit, etwa Mehrarbeit, beurteilt wird.

Friedhelm Hengsbach: Die Arbeitsmärkte – Stellgröße für mehr Beschäftigung?, in: Aus Politik und Zeitgeschichte 43/2005, S. 19 f.

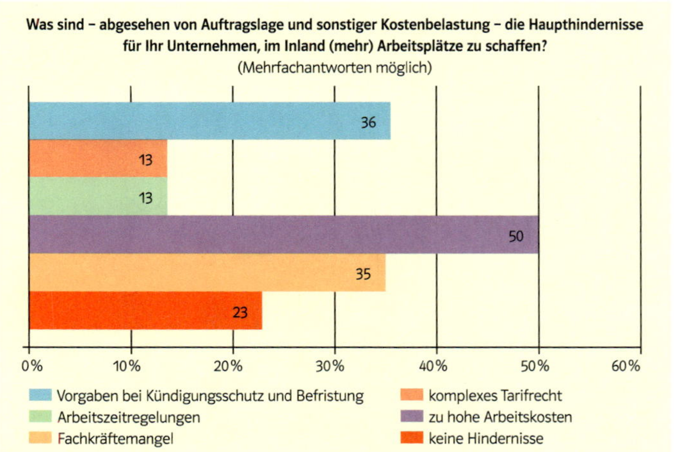

Abb. 65.1: Ergebnis der DIHK-Unternehmensbefragung „Beschäftigungshürden abbauen, Jobs sichern", Herbst 2008

M7 Stellenabbau trotz Unternehmensgewinnen

Der Bundesverband Deutscher Mittelstandsberater e.V. (BVDMB) kritisiert die Unternehmensethik von Konzernen und Großunternehmen in Deutschland. Während kleine und mittlere Unternehmen (KMU) jede produktive Arbeitsstelle zu retten versuchen, orientieren sich die wirtschaftlichen Interessen der „Großen" zunehmend nur noch an möglichst hohen Renditen und steigenden Aktienkursen. So sind bei der Allianz AG bis zu 7500 Stellen bedroht. Darüber hinaus sollen trotz milliardenschwerer Gewinne elf von 21 Standorten in Deutschland geschlossen werden. Erste Reaktionen zeigen sich bereits, die Kurse der Aktien stiegen kräftig an. […] Laut Berichten der ARD sind bei der Allianz sowie der Siemens AG einschneidende Maßnahmen geplant, die einen kräftigen Sprung für die Aktienkurse bedeuten dürften. Nach Auffassung des BVDMB ist dieses Verhalten unternehmensethisch kaum zu vertreten. Hierbei verweist er auf die Schwierigkeiten vieler kleiner Unternehmen, die stets versucht sind, Stellen selbst in schwierigen Zeiten zu sichern. Demnach verfolgen die kleinen und mittleren Unternehmen durchweg eine differenzierte Unternehmensethik, die sich nicht ausschließlich an der Maximierung von Gewinnen und Renditen orientiert.

nach einer Pressemitteilung des BVDMB, www.firmenpresse.de, aufgerufen am 30. Juni 2006

M8 Stellenabbau ist nicht unmoralisch

„Die Kombination von steigenden Gewinnen und Stellenabbau allein ist noch nicht unmoralisch", sagt Elisabeth Höller, Ethik-Fondsmanagerin aus der Schweiz der Süddeutschen Zeitung. Es komme vor allem darauf an, wie die Einsparungen begründet und wie sie vorgenommen würden: Ob sie beispielsweise sozialverträglich geschehen würden und ob damit Leistungssteigerungen verbunden seien. […] Stellenabbau könne für das Wachstum einer Firma nötig sein, betont Höller. „Es gibt genügend Konzerne, die eher zu spät als zu früh Personal reduziert haben." Ein Beispiel sei der amerikanische Autohersteller General Motors, der Verluste macht und weltweit Zehntausende entlässt.

nach Martin Reim: Stellenabbau ist nicht unmoralisch, in: Süddeutsche Zeitung vom 11. Juli 2006

Arbeitsaufträge

1. Stellen Sie aktuelle Vorschläge zur Bekämpfung der Arbeitslosigkeit (Zeitungsartikel, Statistiken usw.) zu einer kommentierten Dokumentation, einem Wandplakat oder auf einer Pinnwand zusammen!
2. Stellen Sie tabellarisch Argumente pro und kontra
   a) Mindestlohn und
   b) Kombilohn/Workfare
   gegenüber und formulieren Sie eine eigene Position!
3. Diskutieren Sie, ob ein Stellenabbau trotz Unternehmensgewinnen unmoralisch ist!

2.4.4 Geht uns die Arbeit aus? Die Grundeinkommensstrategie

M1 Kapitalismus ohne Arbeit?

Der Kapitalismus schafft die Arbeit ab. Arbeitslosigkeit ist kein Randschicksal mehr, sie betrifft potenziell alle – und die Demokratie als Lebensform. Aber der globale Kapitalismus, der die Verantwortung für Beschäftigung und Demokratie abstreift, untergräbt auch seine eigene Legitimität. [...]

Die westliche Verbindung von Kapitalismus mit politischen, sozialen und ökonomischen Grundrechten ist nicht etwa eine „soziale Wohltat", die man, wenn es knapp wird, einsparen kann. Der sozial abgepufferte Kapitalismus ist vielmehr als Antwort auf die Erfahrung des Faschismus und die Herausforderung des Kommunismus erkämpft worden. Er ist eine Tat angewandter Aufklärung. Diese beruht auf der Einsicht, nur Menschen, die eine Wohnung und einen sicheren Arbeitsplatz und damit eine materielle Zukunft haben, sind oder werden Bürger, die sich die Demokratie zu eigen und sie lebendig machen. Die einfache Wahrheit lautet: Ohne materielle Sicherheit keine politische Freiheit. Also keine Demokratie, also Bedrohung aller durch neue und alte totalitäre Regime und Ideologien. [...]

Das Modell „Bürgergeld für alle", steuerfinanziert, über die Höhe wird man streiten müssen, [sorgt dafür, dass alle Gesellschaftsmitglieder menschenwürdig leben können und bei Bedarf die nötige Zeit haben, um wichtige „ehrenamtliche" Arbeit auszuführen: die Erziehung von Kindern, die Pflege von älteren Angehörigen, Engagement für Umwelt und Soziales und vieles andere mehr.]

[...] Wie also steht es mit der viel beklagten „Egogesellschaft"? Ohne freiwilliges Engagement für andere, zeigt der amerikanische Soziologe Robert Wuthnow, würden alle modernen Gesellschaften sofort zusammenbrechen. 80 Millionen Amerikaner, also 45 Prozent der über 18-Jährigen, engagieren sich Woche für Woche fünf Stunden und mehr für freiwillige Hilfsleistungen und wohltätige Zwecke. Im Geldwert hieße das: rund 150 Milliarden Dollar pro Jahr. Diese Studie zeigt zugleich: Für 75 Prozent der amerikanischen Bevölkerung nehmen Solidarität, Hilfsbereitschaft und Gemeinwohlorientierungen den gleichen prominenten Rang ein wie Motive der Selbstverwirklichung, beruflicher Erfolg und die Ausweitung der persönlichen Freiheitsräume. [...]

Dass dies bei uns anders ist, kann nur der glauben, der Engagement fälschlich mit Mitgliedschaft in Organisationen gleichsetzt. Während gerade auch Jugendliche Kirchen, Parteien, Gewerkschaften, Vereinen immer mehr fernbleiben [...], erfreuen sich Initiativen aller Art großen Zulaufs. Dieselben Jugendlichen, welche die Langeweile der Kollektivorganisationen meiden, engagieren sich für die geschundene Umwelt (über 80 Prozent); 73 Prozent sehen Obdachlosigkeit als ein zentrales Problem an und wollen persönlich dagegen etwas tun; 71 Prozent fordern größere Rechte für Behinderte; 71 Prozent schätzen den Feminismus positiv ein und glauben, dass er für beide – Männer und Frauen – eine wichtige Sache ist.

[...] Wer soll die Investition in das „Sozialkapital", in die aktive Gesellschaft finanzieren? [Dazu drei] experimentelle Überlegungen.

Modell „Steuererleichterung": Diejenigen, die sich öffentlich engagieren, müssen dafür (erheblich) weniger Steuern bezahlen (ähnlich wie man jetzt schon Spenden absetzen kann oder gemeinnützige Vereine Steuerfreiheit zugesprochen bekommen). Einwand: Dieses Modell setzt auf der Ebene der Haushaltseinkommen Erwerbsarbeit voraus. Die sowieso Gutverdienenden erhalten hier die Möglichkeit, ihr Leben durch öffentliches Engagement vielfältiger zu machen.

Modell „steuerfinanzierte Grundsicherung": Hier würde denen, die in freiwilligen Selbstorganisationen mitwirken, eine Art „öffentliches Stipendium" bezahlt. [...]

Modell „Wahl zwischen Arbeitslosigkeit und Mitwirkung in der zivilen Gesellschaft": Danach haben Arbeitslose in Zukunft eine neue Option: Sie können entscheiden, ob sie arbeitslos bleiben oder in freiwilligen Selbstorganisationen tätig werden wollen. Dieses Modell bietet Überraschungen. Es könnte – zu Ende gedacht – auf die Abschaffung von Arbeitslosigkeit hinauslaufen, und zwar nicht dadurch, dass neue (Teilzeit-) Arbeit geschaffen wird, sondern, dass die Selbstorganisation der Gesellschaft be- und gelebt wird.

Wenn das „amerikanische Modell" auf eine Kombination von Vollbeschäftigung und working poor hinausläuft, dann könnte das „deutsche (europäische) Modell" eine Kombination von Erwerbsarbeit und grundfinanzierter Mitwirkung in der zivilen Gesellschaft zum Ziel haben. Diejenigen, die sich in Selbstorganisationen engagieren, stehen ja nicht mehr „dem Arbeitsmarkt zur Verfügung" und sind in diesem Sinne keine „Arbeitslosen" mehr. Sie sind aktive Bürger, die sich für das

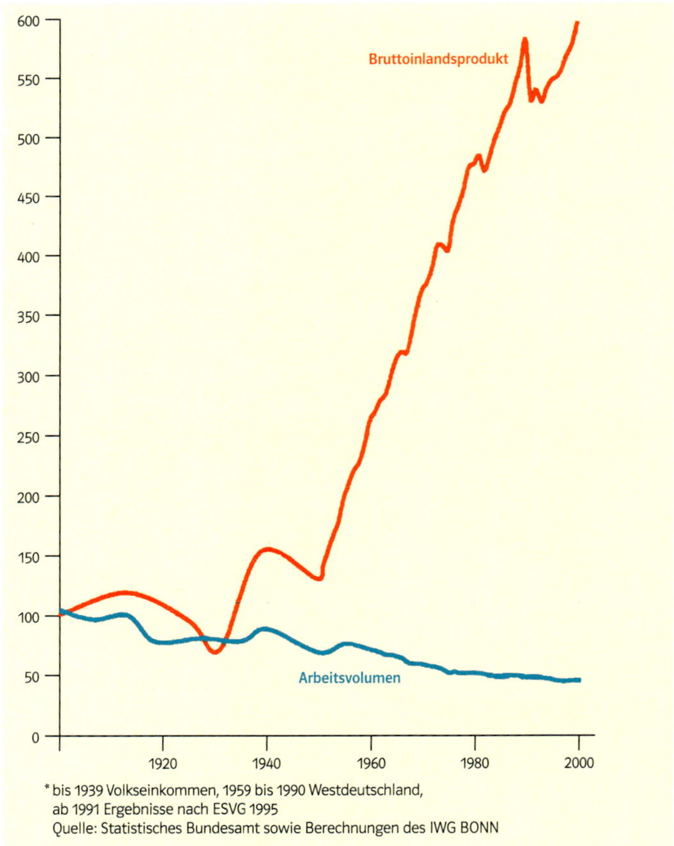

Abb. 66.1: Reales BIP und Arbeitsvolumen pro Einwohner in Deutschland 1900–2000

Allgemeinwohl engagieren und dafür eine (zeitlich begrenzte) Grundsicherung erhalten.

Das skizzierte Szenario läuft auf ein Plädoyer hinaus: Die unsichtbare Praxis der sozialen Selbsthilfe und politischen Selbstorganisation muss sichtbar gemacht werden. Ihr muss ökonomisches, organisatorisches und politisches Gewicht verliehen werden. Dies wird nur möglich, wenn wir in die zivile Gesellschaft investieren – und dadurch sozusagen die Demokratie demokratisieren. Was wir brauchen, ist ein Bürger-Staat-Bündnis für zivile Gesellschaft – notfalls gegen Arbeit und Kapital. Aber dieses Bündnis sollte alle einschließen, denen die Demokratie am Herzen liegt.

Ulrich Beck: Kapitalismus ohne Arbeit, in: DER SPIEGEL Nr. 20/1996, S. 140 ff.

M2 Die Zukunft der Arbeit im Zeitalter der Digitalen Revolution

Langfristig wird die Arbeit verschwinden. […] Wir sind mitten in einer Umwälzung, die die industrielle Revolution noch übertrifft. […] Die Computer und Informationstechnik von heute machen immer mehr Menschen ganz überflüssig. Selbst die billigste menschliche Arbeitskraft ist teurer als die Maschine.

nach Jeremy Rifkin: Das Ende der Arbeit und ihre Zukunft. Neue Konzepte für das 21. Jahrhundert. S. Fischer Verlag, Frankfurt am Main 2005, S. 81 ff.

M3 Freiheit statt Vollbeschäftigung

1. Arbeitsleistung zur Grundlage der Teilhabe am Wohlstand zu machen, ist gerecht, solange Wohlstand überwiegend durch menschliche Arbeitskraft erzeugt wird. Heute aber wird menschliche Arbeitskraft mehr und mehr durch „Maschinen" (Automaten, Computersoftware) ersetzt. Halten wir dennoch an der ausschließlichen Verteilung von Einkommen über Arbeitsleistung fest, führt das entweder zu steigender Arbeitslosigkeit oder zu sinkenden Einkommen.
2. Der Wohlstand unseres Landes ist der Wohlstand aller Bürger. Er geht auf die Leistungen aller Bürger zurück, auch auf die Leistungen vorangehender Generationen. Deshalb gebietet es die Gerechtigkeit, alle Bürger an diesem Wohlstand zu beteiligen.
3. Unser Wohlstand ist das Ergebnis erfolgreicher Innovationen. Innovationen steigern die Produktivität und befördern die Wertschöpfung: Sie ermöglichen es, Arbeitsabläufe zu automatisieren und menschliche Arbeitskraft einzusparen. Arbeitslosigkeit ist kein Zeichen von Armut, sondern ein Ausdruck der Produktivität und des Vermögens unseres Landes.
4. Verzicht auf Innovationen ist Verzicht auf Wohlstand und damit auf Freiheit von unnötiger Arbeit. Freiheit der Bürger ist auch Freiheit von unnötiger Arbeit, die durch programmierbare Automaten verrichtet werden kann.
5. Arbeitslose und Sozialhilfeempfänger zur Arbeit zu zwingen, misstraut ihrer Gemeinwohlbindung und schränkt die bürgerlichen Freiheiten ein.
6. Das Festhalten am Ziel der Vollbeschäftigung hat zur Folge, dass Arbeitslose und Arbeitnehmer für die wirtschaftliche Produktivität unseres Landes bestraft werden. Sie werden gezwungen, ihre Arbeitskraft zu sinkenden Löhnen und Gehältern bei reduzierter sozialer Absicherung zu verkaufen, obwohl ihre Arbeitskraft nicht mehr benötigt wird.
7. Das Festhalten am Ziel der Vollbeschäftigung hat zur Folge, dass Bürger – ohne Not – dauerhaft zu Tätigkeiten gezwungen werden, die automatisierbar sind. Automatisierbare Arbeit ist ersetzbare Arbeit; ersetzbare Arbeit kann nicht sinnstiftend sein. Das Festhalten am Ziel der Vollbeschäftigung geht somit für eine steigende Anzahl von Bürgern mit dem Verlust beruflicher Sinnstiftung einher.
8. Das Festhalten am Ziel der Vollbeschäftigung zieht eine Verschwendung von Lebenszeit der Bürger nach sich, weil sie an geisttötende, unwürdige Arbeiten gebunden werden. Die Zeit wird sinnlos „abgesessen" und kann nicht für sinnvolle Tätigkeiten genutzt werden; die Würde des Menschen wird missachtet.
9. Wenn Würde und Integrität von Menschen nicht mehr die oberste Richtschnur politischer Entscheidung sind, wird das politische Gemeinwesen in seinen Grundfesten erschüttert.

Wir schlagen vor: Ein bedingungsloses Grundeinkommen für alle Bürger …

- stärkt die Familie. Sie kann sich der Erziehung und der Fürsorge für ihre Kinder widmen, ohne sich um ihre Einkommenssicherung zu sorgen.
- fördert Innovation in allen gesellschaftlichen Bereichen und ermöglicht die dazu erforderliche Muße. Innovative Ideen können frei entwickelt werden, ohne dass sie vom Absatz an einem Markt abhängig sind.
- stärkt die Unternehmen. Sie können automatisieren, ohne sich Sorgen um entlassene Mitarbeiter zu machen. Sie können auf leistungsbereite Mitarbeiter setzen, denn Erwerbsarbeit wird freiwillig geleistet.
- stärkt die Volkswirtschaft. Unproduktive Industrien und Wirtschaftszweige müssen nicht mehr subventioniert werden.
- ermöglicht einen umfassenden Abbau von Bürokratie, auch in den Sozialsystemen.
- ersetzt weitestgehend bestehende Sozialleistungen.

Ein bedingungsloses Grundeinkommen für alle Bürger stärkt die Bereitschaft, Verantwortung zu übernehmen, und gibt ihnen die Freiheit dazu.

Ute Fischer/Stefan Heckel/Axel Jansen/Sascha Liebermann/Thomas Loer: www.freiheitstattvollbeschaeftigung.de (Text von 2003), aufgerufen am 12. Juli 2010

Arbeitsaufträge

1. Fassen Sie den Text von Ulrich Beck M1 thesenartig zusammen! Von welchem Grundproblem geht er aus und wie will er darauf reagieren?
2. Recherchieren Sie verschiedene Vorstellungen eines „Grundeinkommens"!
3. Nehmen Sie Stellung zu den Modellen eines bedingungslosen Grundeinkommens!

2.5 Strukturwandel und Globalisierung als beschäftigungspolitische Herausforderungen

M1 Aspekte des Strukturwandels

Der marktwirtschaftliche Wettbewerb und die internationale Arbeitsteilung verursachen eine fortwährende Veränderung der wirtschaftlichen Strukturen. Strukturwandel ist – ob politisch gefördert oder gebremst – Kennzeichen einer Marktwirtschaft. Im Wesentlichen lassen sich drei Dimensionen des Strukturwandels unterscheiden:

Sektoraler Strukturwandel: Damit ist der in allen entwickelten Volkswirtschaften seit dem 19. Jahrhundert zu beobachtende Übergang von einer Agrar- in eine Industriegesellschaft und [seit Mitte des 20. Jahrhunderts] in eine Dienstleistungsgesellschaft gemeint. Mittlerweile beschäftigt die Dienstleistungsbranche in Deutschland mehr als 60 Prozent aller Erwerbstätigen, in den USA liegt der Anteil sogar bei über 70 Prozent. Besonders expansiv zeigen sich gesundheits- und unternehmensnahe Dienste wie Werbung, Finanzierung, Kundenservice. Letztere zeigen, dass Industrie und Dienstleistungen häufig eng miteinander verzahnt sind. Angesichts der wachsenden Bedeutung der Informations- und Kommunikationstechnologien spricht man immer häufiger von einem Übergang zur Informationsgesellschaft.

Intrasektoraler Strukturwandel: Auch innerhalb der großen Wirtschaftssektoren Agrarwirtschaft, Industrie, Dienstleistungen finden strukturelle Veränderungen statt. Ein Beispiel: In der Industrieproduktion übernehmen Maschinen gefährliche, schwere oder belastende Arbeiten. Auch der Arbeitseinsatz verändert sich, indem vor allem in den Industrieländern gut qualifizierte Arbeitskräfte immer mehr Beschäftigungsanteile hinzugewinnen.

Regionaler Strukturwandel: In einzelnen Regionen verändern sich die wirtschaftlichen Strukturen immer wieder, zum Teil mit einschneidenden Konsequenzen für den Arbeitsmarkt. Ein anschauliches Beispiel ist das Ruhrgebiet, das sich mit dem Niedergang des Bergbaus und der Montanindustrie von einer Schwerindustrieregion zunehmend in ein Zentrum für hochtechnologische Industrien (z.B. im Umweltschutzbereich) und moderne Dienstleistungen gewandelt hat.

www.insm-lexikon.de/strukturwandel.html, aufgerufen am 01. Juli 2010

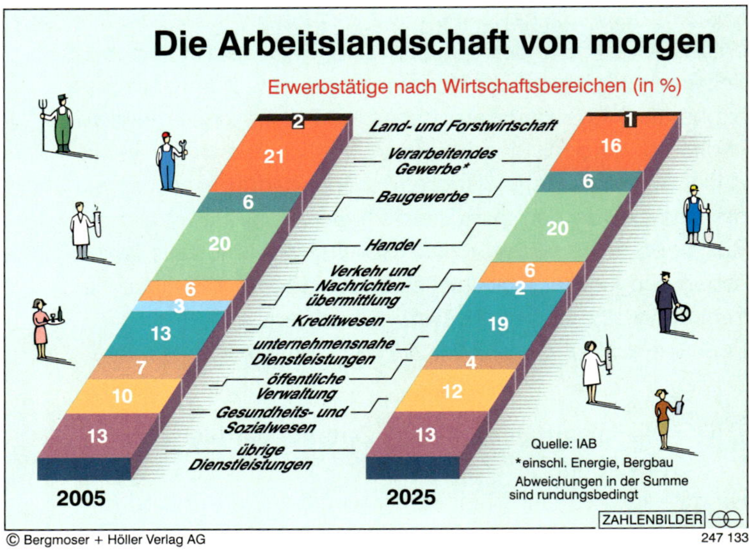

Abb. 68.1: Die Arbeitslandschaft von morgen

M2 Die Arbeitslandschaft von morgen

Die deutsche Wirtschaft steht unter starkem Veränderungsdruck. Hauptursachen dafür sind die informationstechnische Revolution, neue umwelt- und energiewirtschaftliche Herausforderungen und die fortschreitende Verflechtung der Weltwirtschaft. Aber wenn sich das Tempo des Strukturwandels dadurch auch verschärft haben mag, so ist seine Richtung doch seit langem vorgezeichnet. In einem modellgestützten Ausblick auf die **Entwicklung des Arbeitskräftebedarfs bis 2025** sieht das Institut für Arbeitsmarkt- und Berufsforschung (IAB) den Wirtschaftsstandort Deutschland künftig vor allem durch die Produktion von Gütern mit hoher Forschungs- und Entwicklungsintensität, durch hochwertige unternehmensnahe Dienstleistungen, eine zunehmende internationale Arbeitsteilung und beschleunigte technische Innovationen gekennzeichnet. Insgesamt schreitet die **Tertiarisierung** der deutschen Wirtschaft weiter fort: Waren 2005 knapp 72% aller Erwerbstätigen im tertiären (Dienstleistungs-)Sektor beschäftigt, so steigt dieser Anteil bis 2025 auf 77%. Im Gegenzug sinkt der Beschäftigungsanteil des gesamten Waren produzierenden Gewerbes (Industrie, Energie- und Bauwirtschaft) von 26% auf weniger als 22%. Der Anteil der Landwirtschaft schrumpft auf gut 1%. (Zum Vergleich: 1991 entfielen noch 4% der Beschäftigung auf die Land- und Forstwirtschaft, 37% auf das Produzierende Gewerbe und erst 59% auf den Dienstleistungssektor.)

Den Modellrechnungen des IAB liegt u.a. ein Wirtschaftswachstum von 1,6% pro Jahr und ein Rückgang der Bevölkerung um 3,6 Millionen bis 2025 zugrunde. Unter den angenommenen Bedingungen verringert sich bereits ab 2010 das **Arbeitskräfteangebot**; der **Arbeitskräftebedarf** steigt hingegen noch bis 2020 und geht erst danach leicht zurück. Die Schere der Arbeitslosigkeit würde sich damit allmählich wieder schließen. In den einzelnen Wirtschaftsbereichen verläuft die Entwicklung allerdings nicht gleichförmig.

Während im Verarbeitenden Gewerbe zwischen 2005 und 2025 etwa 1,4 Mio Arbeitsplätze verloren gehen, wächst die Beschäftigung im Bereich der unternehmensnahen Dienstleistungen [...] um fast 2,7 Mio. [...] Im Gesundheits- und Sozialwesen zeichnen sich im Blick auf die Bedürfnisse einer alternden Gesellschaft [...] deutliche Beschäftigungsgewinne ab.

Text zu Zahlenbild 247133, Bergmoser + Höller Verlag, Aachen

M3 Globalisierung

Mit der Internationalisierung der Produktion bieten sich den Unternehmen zwei strategische Vorteile: Es wird eine globale Konkurrenz zwischen teuren und billigen Arbeitskräften hergestellt, und die Steuerkonditionen und Steuerkontrolleure der Staaten können gegeneinander ausgespielt und unterlaufen werden. [...] Da die Inanspruchnahme zahlreicher Gemeinschaftsleistungen (teure Universitäten, Krankenhäuser, Verkehrssysteme, Rechtsprechung, Forschungsgelder) nicht an den Ort der Steuererhebung gebunden ist, sind viele Unternehmen in der Lage, die Steuerlast zu minimieren,

während sie sich gleichzeitig in Staaten niederlassen, welche die besten Infrastrukturen bieten.
Investitionsort, Produktionsort, Steuerort und Wohnort können voneinander abgekoppelt gewählt werden. Viele Unternehmen nutzen den niedrigen Steuerstandard der armen Staaten und genießen den hohen Lebensstandard der reichen Staaten. Sie zahlen die Steuern, wo es am billigsten ist, und leben, wo es am schönsten ist. Sie werden zu Trittbrettfahrern teurer Infrastrukturleistungen.
Darin liegt erheblicher sozialer Konfliktstoff. Zum einen entstehen Gegensätze zwischen virtuellen und realen Steuerzahlern (noch Beschäftigte, kleinere Unternehmen, die nicht über diese neue Beweglichkeit verfügen und dem konventionellen Zugriff der Steuerbehörden ausgesetzt sind). Diese sind die „Dummen", die Globalisierungsverlierer.
Zum anderen unterminieren ausgerechnet die Gladiatoren des Wirtschaftswachstums, die von der Politik umworben werden, die Autorität des Staates, indem sie zwar seine Leistungen beanspruchen, aber ihm die Steuern entziehen. [...] Das Verteilungsproblem gehört auf die Tagesordnung. Die Globalisierungsgewinner müssen neu auf das Gemeinwohl verpflichtet werden. Das System sozialer Sicherheit ist in mancher Hinsicht reformbedürftig. Die Schlussfolgerung heißt aber paradoxerweise: nicht weniger, sondern mehr Geld, aber dieses richtig angelegt und verteilt! [...] Denn eine Gesellschaft, deren Wirtschaft blüht, die aber deswegen die Menschen arbeitslos macht, ins Abseits drängt, ist keine „reiche", sondern nur noch eine Restgesellschaft für Reiche.

Ulrich Beck: Kapitalismus ohne Arbeit, in: DER SPIEGEL Nr. 20/1996, S. 144f.

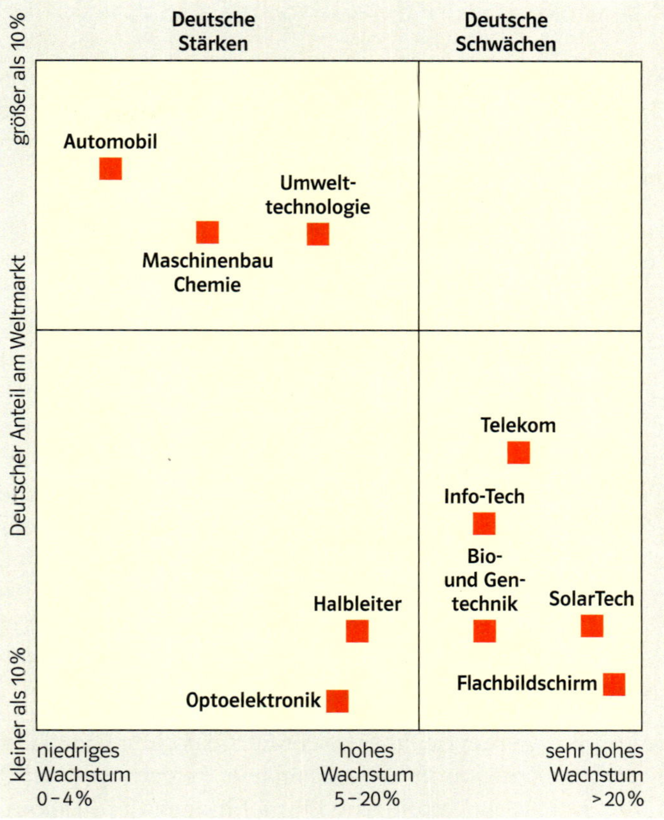

Abb. 69.1: Beschäftigungswachstum durch Innovationen? Weltmarktanteil deutscher Hersteller und Wachstumspotenzial ausgewählter Branchen (Beilage der Zeitschrift „Vorwärts", Oktober 1996)

M4 Trends auf dem deutschen Arbeitsmarkt

Der Übergang von der Industrie- zur Dienstleistungsgesellschaft wird von struktureller Arbeitslosigkeit begleitet. Besonders in Regionen, in denen nicht-zukunftsträchtige Branchen sich ballten, kamen die Anpassungsschwierigkeiten zum Vorschein; sei es im Ruhrgebiet, wo die niedergehende Stahlindustrie und der Bergbau zum Problem wurden, oder in den Küstenländern, in denen nach und nach die Werftindustrie verschwand. [...] Generell ist Deutschland eine Volkswirtschaft, in der viele einfache Tätigkeiten wegfallen, sei es, dass sie ins Ausland verlagert (Fließbandproduktion) bzw. an Ausländer delegiert werden (Spargelernte oder Weinlese durch osteuropäische Erntehelfer) oder durch Maschinen und Automaten ersetzt werden. Personenbezogene Dienstleistungen, etwa in der Altenpflege, genießen ein geringes Ansehen. Viele Einfachtätigkeiten wurden und werden auch in die Eigenarbeit verlagert, z. B. das Betanken von Autos, das Bedienen in Gaststätten und Geschäften, selbst der Transport und der Aufbau von Möbeln (Deutschland ist für IKEA der wichtigste Markt!). Noch vor wenigen Jahrzehnten gab es viel mehr Schaffner, Wäscher, Plätter und Verkäufer als heute. In kaum einem anderen Land der Welt gibt es so viele Baumärkte, ist Do-it-yourself so sehr zum Lebensmotto einer Gesellschaft geworden wie in Deutschland. US-Amerikaner in Deutschland wundern sich immer wieder, warum hierzulande die ganze Verwandtschaft, Freunde, Kommilitonen beim Umziehen helfen müssen, wenn es doch Umzugsfirmen gibt - bis sie erfahren, was das hier kosten würde. [...]
Wo sich produktive Tätigkeiten auf dem Arbeitsmarkt halten konnten, weil sie nicht durch Maschinen ersetzt werden konnten, franst die Erwerbsarbeit in erheblichem Maße aus. Sozialversicherungspflichtige Vollzeitarbeitsplätze wurden und werden in Teilzeitstellen, Mini-Jobs, befristete Beschäftigung, Leiharbeit [umgewandelt] oder gleich durch unbezahlte Praktika ersetzt. Allerdings entspricht ein Teil dieser Beschäftigungsverhältnisse, insbesondere die Teilzeitarbeit, den Wünschen der Erwerbstätigen. Dennoch ist dieser Trend, gerade im Hinblick auf die Sozialversicherungskassen und die Altersversorgung der Betroffenen, besorgniserregend.

nach Meinhard Miegel/Stefanie Wahl: Arbeitsmarkt und Arbeitslosigkeit. Probleme und Perspektiven. Olzog Verlag GmbH, München 2002, S. 91–93 (ergänzt)

Arbeitsaufträge

1. Stellen Sie die Ursachen und Auswirkungen des Strukturwandels dar!
2. Erläutern Sie Zusammenhänge zwischen Strukturwandel und Globalisierung!
3. Nehmen Sie Stellung zu der Aussage, dass die Globalisierung zu Arbeitslosigkeit in Deutschland führe!
4. Erläutern Sie Abb. 69.1! Welche Schlussfolgerungen sind Ihrer Ansicht nach zu ziehen?

2.6 Arbeitsmarktpolitik der Europäischen Union

Arbeitslosigkeit ist ein Phänomen, das in vielen **Industrieländern** der Erde ein Problem darstellt. Allerdings gibt es durchaus Staaten, die über längere Zeiträume eine deutlich niedrigere Arbeitslosigkeit aufweisen als Deutschland.

In den meisten **Entwicklungsländern** ist die offiziell erfasste Arbeitslosigkeit geringer als in vielen Industrieländern. Das liegt jedoch daran, dass die eine Anstellung suchenden Menschen meist nicht statistisch erfasst werden. Da die Menschen in Entwicklungsländern in der Regel auch keinen Anspruch auf Arbeitslosengeld oder andere Sozialleistungen erheben können, *müssen* sie in irgendeiner Form erwerbstätig sein, auch wenn der Verdienst daraus kaum fürs Überleben ausreicht. Auf diesen Umstand geht die große Bedeutung des sogenannten **informellen Sektors** (statistisch nicht erfasste Tätigkeiten, z. B. Straßenhandel, Schuhputzen oder andere Kleingewerbe) zurück. Diese Menschen sind zwar erwerbstätig, aber nur unregelmäßig bzw. mit sehr geringen Einkommen; man spricht in solchen Fällen von **Unterbeschäftigung**.

Der größer werdende Einfluss der Europäischen Union auf die Wirtschaftspolitik der nationalen Regierungen wird durch arbeitsmarktpolitische Empfehlungen der EU-Kommission unterstrichen, die sich am dänischen Flexicurity-Modell orientieren.

M1 Die europäische Flexicurity-Strategie

Skandinavier und Niederländer hatten mit Arbeitsmarktreformen großen Erfolg. Inzwischen wird der „Flexicurity"-Ansatz als Modell für die ganze EU diskutiert. Statt Arbeitsplatzsicherheit lautet das Ziel Beschäftigungssicherheit. [...]

„Flexicurity" setzt sich aus den englischen Wörtern „flexibility" (Flexibilität) und „security" (Sicherheit) zusammen. Dahinter steht ein Modell der Arbeitsmarktpolitik, das den Interessenausgleich zwischen Arbeitgebern und Arbeitnehmern organisiert. Während Arbeitgeber ein Interesse daran haben, Personal flexibel einstellen und entlassen zu können, wollen Arbeitnehmer Beschäftigungssicherheit.

Der Ansatz, beide Ziele zusammenzubringen, wurde zunächst in den Niederlanden und Skandinavien erprobt und verfolgt. Der Kündigungsschutz wird reduziert, dafür werden Arbeitslose kurzfristig stark materiell unterstützt und intensiv bei der Stellensuche begleitet. Das Konzept der Arbeitsplatzsicherheit wird durch Beschäftigungssicherheit ersetzt. Zwischenzeitlich ist der Ansatz zu einer europäischen „Mission" geworden.

Mit der Europäischen Sozialagenda von 2000 hat der Europäische Rat Flexicurity zum Baustein des europäischen Sozialmodells und wesentlichen Bestandteil des Lissabon-Prozesses erklärt. Entsprechende europäische Grundsätze sollen die Mitgliedstaaten je nach den nationalen Gegebenheiten umsetzen.

Auch die „Europa 2020-Stragegie" der Europäischen Kommission beabsichtigt die Weiterführung der Flexicurity-Maßnahmen auf dem Arbeitsmarkt. Die Kombination von flexibleren Arbeitsmarktregeln und einem guten Niveau an sozialer Absicherung ist eine der wesentlichen Herausforderungen der Langzeitstrategie der EU für wirtschaftliche, soziale und umweltfreundliche Reformen. Im Europa 2020-Vorschlag der Kommission heißt es (S. 21):

„Die Mitgliedstaaten [...] sind aufgefordert, ihre nationalen Flexicurity-Konzepte – wie vom Europäischen Rat vereinbart – umzusetzen, um die Segmentierung des Arbeitsmarktes abzubauen und Übergänge sowie die Vereinbarkeit von Berufs- und Privatleben zu erleichtern.

Auf EU-Ebene übernimmt die Kommission die Aufgabe, die zweite Phase der Flexicurity-Agenda gemeinsam mit den europäischen Sozialpartnern zu definieren und umzusetzen und zu erkunden, wie wirtschaftliche Übergänge besser bewältigt, die Arbeitslosigkeit besser bekämpft und die Erwerbsquote gesteigert werden können."

In der Finanz- und Wirtschaftskrise sind allerdings Zweifel daran laut geworden, wie engagiert sich die Mitgliedstaaten wirklich für Flexicurity und seine erfolgreiche Durchführung in der EU einsetzen.

Der Weg zum EU-Modell

In einem Bericht für die Europäische Kommission aus dem Jahr 2003 ordnete der Wirtschaftswissenschaftler **André Sapir** vom Think Tank Bruegel die europäischen Sozialmodelle in vier Gruppen ein:

- Das *mediterrane* Modell (Italien, Spanien, Griechenland): Die sozialen Ausgaben konzentrieren sich auf Altersrenten; der Fokus liegt auf Beschäftigungsschutz und Frührentensystem – beides sei ineffizient in Hinblick auf die Schaffung von Arbeitsplätzen und die Bekämpfung von Armut.
- Das *kontinentale* Modell (Frankreich, Deutschland, Luxemburg): Das Modell basiert auf Versicherungen, Arbeitslosenunterstützung und Altersrenten und es besteht ein hoher Grad an Beschäftigungsschutz – das Fazit: gut im Kampf gegen Armut, aber schlecht bei der Schaffung von Arbeitsplätzen.
- Das *angelsächsische* Modell (Irland, das Vereinigte Königreich und Portugal): Das Modell ist geprägt durch viele Arbeitsplätze mit Niedriglohn und Anreizmaßnahmen. Es besteht ein geringer Grad an Beschäftigungssicherheit – das Fazit: relativ effizient bei der Schaffung von Arbeitsplätzen, aber schlecht bei der Vorsorge gegen Armut.
- Das *nordische* Modell (Dänemark, Finnland und Schweden sowie die Niederlande und Österreich): Das Modell ist geprägt durch hohe Ausgaben für soziale Sicherheit und hohe Steuern, geringen Arbeitsschutz, aber hohe Beschäftigungssicherheit – erfolgreich sowohl bei der Schaffung von Arbeitsplätzen als auch bei der Vorsorge gegen Armut.

Das Geheimnis des Erfolgs des *nordischen* Modells wird mit dem „Flexicurity"-Ansatz begründet, der in Dänemark in den frühen 1990er-Jahren und – mit einigen Änderungen – in anderen nordischen Staaten, den Niederlanden und Österreich umgesetzt wurde. Der Ansatz basiert auf dem sozialen Dialog zwischen den Arbeitgeberorganisationen und den Gewerkschaften und wurde ursprünglich von sozialdemokratischen Politikern wie **Poul Nyrup Rasmussen** beworben, der von 1992 bis 2001 dänischer Ministerpräsident war.

Das Konzept basiert auf der Annahme, dass Flexibilität und Sicherheit sich nicht widersprechen, sondern sich ergänzen und sogar gegenseitig unterstützen. Es verbindet ein geringes Niveau an Schutz für Arbeitnehmer vor Entlassungen mit einer hohen Unterstützung bei Erwerbslosigkeit und einer Beschäftigungspolitik, die auf der Verpflichtung und dem Recht von Erwerbslosen basiert, an Fortbildungsmaßnahmen teilzunehmen.

Herausforderungen

Ursprüngliche Flexicurity-Konzepte in den nordeuropäischen Staaten entwickelten sich aus den Arbeitsbeziehungen und der Akzeptanz von Besteuerung und Gewerkschaften. Dies sind Muster, die ihre Wurzeln in den ersten Jahren des 20. Jahrhunderts haben. Es wird daher geschlussfolgert, dass sie nicht einfach auf andere Länder übertragen werden können.

Als die Kommission ihre Mitteilung „Gemeinsame Grundsätze für den Flexicurity-Ansatz herausarbeiten: mehr und bessere Arbeitsplätze durch Flexibilität und Sicherheit" entwarf (veröffentlicht am 27. Juni 2007), war sie sich dieses Problems bewusst. Sie beschränkte sich daher auf die Definition einiger Komponenten erfolgreicher Flexicurity-Politiken, die in die Beschäftigungspolitik eines jeden Landes einbezogen werden können, ohne die dem Konzept zugrunde liegenden Prinzipien zu ändern. Dazu gehören:

- flexible und verlässliche vertragliche Vereinbarungen;
- umfassendes und lebenslanges Lernen;
- effektive und aktive Beschäftigungspolitiken und;
- moderne Systeme der sozialen Sicherung.

Das Kommissionspapier setzte sich anschließend mit der schwierigen Aufgabe auseinander, Vorschläge zum weiteren Vorgehen bei Arbeitsmarktreformen zu unterbreiten. Um *keine* spezifischen Empfehlungen an Mitgliedstaaten zu richten, wird eine Typologie von vier unterschiedlichen Herausforderungen definiert, mit denen die verschiedenen Staaten konfrontiert sein könnten. Den Regierungen wird es überlassen, zu überprüfen, welche Empfehlung auf sie zutrifft.

Für jede der Situationen schlagen die Autoren einen „Pfad" aus den jeweiligen Engpässen der Beschäftigungspolitik vor, der alle vier Elemente des Flexicurity-Ansatzes einbezieht. Die Typologie umfasst die folgenden Situationen:

- Größte Herausforderung: **vertragliche Segmentierung**. Der Arbeitsmarkt ist aufgeteilt in „Insider" und „Outsider" bzw. in Arbeitnehmer mit unbefristeten Verträgen und solche mit kurzfristigen Verträgen und geringem Sozialschutz. Die Länder zeichnen sich in der Regel durch eine hohe Zahl von Frühverrentungen aus. Beispiele sind Spanien, Italien, Frankreich und Portugal. Vorschlag: Auf eine gleichmäßigere Verteilung von Flexicurity und Sicherheit abzielen, um „Zugangspunkte" für Neueinsteiger in die Beschäftigung zu schaffen und eine Verbesserung ihrer vertraglichen Vereinbarungen zu fördern.
- Größte Herausforderung: **Flexicurity innerhalb der Unternehmen** entwickeln und eine Übergangssicherheit schaffen. Ein hoher Prozentsatz großer Unternehmen führt zu einer geringen Arbeitsplatzmobilität innerhalb der Belegschaft. Dies ist der Fall in Deutschland, Belgien, Luxemburg und Frankreich. Vorschlag: In Vermittlungsfähigkeit und lebenslanges Lernen investieren, um die Anpassungsfähigkeit der Arbeitnehmer an den technologischen Wandel zu erhöhen; einen besseren und sichereren Wechsel zwischen Unternehmen ermöglichen.
- Größte Herausforderung: **mangelnde Fähigkeiten und Möglichkeiten** der arbeitenden Bevölkerung. In Ländern mit einer hohen Beschäftigungsrate, wie dem Vereinigten Königreich, den Niederlanden und sogar Dänemark, der „Wiege" des Flexicurity-Ansatzes, haben gering ausgebildete Bevölkerungsteile wenig Möglichkeiten, eine bessere als die derzeitige Beschäftigung zu finden. Vorschlag: Möglichkeiten schaffen und die Fähigkeiten von Arbeitnehmern mit niedrigem Ausbildungsstatus verbessern, um ihnen den sozialen Aufstieg zu ermöglichen.
- Größte Herausforderung: **Möglichkeiten für Empfänger von Sozialleistungen und Schwarzarbeiter**. Diese Situation wird in der Regel in den Mitgliedstaaten vorgefunden, die der EU 2004 beitraten. Diese Staaten haben eine tief greifende Umstrukturierung erfahren, die zu einem hohen Prozentsatz der potenziellen Arbeitskräfte führte, die langfristig auf Sozialleistungen angewiesen sind. Vorschlag: Einführung oder Verstärkung aktiver Beschäftigungspolitiken und Maßnahmen für lebenslanges Lernen, um Leistungsempfängern den Übergang von Schwarzarbeit zu offizieller Beschäftigung zu erleichtern.

Der Europäische Rat nahm im Dezember 2007 eine Einigung über „Gemeinsame Grundsätze für den Flexicurity-Ansatz" an und im Laufe des Jahres 2008 untersuchte die Europäische Kommission durch die „Flexicurity Mission", wie die gemeinsamen Grundsätze in nationale Prozesse in der EU eingebaut werden könnten.

EurAktiv.de: Flexicurity: Europas Arbeitsmarkt-Modell?, vom 13. April 2010, www.euractiv.de/zukunft-und-reformen/linkdossier/flexicurity-europas-arbeitsmarkt-modell-000114, aufgerufen am 14. Juli 2010

Arbeitsauftrag

1. Diskutieren Sie die „Flexicurity-Mission" der EU!

Kompetent in Kürze: Maßnahmen gegen die Arbeitslosigkeit

Bei der Bekämpfung von Arbeitslosigkeit lassen sich zwei wirtschaftspolitische Konzeptionen unterscheiden, die bis heute in Wissenschaft und Politik kontrovers diskutiert werden.

Nachfrageorientierte Wirtschaftspolitik nach John Maynard Keynes (1883–1946)

Laut Keynes liegt Arbeitslosigkeit in einer unzureichenden gesamtwirtschaftlichen **Nachfrage** begründet. Die Verbraucher kaufen zu wenig, die Unternehmer investieren kaum. Eine solche Situation führt leicht in eine sich selbst verstärkende **Abwärtsspirale**, denn der geringe Konsum und die nachlassenden Investitionen bedeuten gleichzeitig sinkende Umsätze für die Unternehmen. Da der **Markt** aus dieser Krisensituation nicht von allein herauskommt, fordert Keynes, dass der Staat aktiv in die Wirtschaft eingreifen und die fehlende Nachfrage ersetzen soll. Im Mittelpunkt der staatlichen **Eingriffe** stehen vor allem die staatliche **Ausgabenpolitik** und die Veränderung der **Steuersätze**; die Zinspolitik der **Zentralbank** sollte die staatliche Finanzpolitik unterstützen.
Insgesamt sollen die Maßnahmen so umgesetzt werden, dass sie in Zeiten der Hochkonjunktur die Nachfrage dämpfen und in Zeiten des Abschwungs die Nachfrage vergrößern **(antizyklische Politik)**. Im Idealfall lösen die staatlichen Aufträge eine Steigerung der Konsum- und Investitionsgüternachfrage in der gesamten Volkswirtschaft aus, da steigende Umsätze in einer Branche auch positive Auswirkungen auf andere Branchen haben (**Multiplikator-Akzelerator-Effekt**).

Instrumente der nachfrageorientierten Wirtschaftspolitik (Auswahl)

- Erhöhung der staatlichen Güternachfrage (Finanzierung über Kredite: **deficit spending**)
- Steuersenkungen, die die verfügbaren Einkommen der privaten Haushalte und somit ihre Konsumgüternachfrage erhöhen
- Maßnahmen der Einkommensumverteilung zugunsten einkommensschwacher Haushalte, weil die unteren Einkommensgruppen höhere Konsumquoten aufweisen (d.h. einen größeren Anteil ihres Einkommens ausgeben)
- Senkung der Leitzinsen, um die Spar- und Kreditzinsen zu verringern und dadurch die Haushalte und Unternehmen zu kreditfinanzierten Ausgaben zu animieren.

Kritik an der nachfrageorientierten Wirtschaftspolitik

Kritik an der nachfrageorientierten Beschäftigungspolitik entzündet sich an den zu beobachtenden zeitlichen **Verzögerungen** (time lags) zwischen den wirtschaftspolitischen Entscheidungen, ihrer Umsetzung und der Entfaltung ihrer beabsichtigten Wirkung. Skeptiker befürchten auch, dass durch die staatlichen Investitionen private Investoren verdrängt werden (**crowding out**). In der Praxis zeigte sich, dass Politiker dazu tendieren, zwar die Staatsausgaben in Krisenzeiten zu erhöhen, in Phasen der Hochkonjunktur aber die allfällige Ausgabenreduzierung und Steuererhöhung zu scheuen – wohl, um keine Wählergruppen zu vergraulen. Als Folge dieser wahltaktisch motivierten Vorgehensweise türmten sich in vielen Ländern, die in den vergangenen Jahrzehnten eine solche Politik betrieben, beträchtliche staatliche **Schuldenberge** auf.

Angebotsorientierte Wirtschaftspolitik nach Milton Friedman (1912–2006)

Die **Angebotstheorie**, die auf den **klassischen Liberalismus** zurückgeht, beschränkt die Rolle des Staates bei der Gestaltung des Wirtschaftsprozesses. Sie geht davon aus, dass der **freie Markt** langfristig zu optimalen Ergebnissen führt; Arbeitslosigkeit sei somit nicht auf ein Versagen der freien Märkte, sondern auf staatliche Eingriffe und **Marktverzerrungen** zurückzuführen. Die angebotsorientierte Strategie sieht eine Wachstums- und Beschäftigungskrise in erster Linie **strukturell**, weniger konjunkturell bedingt. Der Staat soll demzufolge lediglich die wirtschaftlichen Rahmenbedingungen – vor allem für die Unternehmen – verbessern.

Instrumente der angebotsorientierten Wirtschaftspolitik (Auswahl)

- Verbesserung der Rentabilität von Unternehmensinvestitionen (z.B. durch Steuersenkungen)
- moderate Lohnabschlüsse und Abbau der Lohnnebenkosten
- Stärkung der internationalen Wettbewerbsfähigkeit
- Verringerung staatlicher Sozialleistungen
- Deregulierung des Arbeitsmarktes (z.B. Lockerung des Kündigungsschutzes)
- Verstetigung des Geldmengenwachstums (Forderung des **Monetarismus,** Milton Friedman)

Kritik an der angebotsorientierten Wirtschaftspolitik

Kritiker bemängeln die einseitige Fixierung der Angebotstheorie auf die **Kosten** der Unternehmen. Da die Gewinne der Unternehmen jedoch auch von ihren Erlösen (Einnahmen) abhängen, müsste auch die Nachfrageseite berücksichtigt werden. Unternehmen investieren ihre Gewinne nicht, wie von der Angebotstheorie angenommen, automatisch, sodass bei geringer **Absatzerwartung** durch eine geringe Nachfrage, z. B. wegen mangelnder Kaufkraft der Verbraucher, **Erweiterungsinvestitionen** der Unternehmen unterbleiben oder als **Rationalisierungsinvestitionen** sogar zu einem weiteren Rückgang der Beschäftigung führen. Nicht zuletzt von Seiten der Gewerkschaften wird Verfechtern der angebotsorientierten Strategie vorgeworfen, ihre Forderungen verschärften die soziale Ungleichheit und begünstigten einseitig die Unternehmer, während die Arbeitnehmer hauptsächlich die Lasten zu tragen hätten (geringere Lohnsteigerungen, verringerte Kündigungsschutz usw.).

Fazit

Bisher haben sich weder das nachfrage- noch das angebotsorientierte Modell als **Patentlösung** profilieren können. Durchzusetzen scheint sich die Erkenntnis, dass die Probleme des Arbeitsmarktes in Deutschland auf eine Mischung **konjunktureller und struktureller Probleme** zurückzuführen sind.

	Nachfrageorientierte Wirtschaftspolitik	Angebotsorientierte Wirtschaftspolitik
Grundüberlegung	Die Gesamtnachfrage bestimmt Konjunktur und Beschäftigung.	Die Rentabilität der Produktion bestimmt Konjunktur und Beschäftigung.
Diagnose	Die Gewinnchancen der Unternehmen hängen maßgeblich vom Konsum der Verbraucher ab. In einer Krise konsumieren die Verbraucher zu wenig.	Die Investitionsbereitschaft der Unternehmer ist abhängig von der Gewinnerwartung und der Kapitalrentabilität. Arbeitslosigkeit entsteht, wenn die Unternehmen wenig investieren, weil die Angebotsbedingungen schlecht sind.
Therapie: Staat	Ausweitung der Nachfrage durch: • staatliche Konjunktur- und Beschäftigungsprogramme • steuerliche Entlastung der Haushalte zur Hebung der Massenkaufkraft • Umverteilung des Volkseinkommens von unten nach oben	Senkung der Produktionskosten durch: • steuerliche Entlastung der Unternehmen • Verbesserung der Abschreibungsmöglichkeiten • Verringerung der Lohnnebenkosten • Deregulierung des Arbeitsmarktes
Therapie: Zentralbank	Senkung der Leitzinsen	Stetige Geldpolitik
Therapie: Tarifparteien	Produktivitäts- und umverteilungsorientierte Lohnpolitik	Lohnzurückhaltung (maximal produktivitätsorientierte Lohnsteigerungen)
Beabsichtigte Ziele	• Mehr Beschäftigung in den staatlich geförderten Branchen • Dadurch höheres Einkommen • Mehr Konsumnachfrage in den anderen Branchen (Multiplikatoreffekt) • Steigerung des Wirtschaftswachstums und der Beschäftigung	• Stärkung der Ertragskraft der Unternehmen • Stärkung der internationalen Wettbewerbsfähigkeit • Zunahme der Investitionen • Steigerung des Wirtschaftswachstums und der Beschäftigung

Abb. 73.1: Gegenüberstellung der Maßnahmen von Nachfrage- und Angebotspolitik zur Konjunkturbelebung

Online-Link
Musterklausur
006590-0073

Operatoren für die Fächer Geschichte, Gemeinschaftskunde, Geographie und Wirtschaft

Anforderungsbereich I (Reproduktion)	**nennen**	Entweder Informationen aus vorgegebenem Material entnehmen oder Kenntnisse ohne Materialvorgabe anführen.
	herausarbeiten	Informationen und Sachverhalte unter bestimmten Gesichtspunkten aus vorgegebenem Material entnehmen, wiedergeben und/oder gegebenenfalls berechnen.
	beschreiben	Wesentliche Informationen aus vorgegebenem Material oder aus Kenntnissen zusammenhängend und schlüssig wiedergeben.
	charakterisieren	Sachverhalte und Vorgänge mit ihren typischen Merkmalen beschreiben und in ihren Grundzügen bestimmen.
Anforderungsbereich II (Reorganisation und Transfer)	**erstellen**	Sachverhalte inhaltlich und methodisch angemessen grafisch darstellen und mit fachsprachlichen Begriffen beschriften (z. B. Fließschema, Diagramm, Mindmap, Wirkungsgefüge).
	darstellen	Strukturen und Zusammenhänge beschreiben und verdeutlichen.
	analysieren	Materialien oder Sachverhalte systematisch und gezielt untersuchen und auswerten.
	ein-, zuordnen	Sachverhalte, Vorgänge begründet in einen vorgegebenen Zusammenhang stellen.
	begründen	Komplexe Grundgedanken argumentativ schlüssig entwickeln und im Zusammenhang darstellen.
	erklären	Informationen durch eigenes Wissen und eigene Einsichten begründet in einen Zusammenhang stellen (z. B. Theorie, Modell, Gesetz, Regel, Funktionszusammenhang).
	erläutern	Sachverhalte im Zusammenhang beschreiben und anschaulich mit Beispielen oder Belegen erklären.
	vergleichen	Gemeinsamkeiten und Unterschiede gewichtend einander gegenüberstellen und ein Ergebnis formulieren.
Anforderungsbereich III (Reflexion und Problemlösung)	**überprüfen**	Vorgegebene Aussagen bzw. Behauptungen an konkreten Sachverhalten und innerer Stimmigkeit messen.
	beurteilen	Aussagen, Behauptungen, Vorschläge oder Maßnahmen im Zusammenhang auf ihre Stichhaltigkeit bzw. Angemessenheit prüfen und dabei die angewandten Kriterien nennen.
	bewerten	Aussagen, Behauptungen, Vorschläge oder Maßnahmen beurteilen, eine persönliche Stellungnahme abgeben und dabei die eigenen Wertmaßstäbe offenlegen.
	erörtern	Zu einer vorgegebenen Problemstellung durch Abwägen von Für- und Wider-Argumenten ein begründetes Urteil fällen.
	gestalten	Sich produkt-, rollen- bzw. adressatenorientiert mit einem Problem durch Entwerfen z. B. von Reden, Streitgesprächen, Strategien, Beratungsskizzen, Szenarien oder Modellen auseinandersetzen.

http://www.schule-bw.de/unterricht/faecher/geschichte/operatoren/

Methoden im Fach Wirtschaft

Online-Link
Strategien für Klausuren
006590-0075

Textquellen analysieren

1. Klären Sie zunächst Titel und Herkunft der Quelle (Titel, Autor, Erscheinungsjahr, Fundort/Abdruck, Textquellenart).
2. Unterstreichen Sie Schlüsselbegriffe oder Sinnabschnitte. Markieren Sie unklare Begriffe oder Definitionen zur Nachfrage oder späteren Klärung. Gliedern Sie den Text im Sinn der Fragestellung und geben Sie diesen Gliederungsabschnitten Kurzüberschriften oder fassen Sie die Abschnitte sinngemäß und prägnant zusammen. Versuchen Sie die Textquelle in einen politischen, wirtschaftlichen oder historischen Zusammenhang einzubetten.
3. Nehmen Sie eine Bewertung der Textquelle vor, indem Sie die Absicht des Autors klar herausstellen (z. B. durch den textlichen Inhalt von einer Sache zu überzeugen, Partei zu ergreifen oder eine bestimmte Sichtweise darzustellen). Überprüfen Sie anhand der gemachten Beobachtungen und Ergebnisse, ob Sie mit dem Autor übereinstimmen oder angemessene Kritik formulieren.

Tabellen beschreiben und auswerten

1. Beachten Sie den Titel und lesen Sie den Tabellenkopf sowie alle Erklärungen sorgfältig.
2. Beachten Sie – soweit vorhanden – die Quellenangaben.
3. Untersuchen Sie, um welche Einheiten es sich handelt (z. B. absolute Zahlen – in Tausend, in Hunderttausend, in Millionen –, Prozentangaben oder Indexwerte mit einem Zeitpunkt x, der als Ausgangswert 100 genommen wurde). N (n) gibt die Anzahl der Befragten an.
4. Untersuchen Sie, welche Variablen vorliegen, z. B. Geschlecht, Alter, Beruf.
5. Betrachten Sie den Gesamtdurchschnitt und setzen Sie ihn in Relation zu den Einzelwerten.
6. Versuchen Sie schließlich, Regelmäßigkeiten aufzuzeigen und Ungewöhnliches zu finden, wie Zahlensprünge oder Anomalien.

Diagramme und Grafiken auswerten

1. Was wird im Diagramm dargestellt? (Überschrift und Beschriftung der Achsen des Diagramms beachten!)
2. Wie ist es dargestellt? (Diagrammart beschreiben, z. B. Balken-, Kreis-, Linien- oder Flächendiagramm.)
3. Was fällt auf? (Den Inhalt des Diagramms näher beschreiben, dabei die Auffälligkeiten hervorheben.)
4. Anschließend kann eine Ursachenanalyse sinnvoll sein, z. B. die Untersuchung, ob es Parallelen zwischen einzelnen im Diagramm dargestellten Variablen gibt.
5. Eventuell sollen Sie sich auch kritisch zur Aussagekraft des Diagramms äußern, wenn z. B. Zahlen fehlen oder der Verdacht besteht, dass hinter dem Diagramm eine bestimmte Aussageabsicht steht. Liegt der Nullpunkt z. B. nicht im Ursprung der Ordinate (y-Achse), so soll beim Betrachter möglicherweise der Eindruck erweckt werden, dass die Veränderungen im Diagramm größer erscheinen, als sie in Wirklichkeit sind.

Karikaturen beschreiben und interpretieren

1. Klären Sie zunächst Titel und Herkunft der Karikatur: Titel/Thema, Karikaturist, Erscheinungsjahr, Fundort/Abdruck.
2. Stellen Sie einen Zusammenhang zwischen der Karikatur und einem politischen, wirtschaftlichen oder historischen Ereignis her.
3. Gehen Sie auf die Gestaltung der Karikatur beschreibend ein. Beschreiben Sie die einzelnen Bildelemente (z. B. von links nach rechts; Vordergrund, Mittelgrund, Hintergrund), die Anordnung der Bildelemente, Schrift, Zahlen, Symbole.
4. Welche Kritik oder Aussage möchte der Karikaturist machen? Steht eine bestimmte Sichtweise oder Überzeugung dahinter? Ist der Aussage des Karikaturisten zuzustimmen oder lassen sich Kritikpunkte anders betrachten und gegebenenfalls überzeugend widerlegen?
5. Fassen Sie die wesentlichen Inhalte der Karikaturanalyse kurz zusammen.

Reden halten

Eine Rede gliedert sich in die Abschnitte Einleitung, Hauptteil und Schluss. Eine genauere Untergliederung orientiert sich an dem AIDA-Konzept. AIDA steht für ***A**ttention*, ***I**nterest*, ***D**esire* und ***A**ction* und beschreibt mit diesen Schlagworten die Ziele, die die Abschnitte einer interessanten und überzeugenden Rede verfolgen sollen.

- ***Attention:*** Am wichtigsten ist es zunächst – d.h. gleich mit dem ersten Satz –, die Aufmerksamkeit der Zuhörer zu gewinnen. Das kann ein bekanntes Zitat sein, eine gezielte Provokation, eine rhetorische Frage. Sinnvoll ist es manchmal auch, eine persönliche Betroffenheit der Zuhörer herzustellen, indem man aufzeigt, inwiefern auch die Zuhörer von dem Thema betroffen sind, über das man redet.
- ***Interest:*** Das leitet auch zum nächsten Abschnitt der Rede bzw. Präsentation über, in dem das Interesse der Zuhörer an dem Thema gestärkt werden soll. Warum ist das Thema (für die Zuhörer) wichtig? Was macht es einzigartig – oder auch gerade übertragbar auf andere Fälle?
- ***Desire:*** Im weiteren Verlauf einer Rede kann es angebracht sein, in den Zuhörern einen Wunsch zu wecken – und das sollte idealerweise derselbe Wunsch sein, den auch Sie mit dem Thema verbinden und den Sie am Ende der Rede konkret benennen.
- ***Action:*** Aus diesem Wunsch leitet sich ein bestimmtes Handeln ab, wozu Sie die Zuhörer aufrufen, z.B. bei Wahlen oder Abstimmungen für oder gegen eine Partei oder ein Gesetz zu stimmen. Um den Wunsch der Zuhörer in die von Ihnen gewünschte Richtung zu lenken, können Sie z.B. aufzeigen, was Ihrer Meinung nach passieren könnte, wenn die von Ihnen am Schluss geforderte Handlung nicht durchgeführt wird.

Tipps für eine gute Rede

- In der Regel erwartet man von einem guten Redner, dass er frei vorträgt. Dazu sollte man sich lediglich einen kurzen Stichwortzettel, etwa eine Karteikarte im Format DIN A6, vorbereiten und nicht zu klein beschriften.
- Sprache, Stilmittel und Argumentation einer Rede müssen immer der „Zielgruppe“, also den Zuhörern, dem Redeanlass und dem Redezweck angepasst sein. Vermeiden Sie zu lange oder durch Einschübe verschachtelte Sätze, Nominalstil (zu viele Substantive) und Passivausdrücke.
- Gestik und Körpersprache sind wichtig, sie sollten aber auch nicht übertrieben oder einstudiert wirken.
- Wichtigster Punkt bei der Rhetorik ist es, langsam, laut und deutlich zu sprechen. Am besten ist, Sie üben vor der Rede in einer Generalprobe mit oder ohne Zuhörer Gestik und Rhetorik.

Präsentationen halten

Eine besondere Form der Rede ist die Präsentation, z.B. im Rahmen der Abiturprüfung.

- **Aufbau einer Präsentation:** Ähnlich wie eine Rede gliedert sich eine Präsentation in die Abschnitte Einleitung, Hauptteil und Schluss. Eine besondere Bedeutung kommt dabei der Gliederung der Präsentation zu: Dem Einzelnen im Publikum sollte immer klar sein, in welchem Abschnitt er sich befindet. Dafür empfiehlt es sich, die Gliederung der Präsentation zu Beginn kurz vorzustellen und auch während des Vortragens immer wieder darauf zu verweisen.
- **Präsentationsmedien:** Überlegen Sie sich sorgfältig, welches Medium Sie bei Ihrer Präsentation einsetzen möchten bzw. je nach Ausstattung der Schule können (z.B. Notebooks bzw. Computer, Overheadprojektoren, Flipcharts oder auch Pinnwände). Sorgen Sie dafür, das Präsentationsmedium vor dem Vortrag rechtzeitig bereitzustellen und aufzubauen, damit alles vorbereitet ist, wenn es losgeht.

Tipps zur Visualisierung

- Aufgelegte Folien mit Diagrammen oder Strukturbildern sind ohne Verbalisierung nutzlos. Auch eine Illustration, die Zusammenhänge auf einen Blick erkennbar macht, bedarf immer einer Erklärung.
- Die Veranschaulichung muss für alle Zuhörer gut lesbar sein: Das betrifft sowohl die Größe von Schrift und Bild als auch die Zeit, die der einzelne braucht, um eine Darstellung zu betrachten.
- Jede Veranschaulichung und jedes Medium muss angemessen sein. Eine reine Materialschlacht bloß zur Erzeugung von Effekten sollte man vermeiden.

- **Handout:** Damit der Zuhörer alle wichtigen Informationen der Präsentation auch später noch nachvollziehen kann, empfiehlt es sich, ein Handout mit den wichtigsten Punkten (in Stichworten) zu erstellen und es vor oder nach dem Vortrag zu verteilen.
- **Vortrag:** Wie bei einer Rede sollten Sie die wichtigsten Stichworte auf Karteikarten schreiben, um auf diese Weise möglichst frei zu sprechen. Proben Sie den Vortrag mit Präsentationsmedium und achten Sie auf die Zeit, die Sie haben. Seien Sie auch auf kritische Nachfragen zu Ihrer Vorgehensweise vorbereitet.

Debattieren

Es gibt verschiedene Varianten der klassischen Pro- und Kontra-Debatte. Alle setzen voraus, dass die Debattierenden sich intensiv mit dem Thema der Debatte auseinandergesetzt und sich in ihrer Gruppe abgesprochen haben. Bei der „amerikanischen Debatte" sitzen sich die beiden Parteien nach der gruppeninternen Vorbereitung in zwei Reihen paarweise gegenüber und diskutieren abwechselnd ihre Standpunkte:

- In der Eröffnungsrunde trägt jeder in einem zeitlich begrenzten Redebeitrag seinen Standpunkt und sein(e) Argument(e) vor.
- In der „Rückrunde" fasst jeder die Argumente seines Gegenübers zusammen (Notizen anfertigen!) und setzt sich mit diesen Argumenten auseinander, indem er sie zu entkräften versucht.
- Die „Schlussrunde" ist eine freie Aussprache (der Diskussionsleiter führt eine Rednerliste), in der jeder auf bereits genannte Argumente eingehen kann.
- Alle Phasen sind zeitlich begrenzt; der Diskussionsleiter oder ein separater Zeitwächter überwacht die Einhaltung der Redezeiten (Klingel). Bei einer größeren Gruppe können die nicht an der Diskussion Beteiligten in einer zusätzlichen „Fragerunde" Fragen an die Pro- und Kontra-Seite stellen und abschließend über die Streitfrage abstimmen.

Mögliche, auch aktuelle strittige Themen finden sich beim Thema Wirtschaftspolitik reichlich (vgl. Abschnitte zur nachfrage- und angebotsorientierten Wirtschaftspolitik oder zu einzelnen beschäftigungspolitischen Maßnahmen in diesem Band). Das Thema ist so zu formulieren, dass es nach einer konkreten Maßnahme fragt und nur mit „Ja" oder „Nein" beantwortet kann.

Die Methode der ideologiekritischen Analyse

Bei der ideologiekritischen Analyse geht es darum, Texte oder andere Quellen daraufhin zu untersuchen, ob sie ideologische Urteile enthalten bzw. in anderer Form ein Bezug zu bestimmten Interessen und Weltanschauungen besteht. Ideologische Urteile sind Urteile, die nicht auf Fakten, sondern auf Weltanschauungen und nicht überprüfbaren Axiomen (Annahmen) beruhen. Folgende Fragen können helfen, ideologischen Texten auf die Spur zu kommen:

- Auf welchen Annahmen (auch: Hypothesen, Vorurteilen) beruhen die Aussagen der Quelle? Sind die Annahmen überprüfbar? Wenn ja, wurden sie überprüft? Mit welchem Ergebnis?
- Lassen sich bei der Auswahl und Darstellung von Daten und Fakten bestimmte einseitige Tendenzen feststellen?
- Wer ist der Verfasser oder Auftraggeber der Quelle? Welche Interessen stecken hinter den Verfassern oder Auftraggebern?
- Wem nutzt die These bzw. die Forderung, die sich aus der Quelle ableiten lässt?
- Besteht eine Beziehung zwischen den Aussagen und den Interessen derer, die die Quelle verfasst haben bzw. sich in ihrer Argumentation die Aussagen der Quelle zu eigen machen?
- Handeln die Verfechter einer These auch selbst konsequent entsprechend ihren Forderungen?
- Gibt es Widersprüche zwischen den Aussagen und Forderungen?
- Gibt es „Nebenwirkungen" und „verborgene Konsequenzen"? Ideologische Aussagen sind nicht selten auf ein Ziel ausgerichtet, das sie nicht nennen.
- Gibt es sprachliche Mittel, die in suggestiver Weise gebraucht werden, z. B. Über- oder Untertreibungen, beschönigende oder dramatisierende Begriffe, Umschreibungen und Synonyme, die positive oder negative Konnotationen (einen „Beigeschmack") haben.

Ein Ideologieverdacht oder der Nachweis einer möglichen Interessengebundenheit darf allerdings nicht davon abhalten, die Argumente einer strengen Wahrheitsprüfung zu unterziehen und sich mit ihnen argumentativ auseinanderzusetzen.

Glossar

Außenbeitrag ist die Differenz zwischen den Einnahmen aus Warenexporten und den Ausgaben für Warenimporte. In einigen Statistiken werden auch die Dienstleistungsimporte und -exporte berücksichtigt. Wenn die Importe höher sind als die Exporte, ist der Außenbeitrag negativ. Der Außenbeitrag wird entweder wertmäßig in Euro oder in Prozent des → Bruttoinlandsprodukts (BIP) angegeben. In der Bundesrepublik Deutschland war der Außenbeitrag in den vergangenen Jahrzehnten meistens positiv. (siehe S. 24)

BAföG ist die Abkürzung für das BundesAusbildungsFörderungsGesetz. Aufgrund dieses Gesetzes können Studierende, die selbst und deren Eltern bestimmte Einkommensgrenzen nicht überschreiten, Fördergelder für ihren Lebensunterhalt am Studienort erhalten. Die Fördersumme wird teilweise als Kredit gewährt, den die Studierenden später zurückzahlen müssen – es sei denn, sie gehören zu den besten Studienabsolventen eines Jahres. (siehe S. 12)

Bruttoinlandsprodukt (BIP) umfasst den Produktionswert aller Waren und Dienstleistungen, die innerhalb eines Jahres in einer Volkswirtschaft hergestellt werden. (siehe S. 20)

demografischer Wandel: Veränderung des Altersaufbaus der Bevölkerung, in Deutschland eine Zunahme des Durchschnittsalters der Bevölkerung (sinkende Geburtenrate, längere Lebenserwartung). (siehe S. 40)

Erwerbspersonen sind alle Personen im erwerbsfähigen Alter, die einer Erwerbstätigkeit nachgehen (Erwerbstätige) oder eine suchen (Erwerbslose). (siehe S. 19)

Finanzpolitik: staatliche Einnahmen- und Ausgabenpolitik (Haushaltspolitik) zur Beeinflussung der gesamtwirtschaftlichen Lage. In Deutschland wird anstelle des Begriffs „Finanzpolitik" oft das Wort „Fiskalpolitik" benutzt, obwohl die Begriffe genau genommen keine Synonyme sind. Fiskalpolitik im eigentlichen Sinne bezeichnet alle staatlichen Maßnahmen, deren Ziel es ist, den Staatshaushalt bei Einnahmen und Ausgaben auszugleichen. (siehe S. 50)

Geldpolitik: Gesamtheit aller Maßnahmen, die bewusst zur Beeinflussung der Geldmenge eingesetzt werden. In der Eurozone trägt die Europäische Zentralbank (EZB) die Verantwortung für die Geldpolitik. Die Höhe der umlaufenden Geldmenge kann Auswirkungen auf das Preisniveau und auf das Wirtschaftswachstum in einer Volkswirtschaft haben. (siehe S. 19, 50)

Hartz-Gesetze: arbeitsmarktpolitische Reformen im Rahmen der „Agenda 2010" des damaligen Bundeskanzlers Gerhard Schröder (SPD). Der Name „Hartz-Gesetze" (eigentlich: „Gesetz über moderne Dienstleistungen am Arbeitsmarkt") geht auf den früheren VW-Vorstand Peter Hartz zurück, dessen Kommission die Gesetze maßgeblich vorbereitet hat. Wichtige Inhalte der vier Gesetze waren unter anderem: Hartz I (in Kraft getreten im Januar 2003): Einrichtung von Personalservice-Agenturen zur Förderung der Zeitarbeit; Verschärfung der Zumutbarkeitsregeln bei Jobangeboten. Hartz II (Januar 2003): Einführung von Existenzgründungszuschüssen („Ich-AG", zwischenzeitlich ersetzt durch den „Gründungszuschuss"); Reform der geringfügigen Beschäftigung („Mini-" und „Midi-Jobs"). Hartz III (Januar 2004): Reform der Arbeitsämter (Umbau in eine serviceorientierte „Bundesagentur für Arbeit"); Hartz IV (Januar 2005): Zusammenlegung von Arbeitslosenhilfe und Sozialhilfe zum „Arbeitslosengeld II" (umgangssprachlich „Hartz IV" genannt) – die Zahlung stellt eine steuerfinanzierte Sozialleistung dar und ist daher an eine Bedürftigkeitsprüfung geknüpft. Berechtigt sind nur erwerbsfähige Arbeitslose ohne anderes Einkommen oder Vermögen (oberhalb bestimmter Freibeträge); Verkürzung der Bezugsdauer des Arbeitslosengeldes I auf maximal ein Jahr (später Ausnahmen für ältere Arbeitslose eingeführt) – das Arbeitslosengeld I ist eine unabhängig von sonstigem Einkommen oder Vermögen gezahlte Versicherungsleistung der Bundesagentur für Arbeit. (siehe S. 39, 65)

ILO: Internationale Arbeitsorganisation (International Labour Organization). Sonderorganisation der Vereinten Nationen mit Sitz in Genf. Schwerpunkte der Arbeit der ILO sind die Formulierung und Durchsetzung internationaler Arbeits- und Sozialnormen. (siehe S. 37)

Inflation meint den Anstieg des Preisniveaus in einem Land. Inflation bedeutet gleichzeitig einen Kaufkraftverlust der Währung. (siehe S. 19, 22)

Kartelle sind Absprachen zwischen Unternehmen mit dem Ziel, den Wettbewerb zu behindern. Beispiel: Zwei Unternehmen, die in ihrem Marktsegment keine weitere Konkurrenz zu fürchten haben, vereinbaren, künftig einheitliche Preise oberhalb des aktuellen Niveaus zu verlangen. Dadurch erhöhen sie ihre Gewinne – zulasten der Kunden. Ein solches Preiskartell ist in Deutschland laut dem Kartellgesetz (Gesetz gegen Wettbewerbsbeschränkungen von 1958) verboten. Andere Formen von Kartellen sind beim Kartellamt anmeldepflichtig, aber nicht grundsätzlich verboten, z. B. ein Normenkartell, bei dem Unternehmen vereinbaren, nur noch Produkte gemäß einer bestimmten Norm herzustellen. (siehe S. 10, 32)

Konjunktur: Unter Konjunktur versteht man Schwankungen in der wirtschaftlichen Aktivität einer Volkswirtschaft, die eine gewisse Regelmäßigkeit aufweisen (in Abgrenzung von Schwankungen infolge einmaliger Sondereinflüsse) und die gesamtwirtschaftlich wirken (in Abgrenzung von saisonalen oder lediglich branchenspezifischen Schwankungen). Gemessen wird die Konjunktur anhand der Veränderungen des → realen Bruttoinlandsprodukts oder anhand der Schwankungen im Auslastungsgrad des Produktionspotenzials. Zur Einschätzung der konjunkturellen Lage werden darüber hinaus weitere Konjunkturindikatoren sowie Umfrageergebnisse herangezogen. (siehe S. 20)

Konjunkturschwankungen sind mittelfristige (ca. 2–11 Jahre dauernde) Schwankungen der wirtschaftlichen Aktivitäten. Gemessen werden sie in der Regel anhand des realen → Bruttoinlandsprodukts (BIP). Real bedeutet hier im Gegensatz zum nominalen BIP, dass die Preissteigerungen vom Wachstum des BIP abgezogen werden, weil man ja die Produktionssteigerungen und nicht die Preissteigerungen messen will. Vier Konjunkturphasen ergeben einen vollständigen Konjunkturzyklus: Aufschwung, Hochkonjunktur (Boom), Abschwung (Rezession) und Krise (Depression). Die einzelnen Phasen des Konjunkturzyklus' spiegeln sich in einer Vielzahl ökonomischer Größen wider, z. B. in der Auftrags-, Produktions-, Beschäftigungs-, Preis-, und Zinsentwicklung. Die Konjunkturpolitik der Regierung versucht, die Konjunktur zu beeinflussen und dabei ein angemessenes und gleichmäßiges Wirtschaftswachstum zu erreichen, die Konjunkturschwankungen also zu glätten. Zahlreiche Forschungsinstitute versuchen, die Konjunktur zu beschreiben (Konjunkturanalyse) und vorherzusagen (Konjunkturprognose), was jedoch – wenn überhaupt – meist nur näherungsweise gelingt. (siehe S. 12)

Leitzinsen: Unter Leitzinsen versteht man die von der zuständigen festgelegten Zinssätze, zu denen sich Geschäftsbanken bei einer Zentral- oder Notenbank gegen Verpfändung notenbankfähiger Sicherheiten oder unter Eingehung eines Wertpapierpensionsgeschäftes Zentralbankgeld beschaffen können. Diese Zinssätze beeinflussen in der Regel auch die Zinsen, die die Geschäftsbanken von ihren Kunden für Kredite verlangen bzw. an Kunden für Geldeinlagen zahlen. (siehe S. 23)

Liberalisten: Anhänger des Liberalismus. Vertreten in wirtschaftlichen Belangen die Auffassung, dass der Markt und nicht der Staat die wirtschaftlichen Abläufe weitestgehend frei bestimmen soll. Generell betont der Liberalismus die Freiheit des Einzelnen und fordert die Beschränkung staatlicher Gewalt auf ein notwendiges Mindestmaß. (siehe S. 44)

Monetaristen: Verfechter der monetaristischen Theorie (z. B. Milton Friedman), die die Bedeutung der Geldpolitik (Geldmengensteuerung) für die Wirtschaftsentwicklung betonen. (siehe S. 58, 60)

Monopol/Monopolist: ein konkurrenzloser Marktteilnehmer, sei er Anbieter oder Nachfrager. Der Monopolist ist in gewissen Grenzen in der Lage, die Preise bestimmen zu können. Die Geschäftspartner eines Monopolisten haben nur die Möglichkeit, die Menge der Leistungen zu bestimmen, die sie dem Monopolisten abnehmen. In einer auf dem Wettbewerb aufbauenden Marktwirtschaft wird ein Monopol als unerwünschte Marktform abgelehnt. (siehe S. 6, 10, 32)

Phillips-Kurve: Die Phillips-Kurve geht auf den englischen Statistiker und Ökonomen Alban William H. Phillips zurück. Sie stellt einen Zusammenhang her zwischen Inflation bzw. Nominallohn-Steigerungen und der Arbeitslosenquote. Aufgrund seiner Untersuchungen auf der Grundlage von Daten aus Großbritannien kam Phillips zu der Schlussfolgerung, dass Phasen geringer Arbeitslosigkeit mit relativ hoher Inflation einhergingen und umgekehrt. Er führte das darauf zurück, dass die Arbeitnehmer bei einem hohen Beschäftigungsstand eine größere Verhandlungsmacht haben und dadurch höhere Löhne durchsetzen können, die wiederum zu Preissteigerungen (Inflation) führen, wenn nicht gleichzeitig die Produktivität in gleichem Maße wächst. In den 1970er-Jahren, als Phasen hoher Arbeitslosigkeit und wirtschaftlicher Stagnation mit starker Inflation einhergingen („Stagflation") wurde insbesondere von monetaristischer Seite (Milton Friedman und andere) Kritik an der Theorie von Phillips laut. (siehe S. 47)

Prekariat (siehe auch → **Prekarisierung**) bezeichnet Erwerbstätige in unsicheren Beschäftigungsverhältnissen. Der Begriff selbst ist eine Neuschöpfung aus dem Adjektiv prekär (schwierig, unsicher, widerruflich) in Anlehnung an den Begriff „Proletariat". (siehe S. 40)

Prekarisierung: Begriff aus der Soziologie, mit dem die relative Zunahme atypischer, unsicherer Beschäftigungsverhältnisse bezeichnet wird. Beispiele sind Teilzeitstellen, befristete Verträge, nicht oder nur schlecht bezahlte Praktika („Generation Praktikum"), Scheinselbstständigkeit, Schwarzarbeit, Leiharbeit, Minijobs, Ein-Euro-Jobs, aber generell auch schlecht bezahlte Tätigkeiten, die trotz Vollzeiterwerbstätigkeit nicht zum Leben reichen („working poor") und daher zur Mehrfacherwerbstätigkeit zwingen („Moonlighter"). (siehe S. 40)

Rationalisierung bedeutet, dass ein Unternehmen denselben Umsatz mit einem geringeren Einsatz an Produktionsfaktoren (z. B. Arbeitskräften) erreicht. Mit Rationalisierungsmaßnahmen werden die Kosten eines Unternehmens gesenkt und die Wirtschaftlichkeit sowie der Gewinn erhöht. Beispiel: Arbeitskräfte werden durch Maschinen ersetzt. Beispiel Baukastensystem: Bestimmte Teile werden zur Herstellung einer größeren Anzahl von Fertigprodukten verwendet. (siehe S. 19)

reales Bruttoinlandsprodukt (BIP): Wert aller Güter und Dienstleistungen, die in einem Jahr innerhalb der Landesgrenzen einer Volkswirtschaft erwirtschaftet werden. Beim *realen* Wachstum des BIP werden die Preissteigerungen berücksichtigt, indem vom *nominalen* Wachstum die Inflationsrate abgezogen wird. (siehe S. 19, 46)

Say'sches Theorem: Nach dem französischen Nationalökonomen Jean Baptiste Say (1767–1832) bezeichneter ökonomischer Lehrsatz, bei dem angenommen wird, dass sich jedes volkswirtschaftliche Angebot seine eigene Nachfrage selbst schafft, da mit der Herstellung von Gütern gleichzeitig das Geld verdient wird, um diese Güter zu kaufen. Gesamtwirtschaftliches Angebot und Nachfrage haben danach die Tendenz zu einem Gleichgewichtszustand, bei dem Vollbeschäftigung herrscht. Unterstellt wird also, dass durch die Produktion von Gütern in der Volkswirtschaft Einkünfte erwirtschaftet werden, die in ihrer Höhe dem Preis der produzierten Güter entsprechen. Das führt dazu, dass automatisch die gesamte Menge der erstellten Güter und Leistungen abgesetzt wird, da das Einkommen entsprechend den Annahmen von Say entweder zum Güterkauf oder zur Ersparnis verwendet werden kann. Auch das gesparte Geld fließt dem Wirtschaftskreislauf den Annahmen zufolge komplett wieder zu, da die Sparer ihr Geld anlegen, um dafür Zinsen zu bekommen. Die Bildung von Ersparnissen bewirkt eine Steigerung des Geldangebots in der Volkswirtschaft, die zu sinkenden Zinsen führen muss. Bei niedrigeren Zinsen fragen die Unternehmen verstärkt Gelder in Form von Krediten zur Finanzierung von Investitionen für Fabrikhallen, Maschinen und Anlagen nach. Die gesamte Nachfrage nach Konsum- und Investitionsgütern in der Volkswirtschaft nähert sich somit nach und nach automatisch dem gesamten Angebot dieser Güter an und es entsteht ein volkswirtschaftliches Gleichgewicht bei Vollbeschäftigung. Die Annahmen und Folgerungen des Say'schen Theorems wurden insbesondere von John Maynard Keynes (1883–1946) abgelehnt, der vor allem den Zusammenhang von Ersparnissen und Investitionen und seine Auswirkungen auf die Beschäftigung kritisierte. Keynes ging davon aus, dass nicht die gesamten Ersparnisse über den Finanzmarkt dem Wirtschaftskreislauf zufließen und deshalb der Kreislauf zwischen Sparen und Investition unterbrochen wird, was dazu führt, dass die gesamte Nachfrage geringer ist als das Angebot. (siehe S. 51, 56)

Segregation: räumliche Konzentration bestimmter sozialer Gruppen innerhalb eines Landes oder einer Stadt. (siehe S. 40 f.)

Sockelarbeitslosigkeit (Hysterese-Effekt) bezeichnet das Phänomen, dass bei einem Aufschwung die Arbeitslosigkeit zwar sinkt, aber nicht bis auf das Ausgangsniveau von vor der Rezession, zu beobachten in Deutschland vor allem in den 1980er- und 1990er-Jahren. Ein Indiz dafür, dass die Arbeitslosigkeit nicht nur konjunkturell, sondern in erheblichem Maße auch strukturell bedingt war. (siehe S. 43)

Subventionen sind Steuervergünstigungen und staatliche Finanzhilfen an Unternehmen. (siehe S. 32)

Bildquellennachweis

Umschlag.1 Thinkstock (istockphoto), München; **Umschlag.2** Fotolia LLC (Jan Wowra, Frankfurt), New York; **Umschlag.3** Fotolia LLC (mankale), New York; **Umschlag.4** iStockphoto (Anja Hild), Calgary, Alberta; **4.1** Archiv der sozialen Demokratie der Friedrich-Ebert-Stiftung; **4.2** Bundesarchiv (Plak 004-010-017, Grafiker:Koepernik), Koblenz; **4.3** Konrad-Adenauer-Stiftung e.V., Archiv für Christlich-Demokratische Politik, Plakatsammlung; **6.1** Wikimedia Foundation Inc. (PD), St. Petersburg FL; **7.1** Corbis (Bettmann), Düsseldorf; **8.1** Wikimedia Foundation Inc. (PD), St. Petersburg FL; **8.2** Ullstein Bild GmbH (Uhlenhut), Berlin; **9.1** Wikimedia Foundation Inc. (PD), St. Petersburg FL; **9.2** Picture-Alliance (dpa Infografik), Frankfurt; **12.1** Fotolia LLC (DeVIce), New York; **14.1** Ullstein Bild GmbH (dpa), Berlin; **18.1** aus: Vahlens Kompendium der Wirtschaftstheorie, Verlag Franz Vahlen, 9. Auflage 2007, Seite 311; **22.1** Fotolia LLC (Christina Altwicker), New York; **23.1** Liebermann, Erik, Steingaden; **23.2** CCC, www.c5.net (Haitzinger), Pfaffenhofen a.d. Ilm; **24.1** Bergmoser + Höller Verlag, Aachen; **24.2** Picture-Alliance (dpa Infografik), Frankfurt; **25.1** Federal Reserve Bank of New York, New York, NY; **30.1** Thinkstock (iStockphoto), München; **33.1** Bergmoser + Höller Verlag, Aachen; **37.1** Bibliographisches Institut GmbH, Mannheim; **38.1** Henniger, Barbara, Strausberg; **40.1** Picture-Alliance (dpa-infografik), Frankfurt; **41.1** aus: „Aus Politik und Zeitgeschichte" /2003, Bundeszentrale für politische Bildung, Heft 6-7, S. 25-31 (Prof. H. Ebenrett, Dr. D. Hansen, Dr. K. Puzicha); **42.1** Bundesagentur für Arbeit, Nürnberg; **43.1** Greser & Lenz, Aschaffenburg; **43.2** Logo, Stuttgart; **46.1** Pressestelle der CDU Deutschlands, Berlin; **47.1** CCC, www.c5.net (Jan Tomaschoff), Pfaffenhofen a.d. Ilm; **50.1** Wikimedia Foundation Inc., St. Petersburg FL; **51.1** nach: C. Leipert: Alternative Wege der Wirtschaftspolitik, in: Informationsdienst zur wirtschaftlichen Bildung des Instituts für wirtschafts- und sozialwissenschaftliche Bildung, Hrsg.: G.-J. Krol, Heft 12, 1980, S. 21; **54.1** Klett-Archiv (Steffen Jähde), Stuttgart; **56.1** Plaßmann, Thomas, Essen; **58.1** The Foundation for educational choice, Indiana; **59.1** Klett-Archiv (Steffen Jähde), Stuttgart; **60.1** Klett-Archiv (Steffen Jähde), Stuttgart; **62.1** Klett-Archiv (Steffen Jähde), Stuttgart; **63.1** © 2009, IW Medien · iwd 46; **68.1** Bergmoser + Höller Verlag, Aachen; **69.1** MaschmeyerRürup AG, Frankfurt am Main

Sollte es in einem Einzelfall nicht gelungen sein, den korrekten Rechteinhaber ausfindig zu machen, so werden berechtigte Ansprüche selbstverständlich im Rahmen der üblichen Regelungen abgegolten.